Sven Kuntze

Altern wie ein Gentleman

SVEN KUNTZE

Altern wie ein Gentleman

Zwischen Müßiggang und Engagement

C. Bertelsmann

Verlagsgruppe Random House FSC-DEU-0100
Das für dieses Buch verwendete
FSC®-zertifizierte Papier *Munken Premium*
liefert Arctic Paper Munkedals AB, Schweden.

5. Auflage
© 2011 by C. Bertelsmann Verlag, München,
in der Verlagsgruppe Random House GmbH
Umschlaggestaltung: R·M·E Roland Eschlbeck
und Rosemarie Kreuzer
Redaktion: Sibylle Auer, München
Satz: Uhl + Massopust, Aalen
Druck und Bindung: GGP Media GmbH, Pößneck
Printed in Germany
ISBN 978-3-570-10091-2

www.cbertelsmann.de

Inhalt

Rückblick – eine Einleitung 7

Der schöne Schein des Alterns 27

Das Recht auf Müßiggang 49

Zeit für Zukunft 77

Kostbarer Neuerwerb: die Weisheit 89

Späte Schuld 101

Vom Bedürfnis nach Gewissheit 117

Bewegt euch! 133

Einsamkeit und andere Gesellungsformen 153

Was tun? 179

Vom Leid mit der Leiblichkeit 203

Unser letztes Gefecht 229

Im neuen Leben – eine vorläufige Bilanz 245

Rückblick – eine Einleitung

»Es gibt kein Verbot für alte Weiber,
auf Bäume zu klettern.«

Astrid Lindgren

Warum und wozu über das Alter noch nachdenken und schreiben? Es wird schwerlich Neues oder Überraschendes zu entdecken sein, denn alt werden die Menschen von jeher und haben
sich entweder illusionslos, wütend oder weise mit dem Altern und
dem körperlichen Verfall, dem unerbittlichen Begleiter der Jah-
resringe, auseinandergesetzt. Der körperliche Verfall, nicht der
Lebensabend, sind der Skandal des Alterns, das schließlich in jenem größten und letzten Rätsel, dem des Todes, aufgeht.

Über den Tod hat der italienische Philosoph Paolo Mante-
gazza Ende des 19. Jahrhunderts einmal bemerkt: »Es reicht,
nicht dran zu denken.« Er kann sich mit dieser lapidaren Bemerkung auf Michel de Montaigne berufen, der lange vor ihm
zu dem Ergebnis kam: »Der Notbehelf des gemeinen Volkes besteht darin, nicht an ihn zu denken.« So wollen wir es im weiteren Verlauf der folgenden Seiten – mit einer kurzen Ausnahme –
auch halten.

Nach fast dreitausend Jahren des Nachdenkens über das Leben
und dessen letzten Teil, das Alter, sind wir immer noch Dilettan-
ten im Geschäft. Wir wissen, dass der Körper langsam entkräftet.
Damit endet aber auch schon das gesicherte Wissen. Alle Refle-
xion hat nicht ausgereicht, um dem Alter ein einheitliches Gesicht
zu geben. Es herrscht wie ehedem heilloses Durcheinander: von

verzweifelter Verdammnis über die Vorstellung einer späten Ernte bis zur ergebenen Hinnahme. Auch der nüchterne Pragmatismus der Moderne hat keine Klarheit geschaffen. Es scheint, als ob die Menschheit, die wissenschaftliche Ergebnisse stets sorgfältig bewahrt und weiterentwickelt, beim Thema der Lebensführung kollektiv alles vergisst, was bereits gedacht wurde, und immer wieder von vorne beginnt.

»Auf den Schultern von Riesen schauen selbst Zwerge weit ins Land« – dieses schöne Bild aus der Renaissance gilt nicht für die Beschäftigung mit dem Leben. Vermutlich sind Vergesslichkeit und die Unfähigkeit, Klarheit über uns selbst zu gewinnen, die Voraussetzung dafür, dass wir überhaupt leben wollen.

In der ersten Hälfte des vergangenen Jahrhunderts war es still geworden um das Thema, wenn man von den Kampfschriften einer jugendbewegten Boheme in den zwanziger Jahren absieht, die indes das Alter auch nicht abzuschaffen vermochte. Im Gegenteil – nach einigen wilden Jahren ewiger Jugendlichkeit erinnerte sie die Natur unsanft an die Realität und befahl sie zurück ins Glied der alternden Zeitgenossen. Diese wiederum waren dankbar gewesen, wenn sie überhaupt alt geworden waren. Zwei Weltkriege hatten Chancen im Überfluss geboten, ein Leben vorzeitig zu beenden. Wer denen entkommen war, trug Trauer um früh Verstorbene, musste sich erst einmal um die Gegenwart kümmern und eine Welt wieder aufbauen, die man vorher erbarmungslos zerstört hatte.

Voreheliche Empfängnis war zwar auch damals keine Seltenheit, ihr folgte jedoch in aller Regel die Ehe als lebensverbindliche Verpflichtung. Eine vierzigjährige Frau musste nicht befürchten, ihres verhärmten Äußeren wegen verlassen zu werden. Sie konnte in der ruhigen Gewissheit, ihr Mann würde das Versprechen der lebenslangen Verbundenheit einhalten, alt werden. Somit blieb wenig Anlass für die Probleme einer alternden Haut wie Falten, Flecken, Tränensäcke. Im Gegenteil: Die jüngst in Mode gekommenen Reparaturarbeiten am eigenen Körper und die endlosen Debatten um das letztlich vergebliche Bemühen, dem Alter zu entkommen, wären den Bewohnern der fünfziger Jahre vermutlich sinnlos und frivol vorgekommen.

Als jemand, der im ersten Teil seiner beruflichen Karriere sozialwissenschaftlicher Assistent an einer deutschen Universität gewesen war, interessierte mich zu Beginn der Auseinandersetzung mit dem Thema Alter weniger die Realität als vielmehr das, was über sie gedacht und veröffentlicht worden war. Umgehend machte ich zwei grausige Entdeckungen.

Die neuerliche Beschäftigung mit dem verdrießlichen Sujet begann am 3. April 1957, als das *Endspiel* von Samuel Beckett auf die Bühnen kam. Der unwirtliche Einakter spielt in einem Kellerverlies, in dem vier Personen leben. Ob es vorstellbar sei, fragt Clov seinen Gefährten Hamm, dass die Natur den Menschen vergessen habe und alles für immer unveränderlich bleibe? Hamm muntert ihn auf: »Wir atmen doch, wir verändern uns! Wir verlieren unsere Haare, unsere Zähne! Unsere Frische! Unsere Ideale!« Alte Menschen werden diesen Prozess unschwer wiedererkennen.

Die Eltern der beiden, die gelegentlich um Zwieback betteln, leben in zwei Abfalltonnen. Wir sehen nur ihre Köpfe, denn beide haben ihre Beine bei einem Fahrradunfall verloren. Adorno notiert dazu in seinem »Versuch, das ›Endspiel‹ zu verstehen«: »Das Endspiel ist die wahre Gerontologie. Die Alten sind nach dem Maß der gesellschaftlich nützlichen Arbeit, die sie nicht mehr leisten, überflüssig und wären wegzuwerfen«, und weiter: »Das Endspiel schult für einen Zustand, wo alle Beteiligten, wenn sie von der nächsten der großen Mülltonnen den Deckel abheben, erwarten, die eigenen Eltern darin zu finden. Der natürliche Zusammenhang des Lebendigen ist zum organischen Abfall geworden.«

Die französische Philosophin und Essayistin Simone de

Beauvoir, selbst schon in die Jahre gekommen, bestätigt fünfzehn Jahre später in einem langen Text mit dem Titel *Das Alter* die niederschmetternden Einsichten, die sie bereits Jahre vorher in ihrem Erzählband *Eine gebrochene Frau*, in einem Gespräch zwischen der Ich-Erzählerin und deren Mann, gewonnen hatte: »›Man verliert (im Alter) viel mehr, als man gewinnt. Offen gestanden weiß ich gar nicht, was man gewinnt. Kannst du mir das sagen?‹

›Merkwürdig, wir stimmen in allen Punkten überein, nur nicht in diesem: Ich begreife nach wie vor nicht, was ein alternder Mensch verliert.‹

Er lächelte. ›Die Jugend.‹

›Kann man die zu den Gütern des Lebens rechnen?‹

›Die Jugend und das, was die Italiener la stamina nennen: der Schwung, das Feuer, die Liebesfähigkeit, die Schaffenskraft. Wer das verliert, hat alles verloren.‹«

Wer alles verloren hat, dem bleibt nicht viel, und die naheliegende Aufforderung, von vorn zu beginnen, verbietet sich angesichts der Geburtsdaten der Betroffenen.

In ihrem Text dringt Simone de Beauvoir tiefer und sorgfältiger als alle Autoren vor ihr in die brüchigen Poren, abstoßenden Details und körperlichen Verwerfungen des Alterns ein und legt unnachsichtig seine unschönen Seiten frei. Nach einer breit angelegten Analyse zur Rolle alter Menschen in Vergangenheit und unterschiedlichen Gesellschaften kommt sie in Bezug auf den modernen Westen zu der Einsicht: »Für die Gesellschaft ist das Alter eine Art Geheimnis, dessen man sich schämt und über das zu sprechen sich nicht schickt.« Die betagten, nutzlosen Kostgänger würden gnadenlos marginalisiert. Zum körperlichen Verfall käme die gesellschaftliche Ausgrenzung. Das Altern in modernen Zeiten wird endgültig zur Katastrophe.

»Sie schreit, sie heult so, wie früher die Klageweiber geheult haben … Sie geht mit allem bis an die Grenzen des Erträglichen, und was soll es sie auch kümmern, wenn jemand bei ihren Sätzen bis ins Mark erschrickt und kaum noch wagt, in den eigenen Spiegel zu blicken«, reagierte eine Leserin erschüttert.

George Tabori, der einiges vom Altwerden verstand, notierte später wütend: »Die Freuden des Alternden werden von Terroristen wie Mme. de Beauvoir in ihrem notorischen Buch über das Alter verbittert. Außer den Fakten stimmt nichts daran. Mit der eines de Sade würdigen Lust zählt Madame alle Katastrophen auf, die das alte Fleisch befallen. So verbannt sie uns alte Leute in das Ghetto der Fäulnis. Als wäre der Verfall nicht von Geburt an unser täglich Los.«

Nach der ersten Aufregung und empörten Gegenstimmen legte man das Buch wieder beiseite, verdrängte seine Botschaften und vergaß es.

Der Übergang ins Alter ist stets eine lebhafte, chaotische Phase voller Überraschungen, unerwarteter Ereignisse und neuer Eindrücke. Manches ist beängstigend, anderes verheißungsvoll, vieles einfach nur neu. Es ist dies eine bewegende und schwierige Zeit in jedem Leben, aufregender jedenfalls als der ruhige, eingeschliffene Gang des Geschehens gegen Ende einer Berufslaufbahn. Zahlreiche Entscheidungen müssen getroffen werden. Verpasst man den rechten Zeitpunkt, nimmt das Leben sie selbst in die Hand. Die Sache wird ernst und verbindlich. Man muss sich unsentimental und oftmals schonungslos sein Leben Stück für Stück neu zusammensetzen. Das gilt vor allem für die Töchter und Söhne der Moderne, die stets bemüht gewesen waren, ihr Leben unabhängig von Schicksal oder Schöpfer zu führen.

Das ist guter Nährboden für das Bedürfnis nach Wegweisern in Form von gedruckten Ratgebern, die – eine Generation später, um die Wende zum 21. Jahrhundert – gewichtig und mannigfaltig nicht lange auf sich warten ließen und erneut Leben in das Thema brachten. Ihre Lektüre bezeugt, dass sich die meisten Autoren bewusst oder unbewusst immer noch an jenem sperrigen Brocken abarbeiten, den die streitbare Französin, geschult an der eigenen Vergänglichkeit, ihnen einst hinterlassen hatte.

Selbstredend kommen sie, von Einzelheiten abgesehen, zu entgegengesetzten Ergebnissen. Es geht ihnen wie den Autoren von Reiseführern, die kein vernünftiger Mensch kaufen würde, wenn die Autoren vom Besuch der geschilderten Landschaft abraten würden. Deswegen werden auch karge Regionen in attraktiven Farben dargestellt, denn Attribute finden sich immer. Um das reizlose Thema des Alterns zu verkaufen, werden dessen unangenehme Seiten folglich mit breitem Pinselstrich und beschwichtigenden Adjektiven verdeckt.

In den Ratgebern findet sich häufig und leicht dahingesagt die Vorstellung, das Alter sei auch eine »Chance«, wobei unerfindlich bleibt, wofür. Wenn von solcher Chance die Rede ist, sollte man misstrauisch werden. Denn häufig verbirgt sich hinter dem unverbindlichen Versprechen die Einsicht, dass die Sache aussichtslos ist und durchgestanden sein will.

Eine Realitätsverdrängung, die Norberto Bobbio wütend kritisiert: »Ich brauche nicht zu sagen, dass ich diese Rechtfertigungsschriften widerlich finde. Noch ärgerlicher werden sie mir, seitdem das Alter zu einem großen und ungelösten, ja kaum lösbaren sozialen Problem geworden ist.«

Gleichzeitig entsteht eine neue Sorte Kleinstdarsteller zum Thema. Gutbetuchte, hochbetagte Mitbürger preisen sprachgewandt und gegen gutes Geld in Fernsehsendungen die Segnungen des Alterns. Nähme man sie ernst und beim Wort, dann begänne das wahre Leben erst jenseits der fünfundsechzig, während die ersten Jahrzehnte ein langer, trüber Anlauf waren hin zur eigentlichen Existenz.

So reden Menschen mit vollem Beutel und eiserner Gesundheit. Wer das Alter preist, hat ihm noch nicht ins Gesicht gesehen. Mit der Gegenwart des Durchschnittsrentners hat dies nichts zu tun. Es soll vermutlich die mürrischen Alten, wenn nicht bei Laune, so doch wenigstens ruhig halten.

Wozu nun diese neuerliche Bemühung, trotz einer unübersehbaren Anzahl von Veröffentlichungen, die selbst in kleineren Buchläden zu eigenen Abteilungen geführt haben?

Die Frage beantwortet sich über die Adressaten des Buches. Es sind diejenigen etwa acht Millionen Bundesrepublikaner, die zwischen 1940 und 1955 geboren wurden und seit Kurzem in Rente sind oder in absehbarer Zeit aus dem Arbeitsprozess ausscheiden. Sie werden im Weiteren die »Vierziger« genannt. Sie sehen sich gesellschaftlichen Vorgaben, Entscheidungen und Zukunftsaussichten gegenüber, wie es sie in dieser Weise vorher nie gab und vermutlich nicht mehr geben wird. Zukünftige Rentnergenerationen werden unter ganz anderen Umständen ihren Lebensabend antreten müssen. Würden sie dieses Buch durchblättern, käme ihnen das Rentnerleben meiner Generation vermutlich wie die Geschichte vom verlorenen Schlaraffenland vor.

Dies ist kein Ratgeber und möchte es auch nicht sein. Die gibt es in großer Zahl, und sie werden wöchentlich mehr. Recht besehen, geben sie alle den gleichen Rat: täglich zwei Gläser Rotwein, Hände weg von Zigaretten, gesunde Ernährung, regelmäßige Vorsorgeuntersuchungen, soziale Nähe, häufigen Sport und Lebenssinn, wo immer man ihn kriegen kann. Ich bin jedoch der Überzeugung, dass die Vergangenheit meiner Generation ihr vor allem eine Reihe von Pflichten auch im Rentenalter auferlegt hat. Von denen handelt neben anderem dieses Buch.

Mit Arbeitsende beginnt für die »Vierziger« ein Leben, das sich tiefgreifend von dem vergangener Rentnergenerationen unterscheiden wird. Es teilt sich in zwei Phasen: die des »Voralters«, das bis Ende siebzig dauert, und das anschließende »klassische Greisenalter«, das sich lange hinziehen kann und sich überdies statistisch jedes Jahr um weitere drei Monate verlängert. An diejenigen, die in die historisch neue und unerhörte Phase des »Voralters« eintreten, wende ich mich.

Woher aber weiß ich, was ich zu wissen vorgebe?

Ich bin selbst im Alter. Ich habe zahlreiche Gespräche geführt und ebenso viele Bücher und Artikel gelesen, deren Autoren ich viele Anregungen und manche Einsicht verdanke. Sie werden im Folgenden nicht im Einzelnen zitiert, denn dies ist keine wissenschaftliche Arbeit, sondern eine persönliche Grille, die unberechenbar kreuz und quer durch die Gefilde streift.

Zahlreiche Einsichten verdanke ich meiner Mutter, die ich in einem Heim für Gutbetuchte bis in ihre letzten Stunden begleitete. Ich habe außerdem in den Vereinigten Staaten recherchiert, wo zukünftige Entwicklungen oft vorweggenommen werden, und mich im Rahmen eines Filmprojekts für drei Monate in der Seniorenresidenz »Rosenpark« einquartiert. Diese Einrichtung liegt in Zollstock, einem Kölner Arbeiterviertel. Der lang gestreckte, in sanftem Gelb getünchte Bau aus solidem, hellhörigem Beton ist zehn Stockwerke hoch und beherbergt etwa dreihundertfünfzig Mieter in Apartments verschiedener Größe. Jede Einheit verfügt über einen Balkon. An dessen Begrünung lassen sich treffsichere Rückschlüsse auf den Gesundheitszustand der Mieter ziehen.

»Neu Zugezogene machen aus ihren Terrassen bunte, üppig blühende Oasen, durchsetzt mit Nutzkräutern. Das lässt dann mit der Zeit nach. Wenn nur noch einzelne verdorrte Zweige übrig geblieben sind, die zu entsorgen sich keiner mehr die Mühe macht, dann weiß man, dass es dem Ende zugeht«, erläutert mir eine Heimangestellte den subtilen Zusammenhang zwischen Geranienpracht und körperlichem Verfall.

Ich bin furchtsam und zögerlich eingezogen. Die tägliche, oft trostlose Praxis des Alterns wurde freilich übertroffen durch die Reaktionen von Freunden und Bekannten, denen ich von meinem Vorhaben erzählte. Die einen glaubten, ich hätte den Verstand verloren, mich freiwillig solchen Erfahrungen auszusetzen. Andere wiederum hielten mich für einen Helden, der das Wagnis eingeht, unbewaffnet in die Höhle des Löwen einzudringen oder, wie einer es plastisch formulierte, mit einem Zahnstocher bewaffnet in den Irakkrieg zu ziehen. Interessierte Nachfragen und neugieriges Insistieren waren die seltene Ausnahme.

Ich habe in dieser Zeit oft überlegt, was das wohl für ein fremder und gefährlicher Volksstamm sein mochte, der da gleichermaßen Entsetzen und Furcht hervorrief. Es sind unsere Eltern und Großeltern, die wir in Heime abgeschoben haben, oft in der Hoffnung, dass sie dort still und unauffällig ihr Leben zu Ende leben.

Ich habe mit ihnen geschwätzt, gelitten, gelacht und abends manche Flasche Rotwein geleert. Sie haben mich ohne Scheu am Älterwerden in seinen ruhigen und tröstlichen Momenten, aber auch in qualvollen Augenblicken teilnehmen lassen. Wir haben über das Fernsehprogramm geschimpft, das Essen und den ständig überfüllten Aufzug. Wir waren uns einig, dass Alter weder gnadenvoll noch erstrebenswert ist, sondern eine unvermeidbare Pflicht, die man zu ertragen und zu bewältigen hat. Wir haben ausgiebig von der Vergangenheit berichtet, aber die Zukunft vermieden und keine Pläne mehr geschmiedet. Wir waren froh, in der Gegenwart vorläufig ein Auskommen zu haben.

Das waren tapfere Menschen, die ohne zu klagen die oft elenden letzten Jahre hinter sich brachten. Wer stille Helden sucht, findet sie in diesem wie in jedem anderen Altenheim. Sie haben mich viel über menschliche Würde gelehrt, aber deren rätselhaftes Auftreten angesichts oft unvorstellbaren Leidens auch nicht erklären können.

Die Tapferkeit anderer angesichts von Leid und Tod tröstet und stärkt: »Was die krebskranke alte Frau Kehrer aus dem dritten Stock kann, die immer noch lacht und guter Dinge ist, das kann ich auch!«, behauptete mein Nachbar, der links von mir wohnte, entschlossen, als wir zur späten Stunde zusammensaßen.

Was im Augenblick des Todes geschieht, wissen wir natürlich nicht, und es lohnt auch nicht, darüber nachzudenken, selbst wenn die Sprache Worte dafür hat. Aber das Sterben kennen wir. Selbst wenn es schmerzvoll ist, entwickeln die Betroffenen häufig eine Haltung von erschütternder Würde und Gelassenheit während der Strapazen der letzten Wochen, Tage und Stunden. Zum Ende wirken sie oft wie befreit und empfinden Genugtuung, die große, abschließende Herausforderung bewältigt zu haben. Thomas Mann notiert verunsichert angesichts des eigenen Alters: »Es gab wohl selten ein solches Ineinander von Qual und Glanz.« Es ist da etwas in uns verborgen, das ganz gegen Ende zum Vorschein kommt. Wir wissen nicht genau, was es ist, denn die Eigentümer haben das Geheimnis stets noch mit in ihr Grab genommen.

Der »Rosenpark« war ursprünglich einmal als Studentenheim geplant gewesen. Folglich wurde in dem engen Treppenhaus ein schmaler Aufzug eingebaut, der jungen Leuten gute Dienste erwies, nicht jedoch Senioren, die mit Gehhilfen unterwegs sind.

Einer rätselhaften Neigung folgend, drängten die Alten stets gemeinsam in die kleine Aufzugskabine, gerade so, als ob sie alle zur selben Stunde Unaufschiebbares zu verrichten hätten. Von Gelassenheit und Altersweisheit keine Spur. Mir hat keiner die Ursache dieser lästigen Gleichzeitigkeit, die jeden Tag aufs Neue zu Zank und Chaos führte, erklären können.

»Warten Sie, die Frau Kohrs muss erst raus!«

»Wo ist die?«

»Hinten.«

»Da ist sie gut aufgehoben, wenn sie als Erste raus muss.«

»Ich kann nicht, die Frau Eberts steckt mit ihrem Rollator in meinem!«

»Frau Eberts, ziehen Sie Ihren halt zurück!«

»Geht nicht, ich steh schon mit dem Rücken zur Wand!«

»Vorsicht, die Tür geht zu!«

»Kann sich einer in die Lichtschranke stellen?«

»Was ist das?«

»Wo ist die?«

»Schreien Sie nicht so laut!«

»Ich schrei nicht. Sie haben Ihr Hörgerät falsch eingestellt!«

»Frau Schmitz, passen Sie doch auf, in meiner Tasche sind Eier!«

»Warum hängt die auch seitlich!«

»Weil an dem Korb die rechte Schraube fehlt.«

»Ich will raus!«

»Jetzt warten Sie doch!«

»O Gott! Da hinten kommt der Höhner.«

»Haben Sie mitbekommen, wie dem gestern besoffen die Hose runtergerutscht ist?«

»Da schauen Sie natürlich hin!«

So geht das täglich hin und her, während die alten Leute in panischer Angst, den Ausstieg zu verpassen, an ihren verkeilten Rollatoren zerren.

Weitere Erfahrungen habe ich während meiner Berufsjahre in den USA gesammelt, als ich die Seniorenresidenz »Steps to Heaven« südlich von Orlando (Florida) besuchte. Steve Hodges, ein Heimbewohner, der für Gästebetreuung und Außendarstellung der Einrichtung verantwortlich war, führte mich durch die zweistöckige Anlage, die sich ausufernd zwischen Bougainvilleen, Palmen und sattem Rasen hinzog. Ich plante damals einen Film über Sterbehilfe und wollte mich in den folgenden Tagen mit einzelnen Bewohnern über das Thema unterhalten. Vorläufig jedoch machte mich Steve mit dem Gelände vertraut und erklärte, dass jeder Heimbewohner nach Maßgabe seiner Kräfte in Verwaltung und Küche, bei Gartenarbeit und Sterbebegleitung mithelfen müsse, um die eigene und die Lebensqualität der Mitbewohner zu erhöhen und die Kosten für die Allgemeinheit zu senken.

In dieser Einrichtung habe ich erfahren, dass es ein vergnügliches Leben im Altenheim geben kann und dass dessen Architektur sich nicht an der von Gefängnissen orientieren muss. Nicht die Altenheime, sondern ihre Unwirtlichkeit sind das Problem.

Und schließlich war ich Zeuge des langen Abschieds meiner Mutter. Sie kam aus einem guten Stall, wie man in ihren Kreisen zu sagen pflegte, und aus einer Zeit, in der die häuslichen Angestellten noch Gesinde hießen. Sie lehrte mich Bridge, den Unterschied zwischen Weißwein- und Rotweingläsern und den Gebrauch eines Austernmessers und entließ mich ins Leben mit dem Hinweis: »Vorne ist Platz, hinten drängeln sich die kleinen Leute.« Eine Einsicht, die zwar etwas altertümlich daherkommt, aber durchaus gute Dienste leisten kann.

Als sie mit Ende Siebzig aus freien Stücken in ein Heim zog, wollte sie sich dort in der kleinen Bibliothek nützlich machen. Die Bitte wurde ihr abgeschlagen. Sie hätte genug gearbeitet und nun das Recht und vermutlich auch die Pflicht, in ihrem gemütlichen Lehnstuhl zu sitzen und auf das Ende zu warten. Das tat sie dann auch.

In den letzten Jahren verlor sie ein wenig den Überblick und entwickelte eine dadaeske Listigkeit. Eines Tages, als ich sie am späten Vormittag besuchte, saß sie aufrecht im Bett und las verkehrt herum die *Frankfurter Allgemeine*.

»Mama, du liest Zeitung, recht so!«

»Auch eine alte Frau darf erfahren, was vor sich geht.«

»Aber du kannst doch kein Wort entziffern, wenn die Zeitung auf dem Kopf steht.«

»Und wenn schon – wen interessiert, was ich noch weiß?«

Von ihr habe ich viel über Gelassenheit und jene kalte Illusionslosigkeit gelernt, die Agnostikern angesichts der Vergänglichkeit eigen sein kann.

Ich habe mich schwergetan mit diesem Buch. Ständig kam Wichtiges dazwischen. Ich begann plötzlich, überaus gewissenhaft Tageszeitungen und Wochenmagazine zu lesen, und schaute die Fernsehseiten sorgfältig auf interessante Sendungen durch. Bei Telefonanrufen verzichtete ich fortan auf die Überprüfung der Teilnehmernummer, bevor ich den Hörer abnahm, und verwickelte jeden Anrufer in endlose Gespräche. Ich trieb mich oft ziellos und lange in Buchläden, Kaufhäusern und Einkaufspassagen herum und wurde selbst beim Erwerb von Seife oder einer Tube Tomatenmark seltsam sorgfältig. Unvermittelt entwickelte ich eine verblüffend emotionale Nähe zum Abwasch und der Suche nach Krümeln auf dem Küchentisch. Als ich jedoch begann, idiotische Patiencen auf meinem elektronischen Schreibgerät zu spielen und die Ecken meiner Wohnung mit Wattestäbchen zu säubern, wurde mir klar, dass etwas aus dem Ruder gelaufen war.

Ein befreundeter Psychologe hatte bald die Ursache meiner bizarren Geschäftigkeit erkannt: »Du schwächst durch das Buch den Verdrängungsschutz zu deinem Thema«, erklärte er, »deswegen flüchtest du in Ersatzhandlungen, die du zwar für sinnvoll hältst, die dich aber lediglich von der Beschäftigung mit dem Alter abhalten sollen.«

»Warum sollte ich das tun?«

»Weil die Verdrängung zu den wichtigsten Werkzeugen der Psyche gehört, um, neben vielem anderen, das Altern zu ertragen. Ohne Verdrängung würden wir nicht sehr weit kommen.«

»Und was verdräng ich so?«

»Das Morgengrauen.«

Das war eine ebenso hübsche wie trostlose Verdichtung eines komplexen Sachverhalts.

Nun hatte Verdrängung in meiner Generation eine miserable Presse gehabt angesichts der gigantischen Verdrängungsleistung unserer Eltern, die das erstaunliche Kunststück fertiggebracht hatten, sechs Millionen ermordeter Juden aus ihrem Gedächtnis zu tilgen, bis meine Generation sie unsanft daran erinnerte.

Um zu verhindern, dass unschöne Erinnerungen oder Vorstellungen uns mit der Zeit die Lebensfreude rauben, hat die Natur der menschlichen Psyche die Fähigkeit zur Verdrängung beigemischt. Durch die Jahrtausende war sie ein stiller, wenig beachteter Wegbegleiter durch die Generationen. Man bediente sich ihrer je nach Anlass, ohne sie bewusst wahrzunehmen. Diese Bewusstlosigkeit war eine wichtige Voraussetzung ihrer Wirkung. Die Einsicht in die Arbeitsweise der Verdrängung hätte vermutlich ihre segensreiche Fähigkeit beschädigt, die Gegenwart von einer quälenden Vergangenheit oder einer ungewissen Zukunft zu entlasten.

Wer ins Alter kommt, benötigt den Abwehrmechanismus der Verdrängung mehr denn je. Die Vielzahl der drohenden Verluste und Beschädigungen, die in unterschiedlichen Mischungsverhältnissen keinem von uns erspart bleiben, wären bei ständiger Präsenz in unserem Bewusstsein schwer zu ertragen. Wir wissen zwar, was auf uns zukommen kann, und kennen die geringen Chancen, dem zu entrinnen, aber wir verdrängen gottlob die drohenden Gefahren stets aufs Neue. Angesichts der Katastrophen unter den Gleichaltrigen, wenn Schicksalsschläge nicht mehr wie einst die Ausnahme sind, sondern zum Regelfall werden, ist das oft mühsames Tagewerk.

Die mit Büchern zum Thema gut gefüllten Buchhandlungsregale versprechen auf den ersten Blick schonungslosen Durchblick, sind aber, bis auf wenige Ausnahmen, Dokumente der kollektiven Verdrängung des Alterns. Sie bezeugen damit auf ihre Weise, wie wichtig dieser psychische Mechanismus ist. In der Mehrzahl geben die angebotenen Werke ihren betagten Käufern reichlich guten Rat zur korrekten Lebensführung. Wer die ungezählten Empfehlungen zur Vorsorge, Gesundheit, Ernährung, Sinnsuche und Körperertüchtigung gewissenhaft befolgt, dem soll das Alter wie der Vorhof zum Paradies werden, wenn man davon absieht, dass ein Vierundzwanzigstundentag nicht ausreicht, um auch nur einem kleinen Teil der Vorschriften nachzukommen. Die beschwerlichen Begleiterscheinungen der letzten Dekaden indes kommen meist nur am Rande vor und scheinen nach Meinung der Autoren das Schicksal einer bedauernswerten Minderheit zu sein.

Kürzlich hielt ich ein Buch mit dem Titel *Älterwerden ist nichts für Feiglinge* in Händen. Dieser berühmt-berüchtigte Satz von Mae West zählt in seiner Vielschichtigkeit zu den kostbarsten Einsichten in Bezug auf das Alter. Es braucht demnach das Gegenteil von Feigheit, nämlich Heldentum, um dem Alter würdevoll zu begegnen. Heldentum gehört jedoch kaum zu unseren Alltagserfahrungen, sondern ist seltenen, meist ausweglosen Situationen vorbehalten. Nur in Ausnahmefällen wird die Vergangenheit von uns Heldentum abverlangt haben, nun, im Alter, soll es zum ständigen Begleiter der letzten Jahre werden. Keiner meiner Generation hat Held gelernt. Heldentum war außer Mode gekommen und stand im Verdacht, Verbündeter allerlei dunkler Kräfte zu sein.

Mae Wests düsterer Satz über die Zumutungen des Alterns appelliert an unseren Stolz: Wer ist schon gerne feige! Einer Situation, die unausweichlich ist, kann man zwar nicht entkommen, aber sie wird erträglicher, wenn man sich ihr bewusst stellt und jene kleinen Chancen wahrnimmt, die jede Situation bereithält. Altwerden ist zu schaffen, wenn wir zu Helden werden. Freilich handelt es sich dabei nicht um offizielles Heldentum, über das Medien berichten und das im Ausnahmefall bis in die Repräsentationsräume der höchsten Staatsinstanz führen kann, sondern um ein stilles, unauffälliges Heldentum, das im Alter auf Dauer gestellt werden muss.

Klassisches Heldentum spielt sich sichtbar in der Öffentlichkeit ab und gehört zum Unterfutter nationalen Selbstbewusstseins. Unsere Helden hingegen, die Alten, bleiben bescheiden und halten sich verborgen. Gelegentlich erahnen die nächsten Angehörigen oder Freunde den langen, einsamen Kampf, den viele alte Menschen kämpfen und an dessen Ende jeder alles verliert.

Zu den ergreifenden Erfahrungen gehörten für mich deshalb

jene Augenblicke, in denen sich der Vorhang ihrer Selbstdisziplin öffnete und einen kurzen Einblick in die Seelenlage erlaubte, die sie in der Regel vor fremden Augen sorgfältig versteckt hielten.

»Ich kann nicht mehr schlafen und wache jeden Tag vor Morgengrauen auf«, erzählte mir meine Nachbarin im »Rosenpark«. »Das ist zwar lästig, aber das Schlimmste sind die Gedanken, die in den langen Stunden bis Sonnenaufgang über mich kommen.«

Was das für Gedanken seien, wollte ich wissen.

»Ach lassen Sie, das verstehen Sie nicht. Dafür sind Sie noch zu jung.«

Der Vorhang hatte sich wieder geschlossen.

»Das Alter gehört abgeschafft«, vertraute mit der alte Herr Rautenberg in einem Moment der Unachtsamkeit an.

Wie das gehen solle, wo doch jeder alt werden wolle?

»Das muss jeder für sich entscheiden. Ich für meine Person denke oft darüber nach.« Er schaute mich erschrocken an und starrte dann schweigend auf die verdorrten Blumen vor seinem Fenster.

In Bemerkungen solcher Art kommt kurz jene innere Agonie zum Ausdruck, die meinen neuen Bekannten im »Rosenpark« zur ständigen Begleitung geworden war, und man ahnt, welches Maß an Disziplin und Heroismus sie fortwährend aufbringen mussten, um der Umwelt ihre Ängste und Albträume vorzuenthalten. Trotz der frivolen Geschwätzigkeit dieser Tage gibt es mitten unter uns ein unermessliches Terrain von Kümmernissen, Befürchtungen und körperlichem Schmerz, zu dem uns der Zutritt verwehrt bleibt. Wir suchen ihn auch nicht.

Wer die Einsicht von Mae West mit kecker Geste zum Titel seines Buches macht, läuft Gefahr, einen unwirtlichen Pfad zwischen Demut, stillem Leid und tapferer Gegenwehr zu beschreiten. Die Autorin, vermutlich erschrocken über diese Abgründe, ergänzt ihre kesse Titelwahl deswegen mit einem Untertitel: »Jung, schön und gesund bleiben – alles, was man wissen muss«, und versucht auf diesem Weg, die dunkle und gefahrvolle Vieldeutigkeit ihres Haupttitels zu tilgen. Das Buch befindet sich damit in guter Gesellschaft der Mehrzahl der Veröffentlichungen zum Thema. Aber selbst wenn weitere hundert Bücher mit derselben Tendenz erscheinen, und das steht zu befürchten – man bleibt weder jung noch schön und selten gesund. Ein einziger Satz von Woody Allen räumt dieses Beschwichtigungsgerümpel unnachsichtig zur Seite: »Alt werden ist eine lausige Idee. Du wirst nicht klüger, schöner, freundlicher. Dein Rücken tut weh, du brauchst ein Hörgerät. Es ist wie im Film. Es ist einfach besser, jung zu sein und das Mädchen zu kriegen.«

Die Verdrängung hat in diesen Werken selbstredend keinen guten Ruf. Würden sie deren gewichtige Präsenz dulden, dann müssten sie eingestehen, dass sich hinter dem Tand ihrer Altersdekorationen ein dunkles, bedrohliches Geheimnis verbirgt.

Nachdem meine Generation mit Hilfe Sigmund Freuds die Verdrängung entdeckt hatte, wurde sie zur ständigen Begleiterin durch unseren Beziehungsalltag. Jedoch nicht mehr in jener besänftigenden Funktion, die ihr einst eigen gewesen war, sondern als Kampfbegriff und Werkzeug der Kritik bei persönlichen Auseinandersetzungen, die es trotz neuer Empfindsamkeit auch in unseren Beziehungen reichlich gab. Der Vorwurf der Verdrängung wurde damals zu einer beachtlichen Allzweckwaffe, denn mit ihr verband sich zwangsläufig der Verdacht auf Manipulation, verborgene Motive und psychischen Defekt. Wer nicht weiterwusste im täglichen Kleinkrieg um Treue, Ordnung und das Fernsehprogramm, der warf dem Gegner Verdrängung vor und konnte im Handumdrehen schönen Vorteil erlangen. Die Gefahr dieser Strategie lag in der Radikalisierung der Streitigkeiten, denn wer vorhat, in die Psyche des anderen einzudringen, riskiert eine schwer kontrollierbare Ausweitung der Kampfzone.

Ich erinnere mich sehr genau an solche abendlichen Gespräche in einer kleinen Wohnküche hoch über dem Neckar. Sie gehörte zu einer Vierzimmerwohnung, in der ich als Student mit meiner Freundin und zwei weiteren Kommilitonen lebte. Die Konfliktlage ist banal und schnell erzählt. Meine damalige Freundin hatte ein untrügliches Gespür für die wichtigen und unwichtigen Dinge des Lebens. Zu den wichtigen zählten die Weltrevolution, der Kampf für die Abtreibung und sorgfältiges Make-up, zu den unwichtigen der Abwasch und das Schließen der Zahnpastatube nach deren Gebrauch. Häufig war ich morgens nach dem Aufstehen einige Zeit damit beschäftigt, die steinharte Paste mit einem spitzen Gegenstand beiseitezuräumen, um an den geschmeidigen Inhalt heranzukommen.

»Heute Morgen hab ich wieder ewig versucht, die verstopfte Zahnpastatube klarzukriegen«, beklagte ich mich. »Mach sie doch nach Gebrauch wieder zu. Bei der Zeit, die du im Bad verbringst, müsste dieser kleine Handgriff eigentlich drin sein« – was eine geschickte Mischung aus Ironie, Forderung und Vorwurf war.

»Ewig? Du übertreibst.«

»Du weißt genau, was ich meine.«

»Weiß ich nicht. Und was soll diese Bemerkung zu meiner Zeit im Badezimmer?«

»Darum geht's doch nicht!«

»Doch, genau darum geht es!«

»Um was?«

»Um deinen Ordnungsfimmel. Es wäre klüger, darüber nachzudenken, warum dich eine offene Zahnpastatube so aufregt.«

»Ich bin nicht aufgeregt!«

»Bist du doch!«

Und schon waren wir mitten in einer prächtigen Diskussion über den Zusammenhang zwischen versteinerter Schlämmkreide und verdrängten Erziehungsdefiziten meinerseits.

Seit Kurzem jedoch habe ich – theoretisch wie praktisch – Gefallen an der Verdrängung gefunden. Allerdings drohte die ständige Beschäftigung mit dem Thema dieses Buches deren Potenzial in mir außer Kraft zu setzen. Natürlich bemerke ich wie alle anderen auch, dass Körper und Sinne nach und nach schwächer werden. Hinzu kamen die Lektüre zum Thema, zahlreiche Gespräche mit alten Menschen, mein Aufenthalt im »Rosengarten« und schließlich das ständige Nachdenken darüber, wie die gewonnenen Einsichten in Form gebracht werden könnten.

Nicht lange, und das Thema hatte bei mir jeglichen Verdrängungsmechanismus außer Kraft gesetzt und mich fest im Griff. Ich begann mich ängstlich zu beobachten und entdeckte folgerichtig ständig neue Anzeichen des Verfalls. Die Zukunft lag plötzlich drohend vor mir, jederzeit bereit, mir einen schlimmen Streich zu spielen. Und ganz an ihrem Ende lauerte die Hoffnungslosigkeit. Befürchtungen und Ahnungen hatten von mir Besitz ergriffen. Mir wurde mulmig, wenn ich an den nächsten Tag dachte, und das tat ich ständig.

In meiner Not begann ich unablässig, mit drohendem Unterton über das Altern zu reden, in der vagen Hoffnung, dass die Redseligkeit mich entlasten würde. Das interessierte die Jungen nicht und störte die Verdrängung der Gleichaltrigen. Nach kurzer Zeit hieß es, ich hätte »echt Probleme mit dem Altern«. Was mir erst recht peinlich war.

Ein Freund, den ich einmal die Woche in einer kleinen Berliner Hinterstube zu scharf gewürzten Nudelgerichten und kleinen, beruhigenden Gläsern Rotwein treffe, beschwerte sich eines Tages über meine eintönige Themenwahl: »Mich nervt, dass wir seit Wochen ständig über das Alter reden. Ich weiß, dass ich alt werde. Ich weiß auch, was mir blühen kann. Da hilft mir aber kein Gerede. Was ist nur in dich gefahren?«

»Das entlastet mich.«

»Aber es belastet mich, sei bitte still!«

Ich drohte offensichtlich seine Verdrängungsmuster zu beschädigen, und er war nicht bereit, dieses Risiko einzugehen. Seither reden wir wieder über das Damals und wie großartig es ehedem gewesen war, über Golf und den trostlosen Zustand der Gegenwart, die nun ohne uns auskommen muss: die heilige Themendreifaltigkeit alter Leute.

Dass ich dieses Buch überhaupt beendet habe, verdanke ich der Furcht, für den Rest meiner Jahre mit der Vorstellung leben zu müssen, bei diesem Projekt versagt zu haben. Zudem war der Vorschuss schnell durchgebracht, und schließlich mögen großspurige Ankündigungen im Freundeskreis, nachdem der Autorenvertrag unterschrieben war, eine gewichtige Rolle gespielt haben.

Der schöne Schein des Alterns

*»Jahre sind nur Kleider. Entweder du trägst sie dein Leben lang mit
Stil, oder du gehst eben als Schlampe ins Grab.«*

DOROTHY PARKER

Vor nicht allzu langer Zeit bat mich ein gleichaltriger Freund, eine
kurze Rede zum achtzehnten Geburtstag seiner spätgeborenen
Tochter zu halten. Diese ist eine aufgeweckte junge Dame, die aus
ehrlicher Überzeugung Müll trennt, bereits mehrere Paar schwar-
zer Chucks bei Aktionen von Attac ruiniert hat und ihren Eltern
schon früh auf die Nerven ging, weil sie ständig in der Wohnung
selbstverfasste Hinweisschilder mit Merksätzen wie »Äpfel aus
Neuseeland kosten Energie«, »Plaste verschwendet Erdöl« oder
»Der kleine grüne Punkt leuchtet nicht für lau« anbrachte.

»Auf der einen Seite hat sie ja recht«, stöhnte der Vater, als er
mich anrief, »auf der anderen Seite – uns braucht sie wirklich
nicht zu überzeugen!« Anscheinend doch, denn die Hinweise
klangen sehr konkret.

Was sie von meiner Rede erwarte, wollte ich von der jungen
Dame wissen, bevor ich begann, mir Gedanken zu machen.

»Erzähl doch von der Erbschaft, die deine Generation uns hinterlässt«, forderte sie mich freundlich, mit zweideutigem Unterton auf.

Ich muss irritiert geschaut haben.

Na, das sei doch ein Thema, das mir liegen müsste, denn
schließlich sei ich auch so ein Erbonkel, auf dessen Hinterlassenschaft sie gerne verzichten würde.

Ich war immer noch irritiert.

»Klimakatastrophe«, half sie mir nachsichtig auf die Sprünge, »Staatsverschuldung«, fuhr sie fort, »Atommüll – das sind doch ergiebige Themen!«

Ich habe die Rede nicht gehalten und plötzlich Sympathie für den Vater empfunden.

Einige Tage später erzählte ich meiner etwa gleichaltrigen Tochter von dem Zwischenfall, in der vagen Hoffnung, dass sie mir beistehen würde.

»Sie hat ganz recht! Ihr solltet euch schämen für dieses Vermächtnis nach wer weiß wie viel Jahren Wachstum und Frieden. Aber Scham ist euch wahrscheinlich fremd.«

Da hatte sie nicht ganz unrecht. Das Schamgefühl war uns damals bei unserer kleinen Revolte tatsächlich in Teilen verloren gegangen.

»Ihr werdet nacharbeiten müssen, um die Schäden, die ihr verursacht habt und uns hinterlassen wollt, zu beheben«, fuhr sie unerbittlich fort.

Ob wir denn ihrer Meinung nach weiterhin in Lohn und Brot bleiben und die knappen Arbeitsplätze besetzen sollten, verteidigte ich mein geruhsames Rentnerleben.

»Nein! Verschwindet und verschont uns mit eurem Kram. Kümmert euch um euch selbst. Zählt nicht auf uns. Tut was, anstatt in der Weltgeschichte umherzufahren. Rüstig genug seid ihr ja.«

Was ist das für eine Truppe, die bei jungen Leuten offensichtlich einen denkbar schlechten Ruf genießt, mit der ich zurzeit gemeinsam und massenhaft ins Alter marschiere?

Die Basisdaten sind schnell aufgezählt. Geboren wurden ihre Vertreter, so wie ich, in den vierziger und Anfang der fünfziger Jahre des vergangenen Jahrhunderts. Zeit unseres Lebens kannten wir nur Frieden und Wohlstand. Im Übergang vom Jugend- zum

Erwachsenenalter haben einige von uns eine kleine Revolte angezettelt, auf die wir heute noch stolz sind und von der wir gerne erzählen. Diese Berichte aus fernen Zeiten und von bemerkenswerten Heldentaten haben nebenbei den unerwarteten und willkommenen Effekt, dass unserem Nachwuchs die Lust an ähnlichen Unternehmungen vergangen ist und dass er im Allgemeinen klaglos akzeptiert, was wir ihm zumuten. Das Arbeitsleben haben wir vergleichsweise geruhsam verbracht, denn es gab Stellen für alle, und die niedrigen Dienste verrichteten Gastarbeiter. Eine gründliche Sozialgesetzgebung zu unseren Gunsten schenkt den meisten von uns nun einen sorgenfreien Lebensabend.

Die bedeutsamsten Unterschiede zwischen meiner Generation und der unserer Vorfahren sind die niedrige Geburtenrate, die steigende Lebensdauer und die geschenkte Dekade, jene fünfzehn Jahre zwischen sechzig und fünfundsiebzig, die uns als zusätzliche aktive Lebenszeit fast garantiert sind. In dieser Lebensspanne sind wir in der Regel belastbar, klar im Kopf und voller Energie.

Alte, leistungsfähige Menschen hat es in seltener Ausnahme auch in der Vergangenheit gegeben. Jetzt aber geht eine ganze Generation wohlerhalten und tatendurstig in den Ruhestand. Wir wollen teilhaben. Aus der großen Anzahl medizinischer Ursachen für diese Entwicklung sind drei von besonderer Bedeutung: die Kardiologie, die Entwicklung von Insulin und die von Antibiotika. Damit ist das Alter nicht abgeschafft, sondern es kommt später, und viele werden einen hohen Preis für die neue Lebensphase bezahlen müssen. Der medizinische Fortschritt, der uns fünfzehn Jahre geschenkt hat, zieht häufig eine lange Leidenszeit nach sich. Krankheiten wie Demenz und Knochenschwäche, die bislang nur sporadisch auftraten, werden in Zukunft zum Regelfall werden, mit den damit verbundenen Kosten. Etwa siebzig Prozent derjenigen, die das fünfundsechzigste Lebensjahr erreicht haben, werden irgendwann in ihrem Leben intensive Pflege benötigen, zwanzig Prozent von ihnen fünf Jahre oder länger.

Wir setzen eine Zeit lang die betrübliche Einsicht Schopenhauers außer Kraft: »Jedes Heute ist ärmer als das Gestern, ohne Hoffnung auf Stillstand.« Meine Generation lässt ein gutes Jahrzehnt stillstehen, währenddessen die Zeit zunächst spurlos verrinnt. Wir verweigern uns jenen Ansinnen, die einst mit dem Eintritt ins Alter eng verbunden waren: Abschied, Rückzug, Verzicht und Schicksalsergebenheit. Unser Orchester spielt die Weisen von Aufbruch, Abenteuer, Sinnsuche und schöpferischer Tätigkeit.

Die wirtschaftlich folgenreichste Entscheidung meiner Generation ist die der niedrigen Geburtenrate. Wir verlieren in jeder Generation ein Drittel des Nachwuchses, der notwendig wäre, den Generationenvertrag zur Rente mit Leben zu erfüllen. Ohne hinreichenden Nachwuchs erlischt zwar nicht das Recht auf Rente, aber wir haben keine materielle Basis geschaffen, von der wir sie einfordern könnten – es sei denn, unsere Kinder und Enkel sind bereit, höhere Sozialbeiträge zu zahlen, oder schauen untätig zu, wie die Staatsverschuldung weiter steigt.

Die häufig vorgeschlagene Umstellung vom umlagefinanzierten auf ein kapitalgedecktes Rentensystem wäre politische Schwerstarbeit und würde die Probleme auch nicht lösen können, denn wenn ein Rentner als Couponschneider von den Zinserträgen seiner Staatspapiere leben will, wird sein Enkel die Steuern zahlen müssen, um die Zinsen aufzubringen. Hat er sein Geld in Aktien angelegt und verzehrt die Rendite, werden die Enkel die dafür notwendigen Profite der Unternehmen erwirtschaften müssen. Bringt er die Aktien auf den Markt, um vom Erlös zu leben, werden seine Enkel diese aufkaufen müssen. Es läuft immer auf das Gleiche hinaus: Man kann die Geldströme zwar umleiten und durch neue Kanäle führen, die Zeche zahlen am Ende zum Großteil stets die Nachkommen. Solange in genügender Zahl Kinder geboren wurden, funktionierte dieses System. Jetzt sind wir jedoch zügig dabei, es außer Kraft zu setzen, ohne zu wissen, was an seine Stelle treten soll.

Die Gründe für den Verzicht auf Kinder sind vielfältig und eng miteinander verwoben. Die Antibabypille hat eine gewichtige Rolle gespielt. Durch sie wurde die Libido von der Fortpflanzung befreit und die Paarung zu einem Genussmittel neben anderen. Zusätzlich geriet der bewährte bürgerliche Dreischritt – Ausbildung, Beruf, Familie – aus den Fugen. Er vertrug sich nur schlecht mit dem Wunsch nach Ungebundenheit und Selbstbestimmung, die meine Generation zu ihrer unverzichtbaren, allgegenwärtigen Lebensgrundlage gemacht hatten. Damit waren die Pflichten und Verbindlichkeiten, die Einschränkungen und die Opfer, die eine Familie notwendig mit sich bringt, kaum vereinbar. Und schließlich hatte die Emanzipation zwar die Frauen von repressiven Rollenvorschriften befreit, aber nicht gewagt, die Männer zum Ausgleich in die Pflicht zu nehmen. Vor die Wahl zwischen Familie oder Freiheit gestellt, entschied sich die Hälfte meiner Generation für Letzteres. Unser Verzicht ist Teil des großen Themas der Moderne: das der Emanzipation von der Natur. Was die davon hält, wird die Zukunft zeigen. Der Verzicht auf Kinder bedeutet zudem den Verlust eines sozialen Bindemittels, das in früheren Zeiten auch Ehen in rauem Fahrwasser Dauer verlieh. Folglich sinkt die Zahl der Eheschließungen, die der Scheidungen steigt.

»Prognosen sind schwierig, besonders wenn sie die Zukunft betreffen.« Diese hübsche Pointe von Mark Twain gilt nicht länger für Voraussagen zur Bevölkerungsentwicklung, die zu einer sehr genauen, zuverlässigen Disziplin geworden sind. Den Wissenschaftlern zufolge müssen wir mit folgenden Entwicklungen rechnen: Jedes zweite Mädchen, das im neuen Jahrtausend geboren wurde, wird hundert Jahre alt werden. Ein Fünfundsechzigjähriger darf heute damit rechnen, siebzehn weitere Jahre zu leben, eine fünfundsechzigjährige Frau gar zwanzig Jahre.

Im Jahr 1990 waren fünfzehn Prozent der deutschen Bevölkerung über fünfundsechzig Jahre alt. 2030 werden es sechsundzwanzig Prozent sein.

Die Altersgesellschaft der Zukunft wird demzufolge zu zwei Dritteln eine Frauengesellschaft sein, im hohen Alter sogar zu drei Vierteln.

Die wichtigste Erkenntnis, die sich aus den verschiedenen Berechnungen ergibt, ist jedoch folgende: Bis zum Jahr 2030 werden sich die Ausgaben für die Sozialsysteme und das Gesundheitswesen, vorsichtig geschätzt, verdreifacht haben.

Wir »Vierziger« sind ein einzigartiges biologisches, soziales und kulturelles Experiment eingegangen. Ein Experiment, das jedoch nicht unter kontrollierten Randbedingen mit beherrschbaren Resultaten abläuft, sondern es hat unter der Hand eine Naturwüchsigkeit entwickelt, deren Dynamik unserem Einfluss längst entglitten ist.

Uns hat es in der Menschheitsgeschichte noch nicht gegeben. Wir sind keine Minderheit wie die Punks am Alex, sondern eine stattliche soziale Erscheinung von einigem Gewicht. Wir sind neu hier und »auf Probe« – mit ungewissem Ausgang. Wir haben zwar keine Kriege geführt, stattdessen aber Lebenszeit erobert, die nun abgelebt sein will. Das Alter war bis in das 19. Jahrhundert hinein die seltene Ausnahme. Welche Konsequenzen das verlängerte, zudem anspruchvolle Dasein für unsere Nachkommen, die Umwelt, die Sozialsysteme und für den gesellschaftlichen Zusammenhalt haben wird, ist noch nicht bedacht. Ob die Natur für unsere langen Lebenszeiten genügend Raum und Ressourcen vorgesehen hat, wissen wir nicht. Langfristige Planung und Vorbereitung auf eine Zeit, in der sich das Alter wie eine schwere, dunkle Last über die Gesellschaft legen wird, sind kaum erkennbar.

Wir verlängern die Gegenwart sorglos in die Zukunft, obgleich wir bis in die Einzelheiten wissen, dass die Bedingungen radikal andere sein werden. Auf allen wesentlichen Gebieten, Energie, Bodenschätze, Siedlungsraum, Nahrungsproduktion und Bevölkerungsentwicklung, werden Grenzen erkennbar, gleichwohl versuchen wir unverdrossen, das Alter auszuweiten. Wir schaffen damit, ohne auf die Folgen zu achten, neue Lebensabschnitte, die ohne Gegenleistung unsere begrenzten Ressourcen aufzuzehren drohen. Noch ist nicht entschieden, ob wir uns und den nachfolgenden Generationen damit neue Perspektiven des Alterns eröffnen oder ob diese Entwicklung ein Irrweg gewesen sein wird. Und wenn es einer gewesen sein sollte, weiß niemand, wie wir wieder zurückfinden werden und wer die Kosten zu tragen hat.

Die neue Situation hat sich unvorhergesehen und mit großer Geschwindigkeit entwickelt, wie man an einer ehrwürdigen, englischen Tradition ablesen kann: Die Queen schickt jedem ihrer Untertanen, der seinen hundertsten Geburtstag feiert, ein persönliches Telegramm. 1952, im ersten Jahr ihrer Amtszeit, lag die Zahl der Jubilare bei 255, heute sind es deutlich über fünftausend geworden.

Seit absehbar ist, dass meine Generation im Rentenalter ein neuer sozialer Tatbestand ist, sucht man nach einem passenden Namen für dieses Phänomen. Zur Auswahl stehen bislang folgende Wortschöpfungen, von denen sich jedoch noch keine durchgesetzt hat: »Dritte Lebensphase«, »Goldies«, »Best Agers«, »drittes Erwachsenenalter«, »Woopies« (Well off older people), »Generation plus«, »Silver Agers« (und davon abgeleitet der Begriff »Silver Sex«), »Golden Age«, »Grampies« (grown active moneyed people in excellent state), »Unruheständler« und schließlich »Voralter«.

Einst war die Sache einfach. Wer in Rente ging war alt. Wegen der aktiven anderthalb Jahrzehnte, mit denen die »Vierziger« durchschnittlich rechnen dürfen, und der ständig wachsenden Lebensdauer muss die Zeit ab Beginn der Rente jedoch unterteilt werden. Den »jungen Alten« (zwischen 60 und 75 Jahren) folgen demnach die »alten Alten« (75–85) und die »Hochbetagten« (85–94), denen sich dann die »Überlebenden« (95 und älter) anschließen.

Die Amerikaner mit ihrem Sinn für prägnante, witzige Formu-

33

lierungen, die zudem niemanden verletzen, sprechen von »reifen Personen«, die sie in »Go-gos«, »Slow-gos« und »No-gos« unterteilen.

Unsere kommoden Lebensumstände haben wir unseren Eltern und Großeltern zu verdanken, die nicht nur politische Lehren aus der Vergangenheit gezogen, sondern nach dem verlorenen Krieg die Ärmel hochgekrempelt und das Land wieder instand gesetzt hatten. Ihre persönlichen Ziele waren vorerst bescheiden: ein Auskommen oberhalb der Armutsgrenze, eine warme Wohnung und eine Zukunft für die Kinder, die damals noch reichlich geboren wurden. Nach der katastrophalen ersten Hälfte des Jahrhunderts war den Deutschen die Lust auf Umwälzungen und große Politik einstweilen vergangen. Bis in die sechziger Jahre wurde die eigene Vergangenheit ausgeblendet, so, als ob sie nie stattgefunden hätte. Man lebte diskret im geschichtlichen Niemandsland und in der Hoffnung, dort unentdeckt zu bleiben. Etwa zwei Jahrzehnte lang bewährte sich die kollektive Schweigsamkeit als stabiles politisches Fundament.

Die Bundesrepublikaner wollten unauffällig verwaltet sein und führte eine fleißige, sparsame Nischenexistenz abseits der großen Ereignisse.

Sie haben uns schließlich ein schuldenfreies Land hinterlassen, mit wiederaufgebauten Städten, modernen Industrieanlagen, neuen Schulen, Schwimmbädern und Sportanlagen. Aus ihren Reihen sind bedeutende Schriftsteller, Musiker, Philosophen und Wissenschaftler beiderlei Geschlechts hervorgegangen. Die Politiker dieser Generation haben das Land meist mit sicherer Hand und nach klaren Maßstäben regiert.

Das war ein stattliches Erbe. Wir haben den materiellen Teil ohne ein Gefühl der Dankbarkeit entgegengenommen und den Rest entsorgt. Uns war die heilige Scheu vor der Zukunft abhanden gekommen, die unseren Eltern und Großeltern und deren

Eltern noch selbstverständlich gewesen war. Die hatten zwar in ihrer eigenen Gegenwart oft heillos gehaust, waren aber trotzdem bemüht gewesen, ihren Kindern eine intakte Nachwelt zu hinterlassen, in der sie eine Chance auf Zukunft haben würden. Es blieb zwar stets Menschenwerk, unvollständig und fehlerhaft, aber es war immer eine bedeutsame Leitplanke in ihrem Leben gewesen. Ich erinnere mich sehr genau an das ernst gemeinte Motiv meiner Jugendzeit, dass es den Kindern »einmal besser gehen« solle. Unsere Vorfahren fühlten sich diesem Maßstab verpflichtet und haben ihn für meine Generation in nie gekanntem Ausmaß in die Tat umgesetzt. Meiner Alterskohorte geht es deswegen besser als je einer zuvor in der langen Geschichte der Menschheit.

Heute jedoch würde keiner ernsthaft mehr behaupten wollen oder fordern, den Kindern müsse es besser gehen. In obszöner Offenheit und ohne Bedauern stellen wir fest, dass es ihnen, im Gegenteil, schlechter gehen wird. Sie werden alle Hände voll zu tun haben mit unseren Hinterlassenschaften. Auf einen ähnlich bequemen Lebensabend werden sie später keinen Anspruch mehr haben können. Und wir? Wir retten uns in den Augenblick, indem wir bei vollem Bewusstsein die Zukunft verzehren. Diesen Kannibalismus halten wir für verantwortungsvolle Politik, weil sie uns eine sorgenlose Gegenwart genießen lässt. Tatsache ist jedoch: Wir haben über unsere Verhältnisse gelebt und Ressourcen verzehrt, die, recht besehen, unseren Nachkommen gehören.

Was aber hat die »Vierziger« im Lauf ihrer langen Leben zu einer Alterskohorte mit identischen Werten, gemeinsamem Zeitgeist und kollektiven Erfahrungen gemacht?

Der Stoff, aus dem identisches Selbstbewusstsein über alle Grenzen entsteht, sind gemeinsame Idole. Für meine Generation waren es zwei junge Schauspieler aus den Vereinigten Staaten, die als »Rebellen ohne Anlass« ein Männerbild verkörperten, das radikal mit dem Ideal des wohlerzogenen, karriereorientierten Amerikaners brach und mit atemberaubender Geschwindigkeit weltweit zum Vorbild wurde. Bis dahin waren Jugendliche in Filmen entweder Cheerleader, gut gebaute Athleten oder fleißige Studenten gewesen. Ihre Konflikte beschränkten sich auf umständliche Annäherungsversuche an das andere Geschlecht und die stets schwierige Wahl zwischen Pflicht und Vergnügen.

Vorerst unbemerkt verschob sich nach und nach das Selbstverständnis der Jugend, wie der Bühnenautor Rod Serling beobachtete: »Das Vertrauen in die Eltern, ihre sogenannten ewigen Wahrheiten, die ganze Litanei moralischer Vorschriften verloren an Bedeutung. Es brauchte nur noch Typen, die diesen Prozess überzeugend verkörpern konnten.« Mit Marlon Brando aus Omaha/Nebraska und James Dean aus Marion/Indiana war die Suche beendet. Das waren junge Schauspieler von roher sexueller Energie, die sich anscheinend in ständigem Aufstand gegen ihre Väter und deren Vorbilder befanden. Sie rebellierten nicht gegen Armut oder soziale Missstände, sondern gegen Autorität, Überzeugungen und Sitten der Vorfahren. Ihr Kampf war kein politischer Kampf um bessere Lebensbedingungen, sondern eine Kulturrevolution. »Gegen was rebellierst du?«, fragt eine junge Frau Marlon Brando in dem Film *Der Wilde*. »Was schlägst du vor?«, antwortet er einsilbig und gleichgültig.

»Marlon«, schrieb Truman Capote in einem langen Porträt, »war immer unzufrieden mit dem, was er gerade tat. Das folgte keiner erkennbaren Ursache. Die Unzufriedenheit schien ihm zu gefallen. Sie war ein Grundzug seines Wesens.« Er lebte völlig ungeniert seinen Narzissmus aus, der wohlerzogenen Amerikanern zwar nicht unbekannt war, den sie aber stets unterdrückt hatten. Marlon Brando führte die Respektlosigkeit in den bis dahin ereignislosen amerikanischen Alltag ein.

James Dean, dessen kurze Karriere durch einen tödlichen Autounfall beendet wurde, lebte schnell und starb früh, im Gegensatz zu den sorgfältig geplanten Lebensentwürfen amerikanischer Collegestudenten seiner Generation. Er strahlte tiefe Verletzlichkeit aus, gewiss keine hilfreiche Charaktereigenschaft für die Highschool-Wahlen zum beliebtesten Schüler eines Jahrgangs.

Nicholas Ray, der Regisseur des Films mit dem sinnlosen deutschen Titel *... denn sie wissen nicht, was sie tun*, durch den James Dean über Nacht berühmt wurde, erzählte später: »Er hasste seinen Vater, war rachsüchtig und hatte eine unwiderstehliche Aura von Einsamkeit um sich.«

In dem Film treten Eltern als gefühllose Idioten auf, unfähig, ihre Kinder zu verstehen und ihnen zu helfen. Sie sind die natürlichen Feinde einer Jugend, die empfindsam, verletzlich und voll echter Gefühle ist. Gegen diesen bedrohlichen, herzlosen Gegner wurde Rebellion zum unvermeidbaren Überlebenskampf. Brando und Dean lebten ziellos und ungebunden und waren erkennbar nicht auf dem Weg zu geordneten Verhältnissen und einem glücklichen Familienleben in einer der endlosen amerikanischen Vorstädte, die sich seit Kriegsende vor den Toren der Städte ausgebreitet hatten.

Es dauerte nicht lange, und die in die Bundesrepublik importierte Rebellion begann in den Köpfen der damals noch jungen »Vierziger« ihr Werk und infizierte alle Lebensbereiche. Mode, Musik, Tänze, Sprachmuster, Körperhaltung und Selbstverständnis tanzten über Nacht nach den neuen Melodien. Eine unerhörte Lässigkeit hielt Einzug im Land. Wer seine Umwelt mit rundem Kreuz, skeptischem Blick und beide Daumen im Hosenbund eingehakt betrachtete, war für preußische Tugenden nicht mehr zu haben. Wer seine Braut nicht länger sorgfältig nach den Schrittvorgaben mitteleuropäischer Standardtänze führte, sondern diese akrobatisch über den eigenen Rücken kreisen ließ, so dass die Röcke durch die Gegend flogen wie Palmwedel im Hurrikan, der hatte ein Gefühl der Freiheit und Grenzenlosigkeit erfahren, das ihn für immer von den Eltern unterscheiden würde.

37

In unserer Pubertät und den Jahren danach waren wir alle Amerikaner gewesen, abgesehen von einigen Sonderlingen, die enge Rollkragenpullover unter einer gramerfüllten Miene trugen und vom Rive Gauche träumten. In den Vereinigten Staaten gab es von allem nur das Beste – die besten Filme, Gangster, Cowboys, Strände, Frauen, Schauspieler, Sänger, Wolkenkratzer, Boxer und Sportler, das beste Essen, die heißeste Musik und natürlich traumhafte Autos. Kein Vergleich zu den deutschen Nachkriegsmodellen in ihren trüben Farben, sondern Skulpturen in Ultramarin, Creme und Pink und Chromflächen von der Größe des Fürstentums Liechtenstein. So ging Leben.

Damals wurde aus denjenigen, die bisher nur das Jahrzehnt ihrer Geburt gemeinsam hatten, eine Alterskohorte mit gemeinsamer Gegenwart, die heute zur kollektiven Vergangenheit geworden ist. Später differenzierten sich die Lebensläufe zwar wieder aus, und der Schulterschluss jener Jahre lockerte sich über die Zeit. Aber es blieben zahlreiche Berührungspunkte, die nun, im Alter, wenn die Berufskarrieren beendet sind, wieder an Bedeutsamkeit gewinnen.

Jede Generation hat ihr eigenes großes gesellschaftliches Thema, das die Grundmelodie ihres Zeitalters bildet und dem sich unzählige Einzelentscheidungen unterordnen. Unsere Großeltern und deren Eltern hatten, wenn auch vergeblich, in zwei Kriegen versucht, das neue deutsche Reich als Großmacht in Zentraleuropa und darüber hinaus zu etablieren. Unseren Eltern erwuchs daraus die Verpflichtung, die zerstörte Heimat wieder aufzubauen. Darüber war jahrzehntelang die kulturelle Modernisierung der Gesellschaft vernachlässigt worden. Dies nachzuholen war unser Thema, das zu einem großen Teil aus der Ablehnung dessen bestand, was wir, bei guter materieller Ausstattung, an Gesetzen und Vorschriften, Werten und Normen vorgefunden hatten.

Unser Thema, das der »Vierziger«, war nicht die »Freiheit«,

38

wie wir heute noch gerne behaupten, denn in der lebten wir bereits. Wir kümmerten uns lediglich um die Beseitigung unpraktischer Bevormundung und waren in dieser Funktion ein kollektives Entrümpelungsunternehmen. Bei diesen Aufräumarbeiten ging allerdings auch der Tugendkatalog unserer Eltern zum Teil verloren, in dem Disziplin, Treue, Fleiß, Pflichterfüllung und Bescheidenheit untergebracht gewesen waren. Wohin die führen konnten, war durch die jüngste deutsche Geschichte eindrucksvoll demonstriert worden, so unsere feste Überzeugung. Also haben wir die überholten und altväterischen Verpflichtungen, die arg hinderlich sein können beim Vollzug einer befreiten Existenz, durch Hedonismus und Libido ersetzt, dabei aber übersehen, dass beide Prinzipien im Alter nichts mehr taugen. Der oberflächliche Befund unserer Biografien bezeugt jedoch: Es hat sich bislang gelohnt! Wir haben flott gelebt, wenig ausgelassen, und vom Faschismus ist bis auf dumpfe Restposten auch nichts mehr zu sehen.

Aus der Rechnung für unseren Lebensstil, die unseren Kindern und Enkeln in naher Zukunft präsentiert werden wird, ergibt sich unschwer deren großes Thema: Schadensbegrenzung. Wo die nicht mehr gelingt, übernimmt die Natur die Herrschaft, und die kann rücksichtslos sein, wie sie verschiedentlich angedeutet hat. Aber das wird dann nicht mehr unsere Welt sein.

In jener Zeit, als wir in wasserdichten Regenjacken und auf flinken Turnschuhen durch die Straßen der Republik trabten, um aufzuräumen, entstand aus dem Geist der Kritik an allem unsere vorherrschende Charaktereigenschaft, die der Negation.

»Ihr seid komische Leute«, wunderte sich mein amerikanischer Kameramann in New York, als wir Ende der achtziger Jahre anlässlich der UN-Herbsttagung für einige Tage mit Teams aus Deutschland zusammenarbeiteten, »ihr beklagt euch ständig. Wenn ich mit den deutschen Kollegen abends an der Bar stehe, geht nach wenigen Augenblicken die Jammerei los. Euer Sender scheint eine Ansammlung unfähiger Idioten zu sein, die ständig falsche Entscheidungen treffen. Was immer wir hier planen, wird kritisiert und abgelehnt. Und eure Erzählungen über den Flug hören sich an, als wärt ihr auf einem Sklavenschiff über den Ozean gebracht worden.«

Für amerikanische Ohren klingt das larmoyante Dauergeräusch meiner Generation fremd und ständig fehl am Platz. In den USA vertraut man seine Sorgen und Bedenken nur wenigen ausgewählten Freunden an, im täglichen Umgang bemüht man sich dagegen um gute Laune. Das macht das Leben für alle unkomplizierter und angenehmer.

Literarischer Ausdruck unserer Einstellung gegenüber dem Leben ist jene Erkenntnis Adornos, die sich zu meiner Studienzeit großer Beliebtheit erfreute: »Es gibt kein richtiges Leben im falschen.« Wobei das »falsche« jene Welt war, in der wir zu Hause waren. So wurde es zumindest von vielen verstanden. Wir hielten diesen Unfug damals für einen empirischen Satz, der uns das große Geheimnis der Gesellschaft enträtseln würde. Seither haben wir den Weltuntergang in seinen verschiedensten Formen, mit Ausnahme vielleicht eines Meteoriteneinschlags, fest im Blick – eine Zukunft, nebenbei, in die wir ohne Zögern, Bedauern oder Gegenwehr unsere Kinder schicken.

Meine Generation ist noch nicht lebenssatt, wie einst die Vorfahren im selben Alter. Im Gegenteil: Sie ist lebenshungrig, voller Ansprüche, Hoffnungen und Pläne. Das ist zum einen unserem körperlichen Wohlbefinden als Folge der Entlastung von schwerer Arbeit, zum anderen der Beschleunigung des technischen Fortschritts geschuldet. Wer in einer traditionellen Gesellschaft, in der der Erfindergeist noch stillgelegt war, sechs Jahrzehnte durchmessen hatte, der hatte alles erfahren, gesehen und erlebt, was die Gesellschaft für ihn bereithielt. Er konnte beruhigt gehen, denn er würde nichts mehr versäumen. Es blieben keine Rätsel übrig, die er noch lösen wollte. Und das letzte Rätsel hatte er voller Vertrauen in die Hände des Schöpfers gelegt.

Ganz anders heute. Ständig überwältigen uns neue, aufregende Erfindungen und Neuerungen. Fantastische Projektionen und Pläne weisen in eine unbekannte, stets aufregende Zukunft. Man kann sich nicht sattsehen an dem prächtigen Schauspiel und würde gerne bleiben wollen, um zu sehen, wie es weitergeht. Was ist schon das Jenseits gegen die Marktreife des iPads?

Friede, Wohlergehen und das Primat der Äußerlichkeit vor dem der Persönlichkeit haben ihre Spuren auf unseren Gesichtern hinterlassen – nämlich kaum welche. Die Glatze, einst das untrügliche Zeichen der Vergänglichkeit, der auch wir nicht entkommen, haben wir listig zur Mode erklärt. Was Yul Brynner und Teddy Savalas für die Generation unserer Eltern nicht gelungen war, hat Bruce Willis so erfolgreich in die Tat umgesetzt, dass auch die Jugend sich nun das kahle Haupt zum Vorbild nimmt – eine der seltenen Ausnahmen, bei der sie in unserem Lebensstil wildert, und nicht umgekehrt, wir in ihrem.

Wir sehen heute im Schnitt etwa fünfzehn Jahre jünger aus als unsere Vorfahren im selben Alter. Unsere Körper, die Erschöpfung vornehmlich als Ferienerlebnis erfahren haben, gehorchen auch jenseits der sechzig in aufrechter Haltung unseren Anweisungen. Unsere Augen, die Elend und Not, die herzlosen Feinde der Gesichtszüge, in erster Linie aus den Medien kennen, sind frisch und neugierig geblieben. Ausreichende und gesunde Nahrung im Verbund mit einem gewissenhaften Gesundheitsbewusstsein haben das ihre beigetragen. Die eine oder andere kleine Retusche bringt zusätzlichen Gewinn an Äußerlichkeit.

Nun sind alte Menschen seit je davon überzeugt, jünger zu wirken, als dies ihre Geburtsurkunde ausweist. Einer breit angelegten Berliner Altenstudie zufolge glauben Männer und Frauen zwischen siebzig und neunundachzig, um durchschnittlich neuneinhalb Jahre jünger auszusehen. Diese Differenz nimmt im Alter noch zu: Neunzigjährige glaubten gar, vierzehn Jahre jünger auszusehen. Unsere Versicherung den Vorfahren gegenüber, sie sähen »wirklich sehr viel jünger aus«, war jedoch stets gelogen und diente vor allem der Abwehr von Jammern und Klagen, den lästigen Nebengeräuschen, die das Leid des Alterns gelegentlich mit sich bringt. Es bestand also schon immer eine tragische Differenz zwischen Eigen- und Fremdeinschätzung, die zu genierlichen Verwicklungen führen kann, wenn der Alte begann, sich nach den Vorgaben seiner Selbstwahrnehmung zu verhalten.

Meine Generation indes hält sich nicht nur selbst für jünger, sie wird auch dafür gehalten. Wir nehmen erstaunte Kommentare wie: »In Rente? Das hätte ich wirklich nicht gedacht!«, »Hallo, junger Mann, lassen Sie bitte die ältere Dame vor!« oder: »Stehen Sie doch auf, um dem Herrn Platz zu machen« routiniert zur Kenntnis. Ein ehemaliger Gesundheitsminister sah in mir anlässlich meiner Verabschiedung aus ARD-Diensten gar das beste Argument für die Verlängerung der Lebensarbeitszeit.

Wir sind dergleichen Komplimente gewöhnt. Aber sind wir deswegen wirklich »jung«, wie man sich für einen kurzen Augenblick der Hingabe an die artige Schmeichelei einbilden möchte? Selbstredend nicht, obgleich wir uns gerne dieser Illusion hingeben, die freilich selten von Dauer ist, weil die Realität noch ein Wörtchen mitzureden hat. Wir sind äußerlich jünger als unsere Eltern und deren Eltern, aber unsere Jugendlichkeit entsteht nur im Vergleich mit den Gesichtszügen jener Generationen, die durch mörderische Zeiten, die ihre Spuren hinterlassen haben, gehen mussten.

Wenn unsere Eltern und Großeltern, die Maßstäbe des Vergleichs, eines Tages von uns gegangen sein werden, wird sich die scheinbare Jugendlichkeit schnell verflüchtigen. Sie ist, wie so vieles andere auch, ein zeitlich beschränktes Privileg meiner Generation.

Für unsere Kinder und Enkel sind wir im Übrigen alt, unabhängig davon, wie frisch wir im Vergleich noch wirken. Junge Menschen verknüpfen unser Geburtsdatum, unbeeindruckt von faltenfreier Haut und aufrechtem Gang, mit bewährten und unnachsichtigen Stereotypen wie »verblüht«, »klapprig«, »abgehalftert« oder »verkalkt«. Wie allen Vorurteilen ist auch diesen ein Moment von Wahrheit eigen.

»Das Alter vergisst zuweilen, wo seine Grenzen sind, und versucht sich in unangemessener Weise jung zu geben«, heißt es in einer sorgfältigen Studie zum Thema. Wir verzeihen uns diese lässliche Sünde, die uns manch angenehme Träumerei ermöglicht, und hängen den Spiegel vorläufig beiseite, wohl wissend, dass in seinen Tiefen das Alter lauert. Und wenn wir uns im Vorbeigehen trotzdem flüchtig in Schaufensterscheiben betrachten, sind wir immer noch in der Lage, den Menschen zu erblicken, der wir sein wollen. Das hat die erfreuliche Begleiterscheinung, dass wir uns sehr viel positiver einschätzen als der Durchschnitt der Bevölkerung.

Eine optimistische Selbsteinschätzung wiederum hat unmittelbare Auswirkungen auf die Gesundheit. Amerikanischen Studien zufolge steigert ein positives Selbstbild die Lebenserwartung um etwa sieben Jahre und ist damit allen anderen gesundheitsfördernden Maßnahmen überlegen. Im Rahmen einer weiteren Studie wurden Senioren über einige Jahre hinweg regelmäßig auf ihre Gesundheit hin untersucht. Die optimistischen Kandidaten unter ihnen hatten ein deutlich geringeres Risiko, gebrechlich zu werden. Menschen, die Freude am Leben haben, sind aktiver, neugieriger und beweglicher. Sie verfügen damit über jenes Bündel an Einstellungen, die Voraussetzung sind für ein längeres Leben.

Als die Bewohner entwickelter Industrienationen sind wir indes nicht nur äußerlich jünger als unsere Vorfahren, wir sind auch die erste Generation seit Menschengedenken, die ohne kollektives Leid aufgewachsen ist. Wir kennen Verlust, Ausweglosigkeit, Lebensgefahr und den Ernstfall nur in seltener Ausnahme. Im Alter wird Leid jedoch auf Dauer gestellt, und wir werden begreifen müssen, dass wir schlecht gerüstet sind für diese Herausforderung.

Mag sein, dass es zu spät geworden ist für uns und dass wir schutzlos in das Jahrzehnt der Hochbetagten gehen. Es ist noch nicht entschieden, ob der medizinische Fortschritt uns die letzten Jahre leichter oder beschwerlicher machen wird. Wir erreichen festen Schritts unseren Nachsommer und können der zähen und erbarmungslosen Arbeit des Todes an unseren Körpern noch lange Widerstand leisten. Das kann das Sterben qualvoll machen, im Gegensatz zu unseren Vorfahren, die zart und gebrechlich wurden und dann oft leicht gegangen sind.

Dem Leid gesellt sich mit zunehmendem Alter das Schicksal als unerbittlicher Begleiter zur Seite. Dessen Neutralisierung war ebenfalls ein Projekt der Moderne. Unsere Eltern haben Schicksal noch im Übermaß ertragen müssen, wir hingegen haben es, von Ausnahmen abgesehen, zeit unseres Lebens stillgelegt. Wir waren überzeugt, jederzeit die Herren unserer Gegenwart und Zukunft zu sein, und hatten das Schicksal höchstens in seiner trivialen Form als Liebeskummer oder Berufsquerele auf unserer Rechnung. Jetzt meldet es sich zurück, und zwar nicht als äußeres Ereignis, sondern aus uns selbst heraus, als Rebellion unseres Körpers, gegen die wir wenig ausrichten können. Wir werden zur Ursache unseres eigenen Schicksals und dennoch von ihm beherrscht. Das ist den Generationen vor uns nicht anders ergangen, aber die waren schicksalserfahren. Wir hingegen sind schicksalsentwöhnt, und wir werden die klaglose Hinnahme dessen, was unausweichlich auf uns zukommt, erst noch erlernen müssen.

Während Leid und Schicksal allmählich beginnen, eine bedeutsame Rolle in unserem Leben zu spielen, verschiebt sich in der

Konsequenz langsam, aber stetig auch die Bedeutung bestimmter Wörter im Kontext des Alters. Wer betagt, aber »in guter Verfassung« ist, beschreibt damit vermutlich einen anderen körperlichen Zustand, als dies sein Enkel mit demselben Begriff ausdrückt. Ähnliches gilt für »rauschende Feste«, »späte Nachtruhe«, »anstrengende Fahrradetappe« oder »Computerkompetenz«. Die Begriffe gehen den Alten zwar nicht verloren, sie ändern auch selten ihre eigentliche Bedeutung, aber häufig ihre Gewichtigkeit. Andere Begriffe wie »krass«, »abgefahren«, »schrill« und »ätzend« sind vollständig im Besitz der Jugend, wir sollten die Finger von ihnen lassen. Unsere Attribute hießen einst »dufte«, »schnieke« oder »picobello« und sind zum Glück aus dem Wortschatz entsorgt worden.

Von allen Wörtern macht die tiefgreifendste Häutung aber das zurückhaltende »noch« durch. Das bienenfleißige Adverb diente bislang unauffällig in Alltagssätzen wie: »Ein Glas trinken wir noch, dann ist Schluss« oder: »Hast du noch fünfzehnhundert Euro in der Tasche? Ich brauche neue Ohrringe.« In dieser Funktion hat es uns über viele Jahre unauffällig in einer semantischen Nischenexistenz begleitet. Im Alter jedoch regt es sich, tritt in den Vordergrund und beginnt eine gewichtige Rolle zu spielen. Aus dem schlichten Adverb wird ein Grenzpfahl, der uns ständig in die Schranken weist und das Terrain unserer Beweglichkeit einengt.

Erfolgreich Altern heißt vor allem Grenzen erkennen, ein Prozess, der sich bis in die letzten Stunden hinziehen kann. Das »noch«, dem wir bislang selten Aufmerksamkeit geschenkt hatten, wird uns dabei zur strengen Richtschnur. Während ein junger Mensch angesichts einer schwierigen Herausforderung sagen würde: »Das schaffe ich nicht«, sagt der Alte: »Ich glaube nicht, dass ich das noch schaffe.« Im Hallenbad heißt es häufig: »Früher bin ich regelmäßig meine vierzig Bahnen geschwommen, heute schaffe ich noch zwanzig.« Unausgesprochen weist jedes »noch«

den Alten auf einen Verlust im Vergleich zu früher hin. Das bitterste »noch« kommt allerdings vom Arzt, wenn er sagt: »Sie haben noch vier Monate zu leben.«

Hinter dem »noch« lauert häufig eine weitere semantische Gefahr und gleichzeitig sein enger Verbündeter: das »mehr«. »Langlauf geht noch, Abfahrt nicht mehr« oder: »Walking geht noch, Jogging nicht mehr.« Diese beiden kurzen, klanglich unschönen Wörter weisen bei jedem Gebrauch auf jene Zeit zurück, als Kraft, Verstand und Sinne unauffällig ihren Dienst taten. Dieser reibungslose Ablauf ist störanfällig geworden, so dass alte Maßzahlen ständig nach unten angeglichen werden, bis die Latte schließlich auf dem Boden liegt und überhaupt keine Anstrengung mehr von uns erwartet wird: »Ich gehe täglich vor die Tür, aber einkaufen kann ich nicht mehr.« – »Ich schau mir Fußball im Fernsehen an, denn ins Stadion schaffe ich es nicht mehr.«

Eine besondere Sprengkraft kann die unauffällige Bemerkung: »Das lohnt nicht mehr« entwickeln. Damit schert der Alte aus der Kolonne aus, lässt sich am Wegesrand nieder und schaut seinen Kameraden hinterher, bis sie gemächlichen Schritts um die nächste Biegung verschwunden sind, während er allein und sich selbst überlassen zurückbleibt.

Gemeinsam beschreiben »noch« und »mehr« also eine eigentümlich zweideutige Gemengelage. Die Maßstäbe der Vergangenheit sind zwar noch gegenwärtig, aber die Trauben hängen neuerdings zu hoch. Jeder Gebrauch der unheimlichen Zwillinge misst die Distanz zwischen einstigem und aktuellem Leistungsvermögen und notiert den Verlust, den man erlitten hat. Sie sind ein ständiger Stachel im welken Fleisch.

Man sollte darum die ärgerliche Begleitung aus seinem Sprachgebrauch verbannen. Das wird die Realität zwar kaum beeindrucken, aber es stärkt das Selbstbewusstsein. »Ich schwimme täglich zwanzig Bahnen« klingt sehr viel selbstbewusster und souveräner als dieselbe Behauptung mit dem fatalen Zusatz.

Begriffe und deren Bedeutung sind wesentliche Leitplanken des Lebens, vorausgesetzt, sie sind realitätstauglich. Die Realität wiederum entsteht in steter Auseinandersetzung zwischen uns und der Umgebung. Wir werden also unsere Vorstellung von Begriffen wie »Gesundheit«, »Ende«, »Zeit«, »Zukunft« und »Lebensperspektive« überdenken und für uns neu bestimmen müssen. Andere, wie »Karriere«, »Aufstieg«, »Konkurrenzkampf«, »Erfolg«, »Ansehen« oder »Einfluss« können wir entsorgen und aus unserem Wortschatz tilgen. Sie werden keine Rolle mehr spielen. Dafür gewinnen wir bislang ungebräuchliche Wörter hinzu: »Vergänglichkeit«, »Leid«, »Verlust« und »Abschied«.

Wenn Jüngere beispielsweise vom »Ende« sprechen, meinen sie alles Mögliche, nur nicht das »Lebensende«, das die Alten notwendig mit dem Begriff in Verbindung bringen. »Gesundheit« ist für junge Menschen die Abwesenheit jeglicher Beschwerden, für den Alten die Abwesenheit schweren Leidens. Für einen Berufstätigen besteht die »Zukunft« aus Karriere, Familienplanung und Kindererziehung. Dem Rentner ist sie ein Zeitraum ohne feste Vorgaben.

Im Alter werden also vertraute Wortbedeutungen den Bezug zu unserer Wirklichkeit verlieren, und wir tun gut daran, sie rechtzeitig an unser neues Leben anzupassen. Andernfalls droht der Zufall, die Signatur der Sinnlosigkeit, die Regie über unser Leben zu übernehmen.

Es wird jedoch nicht damit getan sein, die Sprache zu verändern. Die Sache selbst muss auf den Prüfstand. Jene Verhaltensweisen, die einst Voraussetzung für eine erfolgreiche Karriere waren, wie Ehrgeiz, Rücksichtslosigkeit, Gefühlskälte, Opportunismus und Ränkeschmieden, tun im Alter keinen guten Dienst mehr. Im Gegenteil, wer an ihnen festhält, wird bald allein auf der Parkbank sitzen.

Freilich, man kann das Kostüm seiner persönlichen Eigenschaften, die ehedem sichere Führer durch das Berufsleben gewesen waren, nicht wie ein Unterhemd auswechseln. Es bedarf einiger Anstrengungen. Die können wiederum zu schmerzlichen Einsichten und zur Wiederbelebung psychischer Ablagerungen und Erinnerungen führen, die man aus gutem Grund bis jetzt verdrängt hatte.

Denn manche Entscheidung, die einst respektabel begründet war, verliert nach Wiedervorlage im Alter viel von ihrem Glanz. Konkurrenten, die man vor Jahrzehnten zum Wohl der Firma erledigt hatte, sind später und kritischer Prüfung zufolge dem eigenen Vorteil zum Opfer gefallen. Ein verheimlichtes Doppelleben war in Wirklichkeit nicht der Rücksicht auf das Eheweib, sondern ausschließlich der eigenen Lustbarkeit geschuldet. Intrigen und politische Opfer im Ortsverein dienten weniger höheren Zielen als dem persönlichen Ansehen.

Stattdessen sollte man sich auf den christlichen Tugendkatalog besinnen und Hilfsbereitschaft, Mitleid, Offenheit, Milde und Ehrlichkeit pflegen. Das ist der Stoff, von dem die Alten zehren. Sie benötigen Menschlichkeit nicht als große Geste, sondern als kleine Handreichung im Alltag: der Sitz in der Straßenbahn, die Hilfe an der Kasse, das Entziffern von Preisschildern, die Berührung am Krankenlager. Nichts ist einklagbar, nichts kann erstritten werden. Ohne sie kann das Zusammenleben im Alter jedoch zur Qual werden. Wenn die Alten etwas von der Jugend erwarten, so sind es diese Charaktereigenschaften. Nur sie werden in der Lage sein, eine verlässliche Brücke zwischen den Generationen zu bauen.

Das Recht auf Müßiggang

»Ich will faul in allen Sachen,
nur nicht faul zu Lieb' und Wein,
nur nicht faul zur Faulheit sein.«

GOTTHOLD EPHRAIM LESSING

Als ich mich am letzten Abend im Dienste der ARD von meinen Kolleginnen und Kollegen verabschiedete, dachte ich am Schluss einiger kurzer Bemerkungen laut über meine Zukunft nach: »Ich habe eine ganze Reihe von Plänen und Vorhaben. Ich überlege, mich ernsthaft mit dem Alkohol auseinanderzusetzen. Ich habe auch mit dem Gedanken gespielt, Wüstling zu werden, ein real verkommenes Subjekt, der Schrecken aller Schwiegermütter und die Sehnsucht aller Väter. Aber mein alter Freund Rolf Eden hat mir abgeraten. Das sei nichts für späte Seiteneinsteiger, sondern Pflicht und Fron ein Leben lang. Er muss es ja wissen. Vielleicht werde ich auch Eisbachsurfer in München. Vermutlich aber«, und beendete damit drei Jahrzehnte ARD-Mitarbeit, »ziehe ich mich nach Tunix zurück, spiele Golf, schaue in Straßencafés, verborgen hinter Sonnengläsern, den Passanten hinterher und vertue nutzlos meine Zeit. Dort in Tunix habe ich im Übrigen eine ganze Reihe von Kollegen im besten Arbeitsalter zur besten Arbeitszeit angetroffen, die sich dort beizeiten niedergelassen haben. Von denen soll ich euch herzlich grüßen. Vielen Dank!«

Gelächter, Applaus, das war es dann gewesen. Anschließend standen wir noch eine Weile bei Wein und Bier zusammen.

»Das mit Tunix war eine hübsche Pointe, aber es ist nicht dein Ernst«, meinte einer meiner zukünftigen ehemaligen Kollegen.

»Doch!«

»Ich kann mir nicht vorstellen, dass du nichts mehr tust. Ich könnte das nicht!«

»Undenkbar«, assistierte eine Kollegin.

»Ich kann mir das sehr wohl vorstellen!«

»Ich plane bereits jetzt für die Zeit nach meiner Pensionierung und baue einen kleinen Weinhandel auf«, verriet ein zufälliger Gast und Kollege aus dem Süden der Republik, der noch eine Handvoll Berufsjahre vor sich hatte und von diesen sinnvollen Gebrauch machen wollte.

»Ein Kollege aus der Wirtschaft, der übernächstes Jahr in Rente muss, richtet sich gerade ein Café mit Kunstgalerie ein«, wusste ein anderer zu berichten.

So ging das hin und her, und eine halbe Stunde später lag eine Rentenreform auf dem Tisch, die Arbeit für alle bis ans Lebensende vorsah. Grundlage unserer unerhörten Pläne war eine diffuse Furcht der älteren Kollegen vor freier Zeit und die Angst zu verlieren, was ihnen zur zweiten Natur geworden war: ihre Arbeit, die damit verbundene Anerkennung und das Gleichmaß ihres Alltags.

»Du bleibst uns erhalten«, verabschiedete sich schließlich mein letzter Gast mit einem freundlichen Klaps auf meine Schulter, »wir sehen uns wieder.«

Wir sind uns nie wieder begegnet, wenn man von einem kurzen Treffen auf der Rolltreppe des Bahnhofs Friedrichstraße zu Berlin absieht. Er war auf dem Weg zu einem Termin, der keinen Aufschub duldete, und so blieb es bei zwei, drei kurzen, unbeantworteten Fragen und der Aufforderung, unbedingt in telefonischem Kontakt zu bleiben. Dann war er wieder verschwunden. Diesmal für immer. Seine Visitenkarte habe ich, was das betrifft, vor die S-Bahn nach Pankow, die kurze Zeit später eintraf, flattern lassen.

So verließ ich zum letzten Mal und für immer das Studio, eingedenk des Ratschlags meiner Mutter: »Kehre nie zurück! Du störst.«

Seitdem bewege ich mich inmitten einer Schar grauköpfiger Arbeitsloser, denen eine sture Bürokratie und aberwitzige Vorschriften Zukunft und Sinn des Lebens geraubt haben: »Es ist eine Schande, dass man auf unsere Erfahrungen verzichtet.« – »Ich frage mich jeden Morgen, warum ich überhaupt aufstehe.« – »Ich habe neulich mit meiner früheren Sekretärin gesprochen. In meiner Abteilung geht es drunter und drüber!« – »Ich kann nicht mehr tun, als meine alten Beziehungen anzubieten. Wenn man darauf verzichten möchte – bitte sehr.« – »Weißt du noch, damals auf dem Bundesparteitag? Da blieb kein Auge trocken. Aber heute …« So tönt es laut und leise, an- und abschwellend, aber stets in beleidigter Tonlage.

Das Gespenst der Nutzlosigkeit geht um. Von der einstigen Bedeutsamkeit und jenem aufregenden Moment, als die Kanzlerin bei einer Veranstaltung der hessischen Landesvertretung in Berlin durch ein angedeutetes Kopfnicken aus der Ferne zu verstehen gab, dass sie wusste, wer man war, bleiben vergleichsweise unansehnliche Krümel: die Großelternrolle, die Pflege des siechen Ehepartners oder ein ehrenamtlicher Einsatz. Das ist im Vergleich zum erfüllten Berufsleben eine klägliche Kulisse und eine echte Tragik für die Gesellschaft, denn von wenigen Ausnahmen abgesehen, haben unsere Nachfolger, davon sind wir Rentner überzeugt, wenig Ahnung und drohen das üppige Erbe zu verschleudern. Die Programme verflachen, der Stil verkommt, die falschen Leute machen Karriere, die Recherche liegt danieder, und die Regierenden können schalten und walten, wie sie wollen.

»Hast du gestern Abend die Nachrichten gesehen?« – »Geht ja gar nicht!« – »Nur noch peinlich!« – »Kein Gefühl für das Wesentliche!« – »Völlig unverständliches Durcheinander!« So oder so ähnlich sind wir Alten uns einig. Früher war eben alles besser.

Davor auch und davor ebenfalls, so dass wir nach wenigen Generationen Rückschau wieder im Paradies angekommen sind. In Wahrheit jedoch ist jede gute alte Zeit einmal eine schlechte neue gewesen.

In anderen Berufen sieht es ähnlich aus, wie man bei gelegentlichen Treffen mit Rentnern aus anderen Branchen ausführlich erzählt bekommt. Und guten Rat und Gratiserzählungen darüber, wie es einst war, will auch keiner haben, berichten diejenigen, die noch Kontakt mit ehemaligen Kollegen pflegen. Es herrscht eine Stimmung wie in der Warteschlange einer Arbeitsagentur, nur unterschieden durch die unmittelbare Umgebung: Golfplätze, Restaurants mit guter Küche und Dachterrassen mit weitem Ausblick.

Wir stehen vor der vertrackten, aber zwingenden Aufgabe, den Begriff »unverzichtbar«, der einst ein wesentlicher Bestandteil unseres Selbstbewusstseins war, zu entsorgen. Denn mit der ersten Rate unserer Rente sind wir verzichtbar geworden, was, aufs Ganze gesehen, jeder Einzelne von uns ohnehin stets war. Das braucht Zeit und ist ohne Entsagungen nicht zu schaffen.

Diese Zeit der Ratlosigkeit und des schmerzlichen Verlustgefühls hat ihre tiefe Ursache in der protestantischen Ethik, die nach Max Weber das sozialpsychologische Fundament der westlichen Industriegesellschaften bildet. Auf sie gehen deren wirtschaftliche Erfolge und schließlich deren politische Überlegenheit zurück. Sie ist ein vielschichtiges Gebräu aus Calvinismus, Fortschrittsgedanken, Aufklärung und technischer Entwicklung und äußert sich in jedem Einzelnen von uns in der täglich neu gelebten Überzeugung, dass die Arbeit der eigentliche Maßstab unserer Existenz sei. Wir sind geboren, um pünktlich, zuverlässig und fleißig unserem Tagewerk nachzugehen. Das ist ein wesentlicher Teil des Lebenssinns und unserer Daseinsberechtigung. Bruder Leichtfuß und seine Schwester Zerstreuung haben den Ernst des Lebens gründlich verkannt und zahlen dafür mit sozialer Verachtung. Wer keine erfolgreiche Berufskarriere im Rahmen seiner Möglichkeiten vorweisen kann, hat den Sinn seines vom Schöpfer geschenkten Lebens verfehlt. Der Herrgott seinerseits hat sich in der Zwischenzeit zurückgezogen. Auf Dauer hätte er mit seinem Tugendkatalog die Rationalität moderner Produktionsabläufe und deren Zumutungen gegenüber den Menschen gestört. Der Rest ist geblieben. Die enge Anbindung unseres Lebens an die Arbeit ist ein vorherrschender Bestandteil unserer Kultur und wird durch Elternhaus, Schule und Berufsausbildung stets aufs Neue tief in unsere Herzen und unser Bewusstsein gepflanzt, so dass wir schließlich überzeugt sind, ohne Beruf wertlos zu sein.

Das war nicht immer so. Im Gegenteil, zu Beginn unserer Zivilisation stand die Muße, eine enge Vertraute von Müßiggang und Zeitverschwendung, ganz oben auf der Tagesordnung. Die Griechen, die als Erste in Europa nachhaltig über die Bestimmung des Menschen nachdachten, kamen zu dem Ergebnis, dieser sei zur Muße geboren, als Voraussetzung, um sich den Musen hinzugeben. Die Arbeit hingegen war Fluch, dem man zu entrinnen suchte. Der soziale Status bemaß sich vor allem an der Distanz zu körperlicher Fron. Sokrates galt die Muße als Schwester der Freiheit. Ein erfülltes Leben bestand für ihn in ruhiger Kontemplation als Grundlage für die Entwicklung geistiger und schöpferischer Kräfte. Aristoteles befand: »Arbeit und Tugend schließen einander aus.« Wenn die Sorge um das tägliche Brot im Vordergrund des menschlichen Daseins stand, konnten Klugheit, Moral und Vernunft sich schwerlich entwickeln.

In der Folgezeit finden sich in der europäischen Geschichte zwar nur wenige konkrete Beispiele für den mutmaßlichen Zusammenhang von Muse und Weisheit, aber die Idee entwickelte über die Jahrtausende ein prächtiges Eigenleben, denn sie diente den gehobenen Ständen als Begründung für eine fidele Existenz meist weitab aller Weisheit.

Zu ganz ähnlichen Ergebnissen kamen zur selben Zeit die Denker im abgelegenen, noch unentdeckten China. Im Zentrum der Lehren des Taoismus steht die Philosophie des Nichtstuns, dargestellt im Bild vom Fluss des Lebens, auf dem sich der Einzelne, seinem Schicksal folgend, sanft, frei und erwartungsvoll flussabwärts treiben lässt.

Nun war aber auch den alten Griechen nicht verborgen geblieben, dass ohne Landwirtschaft und Handwerk ein Leben in reiner Muße recht kärglich sein würde. Bei aller Bewunderung für Diogenes wurde dessen asketischer Lebensstil nie Vorbild seiner Zeitgenossen, weshalb Frauen, Sklaven und schollengebundene Bauern das mühselige Tagewerk übernehmen mussten.

Bei den Römern hatten Landwirtschaft und das ertragreiche Verwalten großer Güter zwar einen besseren Ruf als bei ihren griechischen Vorbildern – schließlich wollte ein ganzes Weltreich ernährt werden –, trotzdem genoss der Müßiggang neben der Kriegskunst weiterhin höchstes Ansehen. In gewissem Sinn ist er die Kehrseite des Krieges, denn wer nicht arbeitet, wird dem Nachbarn die Früchte seiner Felder rauben müssen.

Gottes Sohn hielt, eingedenk der paradiesischen Zustände in seiner Heimat, ebenfalls wenig von geregelter Arbeit: »Sehet die Lilien auf dem Felde, wie sie wachsen; sie arbeiten nicht, auch spinnen sie nicht, und doch sage ich euch, dass Salomon in all seiner Pracht nicht herrlicher gekleidet war« (Matth. 6, 28-29). Diesem Schlendrian bereitete Paulus, dem daran gelegen war, eine realitätstaugliche Kirche einzurichten, bald ein Ende. Im zweiten Brief an die Thessalonicher heißt es bereits drohend: »Wer nicht arbeiten will, soll auch nicht essen.« Die Benediktiner schließlich brachten den Sinn christlicher Existenz auf die knappe Formel: »Bete und arbeite.«

Doch selbst noch im 18. Jahrhundert hielt sich der französische Adel, dessen Lebensstil dem Kontinent Vorbild war, lieber an die Vorgaben der Antike. Die einzige Möglichkeit, den Adelstitel zu verlieren, bestand darin, bei der verpönten Lohnarbeit ertappt zu werden – ein Risiko, das allenfalls eine Rosenschere in adligen Händen zuließ.

Zur selben Zeit erhob jedoch ein bislang unbekannter Chor seine gewichtige Stimme und bemächtigte sich des Themas, denn die Industrialisierung verlangte gebieterisch nach einer neuen Arbeitsmoral. Immanuel Kant stellte in seiner Liste der drei Laster neben Feigheit und Falschheit die Faulheit an erste Stelle. Sein Zeitgenosse David Hume vertrat die kühne sozialpsychologische These: »Beinahe alle moralischen und natürlichen Übel des menschlichen Lebens entspringen der Trägheit.« Bei so viel Ursache war es um diese bald geschehen. Der nicht minder bedeutsame Benjamin Franklin gab demselben Verdacht positiven Ausdruck: »Früh schlafen gehn und früh aufstehn schafft Reichtum, Weisheit, Wohlergehn.« Friedrich Schiller schließlich, selbst ein Vorbild an Fleiß und Umtriebigkeit, brachte all das in einem formal tadellosen Zweizeiler unter: »Arbeit ist des Bürgers Zierde – Segen ist der Mühe Preis.«

Mitte des 19. Jahrhunderts hatten Pädagogen, Kirche und – dort, wo sie notwendig war – Gewalt die revolutionäre Arbeitsmoral fest in den Köpfen und Seelen der Menschen verankert. Die neue Pädagogik, so analysiert Michel Foucault, hatte es nicht mehr auf den Körper als Objekt der Züchtigung abgesehen. Sie drang in die Psyche der Menschen ein und ersetzte die traditionelle, eingebläute Disziplin, die nicht immer nachhaltig war, durch Selbstdisziplin. Zu den Messeinheiten der Bürgerlichkeit zählen seither Zurückhaltung der Affekte, ein stabiles Über-Ich, Langsicht über den Augenblick hinaus und Arbeitsethos. Es war dies der größte Paradigmenwechsel in der Geschichte des menschlichen Bewusstseins. Er veränderte tiefgreifend unsere Beziehungen untereinander, zur Natur, zur Kunst, zum Leben und zu uns selbst. Wo einst Unmittelbarkeit war, schob sich der neue Arbeitsstil wie ein Filter zwischen jeden Einzelnen und seine Umwelt und bestimmte, was uns lieb und teuer, wichtig und unwichtig sein würde. Das große Reformwerk bemächtigte sich obendrein, als wesentliche Voraussetzung seines Erfolgs, der Sprache und veränderte die Bedeutung einst geschätzter Begriffe wie Zeitvertreib, Bequemlichkeit, Müßiggang und Ausschweifung. Der späte Nachfahre des adligen Bummelanten, der Flaneur, wurde rüde beiseitegeräumt und in die Feuilletons und Wohnquartiere der Bohemiens verbannt, wo er, den Blicken der arbeitenden Bevölkerung entzogen, keinen Schaden mehr anrichten konnte.

Der französische Moralist La Bruyère hatte diese Entwicklung scharfsinnig erkannt, als er, wenngleich vergebens, den famosen Vorschlag machte: »Es fehlt dem Müßiggang der Weisen nur an einem besseren Namen: Wie, wenn man sich bereitfände, Nachdenken, Sprechen, Lesen und Stillhalten Arbeiten zu nennen?«

Nachdem der Müßiggang bis auf wenige Reste ausgerottet war, sind wir alle zu Sklaven der modernen Arbeitsmoral geworden, mittels derer indes unvorstellbarer gesellschaftlicher Reichtum geschaffen wurde. »Die Tätigen rollen, wie der Stein rollt, gemäß der Dummheit der Mechanik«, beschrieb Nietzsche die Natur des neuen Menschen. Und E. M. Cioran ergänzte knapp: »Die Arbeit ist ein Fluch. Doch der Mensch hat diesen Fluch in eine Wollust umgemünzt.« Die industrielle Revolution war neben anderem ein erbitterter Kampf zwischen Faulheit und Arbeit und deren technischem Äquivalent, der Glühbirne. Arbeit und Glühbirne haben sich schließlich durchgesetzt.

Trotz deren unbestreitbaren Siegeszugs gab und gibt es weiterhin zahlreiche Anhänger der alten Lehre von der gesunden Trägheit, denn Utopien, vor allem wenn sie vom gelungenen Leben berichten, sind zäh wie Katzen.

Paul Lafargue, der Schwiegersohn des unfassbar fleißigen Karl Marx, hat 1883 in einer kleinen Schrift dem »Recht auf Arbeit« das »Recht auf Faulheit« entgegengesetzt und hofft am Schluss ein wenig pathetisch, wenn es gelänge, ein »ehernes Gesetz zu schmieden«, das jedermann verbiete, mehr als drei Stunden pro Tag zu arbeiten, so werde »die alte Erde, zitternd vor Wonne, in ihrem Innern eine neue Welt sich regen fühlen«.

Bertrand Russell, ein engagierter Parteigänger der Muße, notierte in einem hübschen Essay: »Ohne die Klasse der Müßiggänger wären die Menschen heute noch Barbaren« und fährt fort: »Ich glaube nämlich, dass in der Welt zu viel gearbeitet wird, dass die Überzeugung, Arbeiten sei an sich schon vortrefflich und eine Tugend, ungeheuren Schaden anrichtet.«

Mitte des 19. Jahrhunderts hatten die Vertreter einer strengen Arbeitsmoral schließlich gesiegt – diesseits der Alpen zumindest. Jenseits aber, dort, wo der Papst weiterhin das Sagen hatte, nahm sich die Entwicklung Zeit und schuf zahlreiche Ruhepunkte für einen gemächlicheren Gang der Dinge. Bis in unsere Tage gibt es in Italien, Spanien und Griechenland ungezählte Widerstandsnester, verteidigt durch rüstige Rentner, die sich weit vor dem gesetzlichen Renteneintrittsalter und unter allgemeiner Zustimmung von der Arbeit verabschiedet haben. Sie sind der Jugend kein Ärgernis wie bei uns, sondern Vorbild für die eigene Lebensplanung. Ab dem späten Vormittag finden wir sie auf den Marktplätzen und in den Cafés mit tiefsinnigen Gesprächen beschäftigt. Unterbrochen wird die Redseligkeit während der heißen Mittagsstunden durch ein Nickerchen – übrigens eine ehrwürdige Einrichtung, die nördlich der Alpen ebenfalls der neuen Arbeitsmoral und einer unbarmherzigen Anti-Nickerchen-Politik zum Opfer gefallen war, denn Maschinen brauchen keine Mittagsruhe. Nach der schattenlosen Mittagshitze geht es auf den Marktplätzen des Südens wortreich weiter, bis Hunger oder Dunkelheit oder beides die Gesprächsteilnehmer nach Hause treiben, wo sie von ihren Frauen und einer warmen Mahlzeit als Lohn für ihr anstrengendes Tagewerk erwartet werden.

Bis zum letzten Arbeitstag hatte die protestantische Ethik, die so sorgfältig und aufwendig in unser aller Hirne und Herzen implantiert worden ist, auch mir persönlich gute Dienste erwiesen. Sie war, ohne dass ich mir dessen bewusst gewesen wäre, Voraussetzung für meine berufliche Karriere und sorgte dafür, dass ich jeden Morgen guter Dinge zur Arbeit ging. Sie hat über Jahrzehnte jene Zweifel bekämpft und unterdrückt, die ich – wie jeder von uns – bisweilen am Sinn der Arbeit hatte. Flankiert und unterstützt wurde sie von den Accessoires erfolgreicher Berufsausübung: Ansehen, Einkommen und Wichtigkeit.

Mit dem letzten Arbeitstag jedoch wurde sie zum Psychoschrott, den es umgehend zu entsorgen galt, wenn ich friedlich alt werden wollte. Denn von diesem Augenblick an wirkte sie in meiner Seele wie ein entzündeter Blinddarm im Leib. Gegen Ende unserer beruflichen Laufbahn werden wir von Nutznießern der protestantischen Ethik zu deren Opfer. Damit war für mich der Zeitpunkt gekommen, einer Aufforderung von Georg Büchner zu folgen: »Unser Leben ist der Mord durch Arbeit, wir hängen sechzig Jahre lang am Strick und zappeln, aber wir werden uns losschneiden.«

Freilich – die protestantische Arbeitsmoral ist zäh und facettenreich. Wir können sie nur Stück für Stück und Schritt für Schritt forträumen, denn sie und alle Einzelteile, die mit ihr zusammenhängen, gehörten bislang untrennbar zu unserer Identität. Ihr Verlust ist deshalb schmerzhaft. Wir müssen uns zum Teil selbst abschaffen und neu erfinden, was uns nach einem langen, gleichförmigen Marsch durch das Berufsleben vor unerhörte Herausforderungen stellt. Bis die letzten Reste der Arbeitsmoral getilgt sind, können Jahre vergehen. Manche Spuren werden sich nie beseitigen lassen, denn was die tief empfundene Frömmigkeit dem Mittelalter war, ist die protestantische Ethik der Moderne: das wirkungsvollste psychische Konstrukt in jedem Einzelnen von uns.

Wer in Rente geht, zieht guten Rat an wie Honig die Bären. Lange vor dem letzten Arbeitstag wollten die wohlgesinnten unter meinen Bekannten, und das waren sie alle, in besorgtem Tonfall wissen, ob ich meine alten Tage rechtzeitig und sorgfältig vorbereitet hätte. »Der Keller ist bald aufgeräumt, der Dachboden schnell entrümpelt und das letzte Unkraut irgendwann gejätet. Dann stehst du vor dem Nichts, und damit ist nicht zu spaßen.«

Deshalb müssen frühzeitig Maßnahmen ergriffen werden, dem Nichts keine Chance zu lassen. Von großer Bedeutung ist dabei ohne Zweifel eine sinnvolle Beschäftigung, am besten von ähnlicher Qualität wie der einstige Beruf. Die Tage wollen in Zukunft sorgfältig geplant sein, denn das fehlende Korsett des Berufs kann zur Verwahrlosung führen, wie bei jenen Rentnern, die gegen elf Uhr in Trainingsanzügen, unrasiert, mit ungepflegten Haaren und rotem Kopf beim Discounter auftauchen. Was haben wir eigentlich gegen die? Gibt es eine Kleiderordnung für Discounter? Ist eine fröhliche Miene nicht allemal besser als gekämmtes Haar? Beginnt die neue Freiheit mit einer langen Liste von Vorschriften für den seriösen Rentnerauftritt? Dürfen wir endlich die Seriosität mit ihren Geschwistern Biedersinn und Schicklichkeit, die schlimmsten aller protestantischen Kampfbegriffe, zum Teufel jagen?

Frühes Aufstehen und präzise Tagespläne waren nach Auffassung meiner zahlreichen Berater weitere Maßnahmen gegen das drohende Nichts, von dessen Existenz ich bislang kaum Notiz genommen hatte. An die Stelle von Studioterminen, Pressekonferenzen, Redaktionssitzungen, Recherchen und der täglichen Lektüre einer Handvoll Zeitungen und Zeitschriften sollte eine reichhaltige Palette an Museumsbesuchen, Theaterabenden, Ehrenämtern und akribisch geplanten Fernreisen treten. Alle Vorschläge liefen am Ende darauf hinaus, der protestantischen Ethik in meinem Inneren weiterhin zu ihrem Recht zu verhelfen.

Verunsichert nahm ich deshalb dankbar eine Stelle im Medienbereich an, die mir kurz nach Rentenantritt angeboten wurde. Es war eine der dümmsten Entscheidungen meines Lebens, und das ist nicht eben arm an solchen. Plötzlich saß ich wie ehedem den Tag lang an einem Schreibtisch, ließ endlose Konferenzen über mich ergehen und mischte mich in die üblichen redaktionsinternen Streitereien ein, während draußen ein ungewöhnlich schöner Sommer an mir vorbeizog.

Nach sechs Wochen hatte ich genug und traf eine der klügsten Entscheidungen meines Lebens, und die sind schon seltener. Ich bedankte mich kurz, verabschiedete mich knapp und machte mich auf den Weg zum nächsten Golfplatz. Seither geht es mir blendend. Den vorgeplanten Krempel habe ich zum großen Teil entsorgt und lasse mich in der Zwischenzeit häufig auf Ereignisse ein, die spontan und unerwartet auf mich zukommen. Ich lasse mich treiben und weiß oft heute nicht, was morgen sein wird. Ich versuche mich neuerdings am Augenblick, nachdem ich über lange Jahre vorwiegend in der Zukunft gelebt hatte, die, außer in Tagträumen, ein unwirtlicher Ort sein kann.

Selbstredend werde ich weiterhin von Überbleibseln aus der Vergangenheit belästigt und beherrscht. Ich plane neuerdings Urlaubsreisen präzise bis ins letzte Detail. Das klappt nie, führt ständig zu Verdruss und ist für meine Umwelt ein realer Verlust an Lebensqualität, also eine Schrulle, der ich keine lange Zukunft mehr geben sollte. Ich arbeite an mir.

In Ermangelung wichtiger, beruflicher Telefongespräche rufe ich außerdem, stets bereit zu ausführlichen Gesprächen, kreuz und quer durch die Republik jeden an, den ich erreiche. Das strapaziert sowohl das Zeitbudget beider Seiten wie auch die Höflichkeit am anderen Ende der Leitung – eine weitere Baustelle, an der es noch zu arbeiten gilt.

Ich bin jedoch nicht der Einzige, der auf neuen Gebieten Beschäftigung sucht. Ein Bekannter von mir, das vertraute mir jüngst dessen Frau an, hat begonnen, Fläschchen zu sammeln.

Früher wurden die gläsernen Behältnisse für Kapern, Senf, Oliven und Gurken in der Weißglastonne entsorgt. »Heute reinigt er sie sorgfältig und stellt sie zu den vielen anderen, die er bereits besitzt. Vor Kurzem hat er frühmorgens in einem Hotel sogar die kleinen Marmeladengläschen eingesteckt. Sie sind jetzt, geleert und gereinigt, Teil seiner Sammlung. Was bedeutet das?« Ich weiß es auch nicht. Offensichtlich eine Übersprunghandlung als Ersatz für erlittenen Verlust im Kampf gegen die alte Arbeitsmoral, die erbittert ihr Terrain verteidigt.

Später erzählte ich einem ehemaligen Kommilitonen, der Ordinarius für deutsche Literatur geworden war, von meinen Erfahrungen. Im Gegensatz zu mir hatte er versucht, in den letzten Jahren seiner Lehrtätigkeit das zukünftige Rentnerdasein bis in alle Einzelheiten in den Griff zu bekommen: »Nach einiger Zeit habe ich diese Bemühungen jedoch aufgegeben. Zum einen kann man sich nicht vorstellen, wie man nach dem letzten Arbeitstag denkt, fühlt und was für ein Mensch man unversehens geworden ist. Zum anderen macht diese Planungsarbeit die Gegenwart sehr unbehaglich, und die wird täglich kostbarer. Ich bin also unvorbereitet in Rente gegangen, und es ist mir gut bekommen. Gelegentliche Durchhänger müssen überwunden werden. Dazu sind sie da. Sie gehören zum Leben – vor und nach der Rente.«

Um zu verhindern, dass die protestantische Ethik heimlich und getarnt in uns überlebt, müssen wir deren Natur und Arbeitsweise verstehen lernen. Erst danach kann die Reform am Ich erfolgreich in Angriff genommen, und neue Lebensformen wie etwa die Langsamkeit können erschlossen werden.

Einst war diese ein vertrauter Teil des öffentlichen Lebens gewesen. Kulturhistoriker berichten, Mitte des 19. Jahrhunderts hätte man im Bois de Boulogne Schildkröten spazieren geführt. Wenig später machten die große Hast und die Geschwindigkeit der Maschinen dieser Gemächlichkeit gehörig Beine und verjagten sie fast gänzlich aus unserem Leben. Im Alter entdecken wir sie nun wieder. Der Körper wird ohnehin mehr Ruhe brauchen. Wer diese zwangsläufige Entwicklung in seinem Selbstverständnis bereits vorweggenommen hat, der wird sein späteres Schicksal leichter erleiden. Denn leiden werden wir mit wenigen Ausnahmen alle.

Der nächste Schritt besteht darin, sich einer verdächtigen Schar neuer Freunde und Begleiter anzuschließen: der Zeitvergeudung, dem Schlendrian und der Trägheit. Mit dieser bunten Truppe werden wir künftig unsere Tage verbringen. Einst waren sie unsere erklärten Feinde, die Vernünftigen unter uns haben sie meist gemieden. Wer sich trotzdem mit ihnen gemein gemacht hatte, gefährdete seine Karriere. Jetzt werden sie zu kundigen Pfadfindern durch unsere Zukunft. Wer fremdelt und den Kontakt scheut, darf für sich bleiben, aber es wird einsam und freudlos um ihn werden.

Als äußerer Ausdruck unserer neuen Identität sollten wir das Schlendern beherrschen lernen. Es ist dies das Gehen des Flaneurs mit halber Schrittlänge und flacher Sohlenhöhe in einer Körperhaltung, die Ziellosigkeit signalisiert. Wer zügig zu einem Termin eilt, muss auf den Weg achten, um nicht zu stolpern. Seine Gedanken beschäftigen sich mit der Situation, die vor ihm liegt. Die Umgebung ist ihm konturenlose Kulisse von zeitraubendem Ausmaß, ihre Einzelheiten nimmt er nur am Rande wahr. Ihm ist das Ziel alles und der Weg lästig. Er ist ein vorbildlicher Vertreter der protestantischen Ethik.

Der Flaneur hingegen kennt kein Ziel, indessen unbegrenzt Wege. Er achtet das Straßenpflaster nur, weil er unter ihm den Strand vermutet. Ihm bleiben die Sinne frei für die unmittelbare Umgebung, die mit der Anzahl der Lebensjahre stetig an Bedeutung gewinnt. Wir müssen »aus der Haustür treten, als sei man gerade in einem fremden Land angekommen; die Welt entdecken, in der man bereits lebt; den Tag so beginnen, als sei man gerade vom Schiff aus Singapur gestiegen und als habe man noch nie seine eigene Fußmatte oder die Leute auf dem Treppenabsatz gesehen«, erklärt dazu Walter Benjamin, der selbst ein redlicher Flaneur gewesen war.

Der Flaneur darf jedoch nicht verwechselt werden mit dem Touristen, der umtriebig von Attraktion zu Attraktion eilt, um dort die Wirklichkeit sorgfältig mit seinem Reiseführer abzugleichen. Das ist eine moderne Form der Sammelleidenschaft, hinter der sich die protestantische Ethik verborgen hält, die im Berufsleben ihren Bezugspunkt verloren hat und sich nun auf die Freizeit stürzt.

Am besten, man folgt dem Dandy aus Joris-Carl Huysmans Roman *Gegen den Strich*, dem das »Reisen als Zeitverschwendung« erscheint, da er glaubt, dass ihm »die Fantasie mehr als angemessenen Ersatz für die vulgäre Wirklichkeit des tatsächlichen Erlebnisses bieten könne«. Fantasie und Einbildungskraft sollten ohnedies eine gewichtigere Rolle im Leben der Alten spielen. Sie können Sinne, Schnellkraft und Beweglichkeit ersetzen, wenn diese ihren Dienst nach und nach einstellen.

Neuerdings sind betagte Flaneure auf den Golfplätzen des Landes gesichtet worden, denn so ganz können wir vom zielgerichteten Verhalten mit leichter Konkurrenzbeimischung nicht lassen. Seither herrscht auf den Anlagen, die bislang Walhallas der Langeweile waren, ein angeregter Tonfall. Wer in vier Stunden acht Kilometer zurückgelegt hat, muss gemächlich gegangen sein. Es bleibt viel Zeit zum Gedankenaustausch, man hat ständig Gesprächsstoff, guter Rat ist gefragt, und der sorgfältige Umgang mit reichhaltigem Besteck erinnert an eine Tafel mit erlesenen Genüssen. Statt kurzer Röcke, mit denen wir ohnehin nicht mehr viel anzufangen wissen, betrachten wir Hummeln, Birken und den dottergelben Hahnenfuß.

Wer dort draußen im tiefen Rough auf der Suche nach Bällen umherstreift, hat gute Gelegenheit, Gedanken und Fantasie aus der Gewalt von Nützlichkeit und Verwertbarkeit, die sie bislang gefangen hielten, zu befreien. Nicht um schöpferisch tätig zu werden – dazu ist es zu spät. Der zwanghafte Wunsch, im Alter künstlerisches Potenzial in sich zu entdecken, folgt weiterhin der Diktatur der alten Arbeitsmoral. Selbst gründliche Suche wird nur in Ausnahmefällen verwertbare Begabungen zutage fördern, denn Talent bahnt sich früh seinen Weg und schlummert selten über Jahrzehnte im Verborgenen. Der Kopf muss frei werden für die Herausforderungen der täglichen Augenblicke. Sie sind das flüchtige Material, aus dem unser Leben nun besteht, und das verträgt sich nur schlecht mit den alten Urteilen, Vorurteilen und Gewissheiten. Diese mögen einst nützlich gewesen sein, aber im Rentnerdasein stören sie. Wir müssen uns ihrer entledigen.

Die protestantische Ethik ist im Übrigen ein Gegner, der sein Terrain nicht ohne Widerstand aufgeben wird. Sie ist kein gordischer Knoten, den es mit einem beherzten Hieb zu durchschlagen gilt, sondern die Hydra in jedem von uns, vielförmig, beweglich und listig. Sie verändert ihre Gestalt, wenn sie in die Enge getrieben wird. Sie zieht sich zurück, verharrt über lange Zeit unentdeckt im Ruhezustand, um überraschend wieder präsent zu sein.

Natürlich wäre es lächerlich, im Zusammenhang mit diesem Kapitel von Pflichtlektüre zu sprechen. Wer jedoch Zeit erübrigen kann, sollte auf das Studium der folgenden beiden Bücher, denen ich viel verdanke, ohne dies im Einzelnen ausgewiesen zu haben, nicht verzichten: Wolfgang Schneiders *Enzyklopädie der Faulheit* und Tom Hodgkinsons *Anleitung zum Müßiggang*.

Bei meinen Erkundungsgesprächen mit Vorgängern in die Rentnerexistenz wurde mir häufig geraten: »Du musst rechtzeitig aus den Federn. Wenn du beginnst, im Bett herumzulungern, ist dies der Anfang vom Ende.« Das klang so bedrohlich, dass ich stets vergaß nachzufragen, von welchem Ende eigentlich die Rede war. Wer früh aufstehen möchte, muss zudem früh zu Bett – eine Aufforderung, die ganz im Gegensatz zu der tiefsinnigen Einsicht von Dr. Johnson, dem klugen und unkonventionellen Freigeist aus dem 18. Jahrhundert, steht: »Jeder, der meint, vor zwölf zu Bett gehen zu müssen, ist ein Halunke.«

Mir war die Aussicht, in meinem neuen Leben mit den Vögeln aus den Federn zu müssen, von Beginn an verdrießlich. Ich hatte mich immer auf die Wochenenden gefreut und mich mit Zeitungen, Kaffee und Musik bis zur Mittagszeit im Bett wohlgefühlt, häufig unterbrochen durch jenen halbwachen Zustand, in dem Traum, Fantasie und Realität eine raffiniert schwebende Mischung eingehen – ganz im Sinn des verehrten Dr. Johnson: »Der glücklichste Teil im Leben eines Menschen ist der, den er morgens wach im Bett verbringt.« Das hat auch keiner meiner Gesprächspartner in Abrede gestellt, aber zur Bekräftigung der Empfehlung, dem ersten Sonnenstrahl auf Augenhöhe zu begegnen, jene seltsame Theorie hinzugezogen, die besagt, schöne Erfahrungen könnten nur in der Differenz zu ihrem unschönen Gegenteil genossen werden. Ferien entwickeln demnach ihren Reiz vor dem Hintergrund der Arbeit und der Champagnergenuss den seinen im Gegensatz zur Apfelschorle. Da ich nun nicht mehr arbeite, so ihr logischer Schluss, würde mir ein ausgiebiger Morgen zwischen Matratze und Bettdecke auch keine Freude mehr bereiten können.

Mir war diese Theorie stets verdächtig gewesen. Sie macht aus Lustbarkeit und Sinnenfreude, die ohnedies nicht leicht zu fassen sind, Fußnoten der Arbeit und der Pflichterfüllung. Beide sind demnach ursächlich für die Zerstreuung, deren einziger Zweck die Erholung, als Voraussetzung neuerlicher Arbeit, ist. Es ist die theoretische Begründung für den törichten Satz: »Erst die Arbeit, dann das Vergnügen« und ein wichtiger Teil der protestantischen Ethik.

Als Erstes habe ich den Wecker in seiner doppelten Funktion als Uhr und Agent der Pünktlichkeit aus meinem Schlafzimmer verbannt. Ich möchte nicht mehr wissen, wie spät es ist, wenn ich im Morgengrauen in den ersehnten Halbschlaf übergehe, der es mir hin und wieder erlaubt, nach meinen Wünschen zu träumen. Schon gar nicht möchte ich geweckt werden. Ich bin mir Uhr genug, und bislang habe ich noch keinen einzigen wichtigen Termin versäumt. Es gab indes auch keinen, was das betrifft.

Mein Vormittag gehört den Daunenfedern und dem Morgenmantel, und wenn ich bei Einbruch der Abenddämmerung mit Somerset Maugham sagen kann: »Es war ein so wundervoller Tag. Es wäre eine Schande gewesen aufzustehen«, bin ich ein glücklicher Mensch gewesen.

Diesem Gedanken folgte auch jene herausragende Aktion von John Lennon und Yoko Ono, die 1969 für den Weltfrieden eine ganze Woche vor aller Augen im Bett verbrachten und absolut nichts taten. Sie führten vor, dass ein Bett mehr sein kann als der Ort der Reproduktion und des Kräftesammelns inmitten lieblos gestalteter Umgebung.

Wir müssen jedoch nicht nur Gewohnheiten und Ansichten aus den Fesseln der protestantischen Ethik befreien: Auch unser Anekdotenschatz steht auf dem Prüfstand. Anekdoten sind bewährte, oft erzählte Episoden aus unserer Vergangenheit, die wir im Lauf der Jahre ständig auf ihre Wirksamkeit überprüft und, wenn nötig, verändert und verbessert haben. Sie sind ein wichtiges Werkzeug im Kampf um Aufmerksamkeit und sozialen Erfolg. Wer keine Anekdoten weiß, wird häufig schweigen müssen und gilt den anderen bald als Langweiler. Nebenbei ist die Anekdote ein verlässlicher Maßstab für den Zustand einer Ehe. Loyale Eheleute werden die Anekdoten ihres Partners ohne jegliches Anzeichen von Ungeduld ertragen, selbst wenn sie die Geschichten schon hundertfach gehört haben.

Während meiner Berufszeit handelten Anekdoten häufig von der Arbeit und den Kollegen. Meist erschien der Erzähler dabei in besonders vorteilhaftem Licht. Das funktionierte, weil in der Anekdote jeder sein eigener Held und Autor ist. Mir sind daher kaum Geschichten erinnerlich, einschließlich meiner eigenen, in denen der Erzähler ein schlechtes Bild abgegeben hätte.

Für den Rentner sind die Zeiten couragierter Auseinandersetzungen mit dem Chef, den Kollegen, der Konkurrenz und neuer Technik jedoch Vergangenheit. Die Heldentaten von früher langweilen die Gleichaltrigen und stoßen bei den Jüngeren auf Unverständnis. Jetzt stehen das Misslingen und die ironische Distanz zu sich selbst auf der Tagesordnung. Die Niederlage, ohnehin unser tägliches Schicksal, wird zum beherrschenden Thema. Damit sind die alten, bewährten Anekdoten hinfällig geworden, wir müssen sie aus unserer Geschichtensammlung aussortieren und Raum für neue schaffen. Eine unerschöpfliche Quelle werden jetzt der langsame, mit resigniertem Humor akzeptierte Verfall des eigenen Körpers, der wehmütige Rückblick und der Alltag in den Wartezimmern der Ärzte. Nebenbei erschließt sich uns dort eine ganz neue Welt von Lesestoff.

Der Lebensabend wird kurzweiliger, wenn wir über das Missgeschick anderer, das auch immer unser eigenes ist, lachen dürfen. Der Zweck von Anekdoten ist nun nicht länger die Bestätigung von sozialem Ansehen und beruflichem Erfolg, sondern das Berühren der Seele und des Gemüts der Zuhörer. Dies erreichen wir jedoch nicht durch Geschichten aus einer glanzvollen Vergangenheit, sondern durch sorgfältige Beobachtungen aus einer genügsamen Gegenwart.

In der Praxis heißt das, wir sind gut beraten, auf eine Vielzahl von Sätzen, die mit »damals« oder »als ich noch« beginnen, in Zukunft zu verzichten. Sie interessieren niemanden mehr. Das ist zweifellos ein Verlust, der die eigene Lebensgeschichte ausdünnt und das Selbstwertgefühl beschädigt. Gleichwohl – es muss gehandelt werden. An die Stelle solcher Sätze tritt nun die Empfindsamkeit für den Augenblick und ein waches Auge gegenüber den ehedem bedeutungslosen Geschichten am Rande, die jetzt ins Zentrum rücken. Aus den Systemtheoretikern meiner Generation werden philosophisch gesehen Phänomenologen.

Recht besehen, kehren wir im Alter zu den Wurzeln unserer abendländischen Kultur zurück und besinnen uns auf die eigentliche Bestimmung des Menschen: ein gemächliches Leben in Muße und Bedächtigkeit zu führen. Freilich ist uns das, was einst zur natürlichen Grundausstattung jedes Einzelnen gehörte, im Lauf des Arbeitslebens erfolgreich ausgetrieben worden. Im Alter heißt es deswegen nachsitzen und studieren, dieses mit dem anspruchsvollen Ziel, alte Gewohnheiten aufzugeben und neue, von denen wir viele bisher abgelehnt haben, anzunehmen und zu leben.

Klaus-Peter Anhalt, ein schmaler, beweglicher Mann mit straffem, kahlem Schädel, der als Richter bei der Justizbehörde in Hamburg ein tadelloses Leben geführt hatte, war kurz nach der Jahrtausendwende in Ruhestand gegangen. Er galt den Untergebenen als autoritärer, unzugänglicher, aber gerechter Vorgesetzter. Seinen drei Kindern war er ein strenger Vater, der unnachsichtig seine Vorstellungen vom richtigen Leben durchzusetzen suchte. Diese beschränkten sich auf drei Themen: Fleiß, Zuverlässigkeit, Karriere. Er war damit – unbewusst, aber uneingeschränkt – ein Sachwalter der protestantischen Ethik. Nach seiner Pensionierung habe ich ihn dann als einen toleranten, manchmal verspielten, liberalen alten Herrn kennengelernt, der zu allerlei Schabernack aufgelegt war und sich diebisch freute, wenn seine Enkel vergeblich versuchten, eine echte Kunstfliege von einem Stück Würfelzucker zu verjagen.

»Mein Vater zog sich mit Beginn des Ruhestands völlig in sich zurück«, erzählte mir seine Tochter, nachdem dieser in den Keller gestiegen war, um eine weitere Flasche Rotwein zu holen. »Er sprach kaum noch. Irgendetwas beschäftigte ihn. Natürlich fragten wir, was los sei, aber er gab keine Antwort. Dann verschwand er mehrmals in der Woche für Stunden in der kleinen öffentlichen Bibliothek, die bei uns um die Ecke liegt. Wir machten uns natürlich Sorgen und überlegten sogar, ärztlichen Rat einzuholen. Aber außer seiner Schweigsamkeit tat er nichts Außergewöhnliches. Die Ruhe, die nun von ihm ausging, war zudem sehr wohltuend. Früher hatte er sich mit starker Meinung in alles eingemischt. Das führte häufig zu Konflikten und ließ uns das Schlimmste für die Zeit nach der Pensionierung befürchten. Aber es kam anders. Nach einem Jahr begann er wieder zu reden, und zum Vorschein kam ein toleranter, großzügiger, verständnisvoller Mann, das genaue Gegenteil seines ehemaligen Charakters. Er hat sich im Jahr des Schweigens, so nennen wir familienintern diese Zeit, vermutlich genau überlegt, welche Anforderungen im Lebensabend auf ihn zukommen würden, und sich entsprechend neu orientiert.«

»Was hat er denn in der Bibliothek gelesen?«, wollte ich von ihr wissen.

»Wir haben natürlich irgendwann hinter seinem Rücken nachgefragt: alles, was über Psychologie und Persönlichkeitsbildung zu bekommen war. Ich habe das Gefühl, er hat sich dort neu erfunden.« Sie hielt einen Augenblick inne. »Ach ja, und seither trinkt er regelmäßig und gelegentlich übermäßig. Aber wenn nicht jetzt, wann dann?«, schloss sie die Geschichte, während der alte Herr mit einer Flasche in der Hand den Raum betrat.

An dieser Stelle wird es Zeit, über den Rausch nachzudenken, den unerschrockenen Feind der protestantischen Ethik. Der epische Kampf von Kirche, Pädagogen, Gesetzgebern und Fabrikbesitzern gegen die Trunksucht ist hinreichend dokumentiert. Er wird seit Jahrhunderten geführt und ging noch stets verloren. Nun, da wir als Rentner bemüht sind, für uns die alte Arbeitsmoral zu entsorgen, können wir uns in Maßen und ohne schlechtes Gewissen dem Alkohol in all seinen Spielarten zuwenden.

Im »Rosenpark« habe ich nach Einbruch der Dunkelheit häufig meine neuen Bekannten mit einer Flasche Wein unter dem Arm besucht. Was immer wir unternommen haben – Fernsehsehen, Kartenspielen, Reden, Musik hören –, unser gemeinsamer Freund, der Alkohol, war immer dabei. So manchen Abend haben wir richtig gezecht, verbunden mit unvergesslichen Gesprächen von tiefer Bedeutung, die ein gnädiger Schlaf anschließend aus meiner Erinnerung gelöscht hat.

Das Zusammenwirken von Dunkelheit, gemütlichem Licht und Alkohol ist die beste Voraussetzung für jenes Zerstreuungsmedium, das mit dem Alter fraglos an Bedeutung gewinnt: das Gespräch. Stoff gibt es im Übermaß, vorausgesetzt, man verschafft dem Gespräch genügend Raum. Natürlich gehen uns zahlreiche Themen wie die aktuellen Berufserfahrungen, Kollegen, Karriere, technische Entwicklungen sowie all die körperlich anspruchsvollen Aktivitäten der frühen Jahrgänge verloren. Im Gegenzug kommen neue, wie die Melancholie des Abschieds, das Gleichmaß des Leidens, der Verlust an Intimität und die Gegenmaßnahmen einer Medizin, die täglich komplizierter wird, hinzu.

Einige meiner Gastgeber ließ ich angeheitert zurück, andere erreichten nach wenigen Gläsern jene großartige Gleichgültigkeit, die Ertrag jahrelangen Trinkens ist. Sie nahmen ganz selbstverständlich die segensreiche Wirkung des Alkohols: aufgeräumte Stimmung, Träumen und Vergessen in Anspruch. Man hätte ihnen das Leben verleidet, wenn man ihnen den Alkohol genommen hätte. Er war manchen der engste und zuverlässigste Vertraute geworden und ersetzte die Angehörigen, wenn diese nur gelegentlich den Weg ins Heim fanden.

Die Amerikaner in »Steps to Heaven« wiederum, die sich allesamt auf dem Weg ins Paradies befanden, waren harte, erfahrene Cocktailtrinker. Sie hatten den Alkohol auf unzähligen Einladungen kennengelernt und sich ein erstaunliches Stehvermögen erworben. Die Zutaten klassischer Cocktails wie Orangen- und Grapefruitsaft, Grenadinesirup und Tonicwasser kamen ihnen jedoch nicht mehr ins Glas, ebenso wenig wie das Getränk der Postmoderne, der Wein. Sie tranken zumeist Whiskey – aus großen, vollen Gläsern und auf Eis. Ihr Lieblingsgetränk war jedoch ein sorgfältig zubereiteter Martini, um dessen richtige Zusammensetzung es ständig heftige Diskussionen gab.

»Heute hat Jack Bardienst. Er ist ein netter Kerl, aber von Martinis versteht er rein gar nichts.«

»Da geb ich dir recht, aber was erwartest du von jemandem, der aus Sheboygan, Wisconsin, kommt!«

»Er kann nichts dafür.«

»Aber er könnte sich was sagen lassen.«

»Tut er aber nicht.«

»Weil er aus Sheboygan, Wisconsin, kommt.«

»Und weil er ein verdammter, alter Dickkopf ist.«

Bei einem perfekten Martini, wurde ich aufgeklärt, kommen auf sehr kaltes Eis ein halber Teelöffel Angostura und einige Tropfen Noilly-Prat. Die Zutaten werden geschüttelt, und dann wird alles bis auf die Eiswürfel, auf denen ein leichter Geschmack nach Wermut und Angostura zurückbleibt, wieder abgegossen. »Darüber kommt anschließend der Gin, nochmals leicht schütteln, eingießen, fertig. Es klingt so einfach und ist doch so schwierig«, schloss mein Lehrmeister seine kurze, mit großem Ernst vorgetragene Einweisung. »Es heißt«, fuhr er nach einer andächtigen Pause fort, »man soll vor dem ersten Getränk etwas essen. Das ist Unsinn! Gönnen Sie Ihrem Martini einen leeren, aufgeräumten Magen, in dem er sich wohlfühlen und in aller Ruhe seine segensreiche Wirkung entfalten kann. Dann können Sie das Ausmaß Ihrer Trunkenheit selbst kontrollieren, auf jeden Fall besser, als wenn sich Ihr Martini mit Ölsardinen oder Pommes frites herumärgern muss.«

Um siebzehn Uhr öffnete sich jeden Tag die ausladende Bar im weiträumigen Foyer des Heims. Sie schloss, wenn der letzte Gast gegangen war. Viele von ihnen waren folgsame Schüler des verehrten Dr. Johnson. Der Betrieb der Bar lag in den Händen der Bewohner, die Getränke hatten ihren Preis. Der erwirtschaftete Überschuss ging in den Betrieb des Heims und senkte die Kosten. Gut die Hälfte der Heimbewohner versammelte sich am späten Nachmittag um die Bar. Sie tranken, lachten, sangen, flirteten und verabredeten sich für den Abend. So können die späten Jahre auch aussehen.

Die alten Leute mit ihren mächtigen Gläsern waren zwar häufig angeheitert, fielen aber als Ergebnis langen Trainings nie aus dem Rahmen, denn trotz des hohen Alkoholkonsums ihrer Generation war der Rausch eine gesellschaftliche Todsünde gewesen. Sie schwankten ein wenig, mehr nicht. Ihre Zungen gehorchten einer leichten Schwerelosigkeit, aber sie lallten nicht, und auf den Augen lag ein zarter, warmer Schleier, der keinen Streit zuließ. Es war dies eine sehr amerikanische Art, betrunken zu sein, und ein Erbe aus jener Zeit ihrer Geschichte, als ein Mann all seine Sinne beisammen haben musste, um zu überleben.

»Wir trinken zu viel, kein Zweifel! Aber ich bitte Sie – wir sind erwachsen«, erklärte mir ein Gast beim zweiten Martini. »Hier wird keiner mehr seine Leber ruinieren, dazu ist die Zeit, die uns bleibt, zu kurz. Wenn einer der Mitbewohner droht, die Grenzen zu überschreiten, wird er von anderen freundlich, aber entschlossen auf sein Zimmer gebracht. Das passiert allerdings selten. Bis auf ihn da hinten.« Er wies auf einen groß gewachsenen alten Herrn mit der Glatze eines Mannes, der sein Leben im Freien verbracht hatte. »Bill ist Trinker. Er ist krank. Eigentlich hätten wir ihn nicht aufnehmen dürfen. Aber es ist geschehen, und nun hat er immer jemanden ehrenamtlich an seiner Seite, der ihn beobachtet und ihm hilft. Er weiß und akzeptiert das, und gemeinsam lösen wir die Schwierigkeiten bis zum Ende seiner Tage.«

Je länger wir uns unterhielten, desto mehr wurde ich an meine Mutter erinnert. Die hatte in den zwanziger Jahren einige Zeit in Paris studiert und war dort mit der berüchtigten »grünen Fee« in engeren Kontakt geraten, dem Absinth, der um die Jahrhundertwende den Fortbestand der französischen Nation ebenso bedrohte wie die deutschen Truppen, die wenige Jahre später einmarschierten. »Absinth tötet dich, aber er bringt dich zum Leben«, hieß es damals.

Zurück in Deutschland, wo meine Mutter in Heidelberg ihr Studium fortsetzte, verzichtete sie auf eine Reihe der Pariser Eigenarten, die sie mitgebracht hatte, unter ihnen auch auf den regelmäßigen Absinthgenuss. Die Zeiten in der Heimat waren nicht mehr nach französischer Lebensart. Vier Jahrzehnte trank sie keinen Alkohol, was bezeugt, welch tiefe Spuren die »grüne Fee« in ihrem Leben hinterlassen haben musste.

Nachdem sie ihre Berufskarriere beendet hatte, begann sie zu trinken. Ich weiß nicht, warum. Über dieses Thema habe ich mit ihr nie geredet, aus Furcht, es könnten unangenehme Probleme auf den emotional aufgeräumten Tisch kommen. Mit der Zeit entwickelte sie ein fast zärtliches Verhältnis zu ihren Alkoholvorräten. Jede Form des Alkohols spielte eine eigene Rolle in ihrem Tagesablauf. Der Piccolo diente nach dem Aufstehen dazu, ihren Kreislauf anzuregen. Zum Mittagessen gab es Weißwein, der bekanntlich belebt und von alters her zum Essen gehört. Die Verdauung, auf die meine Mutter sich bis auf ihre letzten Tage verlassen konnte, wurde durch ein Kirschwasser unterstützt. Später zum Kaffee kam noch Süßwein hinzu – »das war schon immer so« – und abends eine Flasche Burgunder: »Das hilft mir beim Einschlafen.« Tatsächlich schlief sie zeit ihres Lebens wie ein Murmeltier – mit oder ohne Rotwein.

Dermaßen ausgestattet mit überzeugenden medizinischen und historischen Begründungen für ununterbrochenen Alkoholkonsum, wurde meine Mutter innerhalb kürzester Zeit zur kultivierten Trinkerin. Ich habe sie nie gelöster, zufriedener und glücklicher erlebt. Sie hätte bis an ihr Lebensende trinken sollen, wenn eine Altersepilepsie ihre Trunksucht nicht beendet hätte. Die Entwöhnung zog sich lange hin, denn die alte Dame entwickelte eine bemerkenswerte Fantasie, die Flaschen zu verbergen, und während die Verstecke weniger wurden, erhöhte sie listig das Alkoholvolumen. Ich werde nie den verzweifelten und traurigen Blick vergessen, wenn sie von ihrem Bett aus beobachten musste, wie ich wieder ein Flaschenlager aushob. Damals kam ich mir großartig vor und beglückwünschte meine Mutter zu ihrem wohlgeratenen, verantwortungsvollen Sohn. Heute erscheinen mir meine Triumphe schäbig und selbstgerecht. Denn auch ich habe mir in der Zwischenzeit eine hübsche Sammlung Flaschen angelegt, die im Gegensatz zu Briefmarken oder bildender Kunst einem ständigen Wechsel unterworfen ist. Es scheint, der Alkohol ist in der Lebensmitte vieler älterer Menschen angekommen. Er heitert auf, trägt zu einem positiven Lebensgefühl bei und spendet Trost in oft hoffnungslosen Situationen.

Wie aber steht es um jenes Kraut, das meine Generation einst tüchtig durchgezogen und nur aus Karrieregründen beiseitegelegt hatte?

»Wir müssen dringend etwas unternehmen«, vertraute mir vor nicht allzu langer Zeit ein Freund an, der seine alten Led-Zep-Platten gelegentlich mit einem Wasserpfeifchen garnierte, »ich habe keine Lust, mich am Cotti« – er meinte den Cottbuser Platz in Berlin – »herumzutreiben, misstrauisch beobachtet von Zivilbullen. Neulich hat mir ein Kameltreiber« – mein Freund meinte das alles nicht so – »einen vertrockneten Maggiwürfel als schwarzen Afghanen angedreht.«

»Du bist ja ein toller Experte«, warf ich ein.

»Es ging alles ganz schnell. Zivile, wo du hinschaust. Ich meine, stell dir das vor: Wir feilschen mit Halbwüchsigen um ein paar Gramm Shit und werden noch übers Ohr gehauen!«

Ich musste lachen.

»Lach nur! Wie machst du das denn?«

»Ich flirte mit der ›grünen Fee‹.«

Er schaute mich ratlos an, und ich beließ es bei diesem geheimnisvollen Hinweis.

Zeit für Zukunft

»Außer der Zeit gehört uns nichts.«

SENECA

Wir Rentner erfahren einen unschätzbaren Zugewinn: die Souveränität über die Zeit. Bislang waren wir die Herren über kleine Inseln in einem Meer von Verpflichtungen, ab sofort kehren sich die Verhältnisse um: Aus dem Knecht von Bürostunden, Familienpflichten, gesellschaftlichen Terminen und Transportleistungen wird über Nacht der mündige Bürger über täglich vierundzwanzig Stunden reiner Zeit. Wohin das Auge blickt: Freiheit, Selbstbestimmung und Unabhängigkeit – wir Alten sind bis an die Zähne mit Zeit bewaffnet.

Anfänglich ist die Zeit noch eine konturlose Masse, deren Handhabung gelernt sein will. Sie ist das Element, in dem wir von nun an existieren. Wir werden entweder von ihr getragen oder ertrinken in ihr. Sie ist das schönste Geschenk des Alterns, wenn es gelingt, von ihr klugen Gebrauch zu machen. Freilich hat die kostbare Gabe eine ärgerliche Kehrseite: Sie ist nicht auf Dauer gegeben und verzehrt sich unerbittlich selbst.

Am folgenden Morgen des Tages, als ich meinen ARD-Schreibtisch für immer verlassen hatte, schloss sich mir, vorerst unauffällig, neue Gefolgschaft an: das Zeitgefühl. Es ist Ausdruck jener unendlichen Strecke, die aus der Vergangenheit über die Gegenwart bis in die unabsehbare Zukunft reicht. Ein kurzes Stück Wegs dürfen wir die Zeit aus unerfindlichen Gründen begleiten, dann legt sie uns wieder beiseite. Einzig das Talent der Menschen zu

Erinnerung und Planung in ihren mannigfaltigen Formen mag Vergangenheit und Zukunft auch in der Gegenwart zu fixieren, freilich nur als subjektives Empfinden. Die Zeit selbst schreitet unerbittlich voran.

Bislang war die Zeit mir, und vermutlich allen anderen auch, soweit sie bei guter Gesundheit sind, ein seltener Gast im Bewusstsein gewesen, eine formale Maßeinheit, die in erster Linie dazu diente, unser Zusammenleben zu synchronisieren. Sie machte sich bisweilen als Terminnot bemerkbar, bei Verspätungen aller Art und als Orientierungspunkt für gemeinsame Unternehmen. Ansonsten blieb sie unauffällig. Ihr ruhiger Fluss wurde gelegentlich durch herausragende Ereignisse wie Examen, Gehaltserhöhungen oder Vermählungen markiert. Dann zog sie sich wieder zurück. In meinen Gedanken, Befürchtungen und Plänen spielte sie allenfalls eine geringe Rolle. Ich kann mich nicht erinnern, je mit irgendjemandem über das begrenzte Zeitbudget gesprochen zu haben, das uns das Leben zur Verfügung stellt.

Uns Alten jedoch beginnt die Zeit spürbar und schneller zu vergehen.

»Draußen fallen schon wieder Blätter, und dabei ist es doch gar nicht lange her, dass die Forsythien geblüht haben!«

»Ich weiß nicht, wo die Zeit geblieben ist!«

»Das ist schon zwei Jahre her? Ich hätte schwören können, das war erst im vergangenen Herbst.«

Solch erschrockene Ratlosigkeit, die oft mit Furcht einhergeht, ist ständiges Hintergrundgeräusch, wenn alte Menschen beisammen sind und über die Zeit sprechen. Solange wir überzeugt waren, sie sei uns im Übermaß gegeben, spielte deren täglicher Verzehr keine Rolle. Nachdem uns bewusst geworden ist, dass sie unerbittlich zur Neige geht, nimmt sie spürbar an Geschwindigkeit auf, denn ein halb leeres Glas ist schneller ausgetrunken als ein volles, und kleine Mengen vergehen merklich rascher als große. Die Zeit läuft deshalb nicht schneller, aber es hat den Anschein, und der überzeugt allemal mehr als die Logik, vor allem, wenn es sich um eine Kostbarkeit handelt, deren Wert wir lange nicht erkannt hatten. Tage, Stunden und Minuten erinnern uns fortan ständig daran, dass unser Leben endlich ist.

Anfänglich nahm ich das Zeitgefühl nur schemenhaft und distanziert wahr, so wie einen Streifen am Horizont, von dem man nicht weiß: Sind es Wolken, oder ist es Dunst in der Ferne, oder beginnt dort das Meer? Ich begriff jedoch sofort: Es würde bleiben und sich auf Dauer in mir einrichten. Bald zeigte sich, was es noch im Gepäck hatte: die Endlichkeit, den Abschied und das Ende in seiner besiegelten Form, das zwar in jedem Lebensalter möglich ist, im hohen Alter jedoch unvermeidlich.

Vorübergehend lässt mich das Zeitgefühl auch in Ruhe, um sich spontan oder anlässlich äußerer Ereignisse wie Filmen, Lektüre oder dem Schicksal von Bekannten und Verwandten umso nachdrücklicher wieder zurückzumelden. Das Gesicht eines längst verstorbenen Filmschauspielers aus der Jugendzeit weckt Erinnerungen an ein Damals, das unwiderruflich vergangen ist. In Wiederholungen alter Tagesschauen trifft man sich gelegentlich wieder und erinnert sich schmerzhaft an jene aufregende Zeit, die nun einem ruhigeren Fluss gewichen ist. Ein Mannschaftsfoto im Kreis junger Gleichaltriger führt einem die Hinfälligkeit des eigenen Körpers vor Augen.

Jedes Mal werden diese Episoden länger und intensiver und vermischen sich mit einem Gefühl der Beklemmung, der Furcht und im schlimmsten Fall des Grauens. Man befürchtet, dass die Gedankenwelt von der sicheren Spur der vergangenen Jahre abkommt, auf unsicherem Untergrund ein schwer beherrschbares Eigenleben entwickelt und Zeitlichkeit und Ende sich auf Dauer in einem einnisten.

Dem gesellt sich Wehmut hinzu. Sie entsteht, wenn man Reiseziele verlässt, zu denen man mit großer Wahrscheinlichkeit in diesem Leben nicht mehr zurückkehren wird, oder lieb gewordene

Aktivitäten aufgibt, weil sie beginnen, den Körper zu überfordern. Ich habe mich stets ungern von Ferienorten, Festen und Freunden verabschiedet, selbst wenn es nur ein vorläufiger Abschied gewesen war. Jetzt gehe ich immer häufiger mit dem Gefühl, es sei für immer. Nach jedem Urlaubsende in der Ferne blicke ich betrübt zurück, und die Vergänglichkeit meldet sich zu Wort.

Das Sinnen und Grübeln über die Zeitlichkeit stößt jedoch stets auf ein Hindernis, das ich nicht zu überwinden vermag: die Vorstellung, ich selbst sei irgendwann nicht mehr. Mein eigenes Ende, den wohl intimsten Augenblick in meinem Leben, vermag ich mir nicht vor Augen zu führen. Kann sein, dass die Schöpfung diesem Gedanken einen Riegel vorgeschoben hat, weil der Blick in den letzten Abgrund unerträglich wäre. Ich behelfe mich derweil mit dem eleganten Sophismus von Cicero: »Was kann daran Schlechtes sein, da der Tod weder die Lebenden noch die Toten etwas angeht? Die Letzteren existieren nicht, die Ersteren wird er nicht berühren.«

Amerikanische Psychologen, die das Zeitgefühl meiner Altersgruppe untersucht haben, bestätigen meine Erfahrungen. Auch bei den Versuchspersonen beginnt das Nachdenken über die Zeit häufig mit dem Renteneintritt. Anfänglich sind es kurze, flüchtige Eindrücke, oft verbunden mit leichter Furcht, die rasch wieder vergehen. Im Lauf der Jahre verdichten sich die Befürchtungen, bis sie fast ständig präsent sind. Gegen diese lästigen Gefährten durch die späten Jahre eines Lebens vermag auch die prächtigste Verdrängung nichts mehr auszurichten.

Ich studiere seither die Geburtsdaten der Todesanzeigen in unseren Tageszeitungen. War der Verblichene lange vor mir zur Welt gekommen, bin ich beruhigt. War er gleichaltrig oder gar jünger, wird mir unbehaglich, und die lästigen Gedanken über die eigene Vergänglichkeit stellen sich ein. Die Bewältigung dieser Befürchtungen und deren ruhige Akzeptanz sei eine der wichtigsten Aufgaben des Alterns, heißt es, und wesentliche Voraussetzung, dass es gelingt. Ich kann jedoch mit dieser Aufforderung vorläufig wenig anfangen und weiß sie auch nicht in die Tat umzusetzen.

»Ich denke jetzt öfter daran, wann wohl Schluss ist«, bemerkte eines Abends überraschend Franz Höhner, einer meiner Nachbarn im »Rosenpark«, während wir gemeinsam vor seinem Fernseher saßen und Bier aus Dosen tranken. »Obwohl, viel gibt es da nicht zu denken. Ich habe ja keine Ahnung, was danach geschieht«, fügte er nachdenklich hinzu.

Wie er ausgerechnet während der Sportschau auf diese Gedanken käme?

»Bei dem Bericht über das Spiel von Hannover 96 musste ich daran denken, wie die 1954 überraschend deutscher Meister wurden und wie sich mein schwerkranker Vater, der aus der Gegend kam, damals gefreut hat. Und dann habe ich an meinen eigenen Tod gedacht.«

Ob ihm der Gedanke lästig sei?

»Ja, es ist auch Angst dabei, hier« – er deutete auf sein Herz. »Willst du nicht haben, musst du aber mit leben.«

Als ich während der Arbeit an diesem Buch bei einem Telefongespräch eher zufällig auf das Thema Zeit und deren Flüchtigkeit zu sprechen kam, rief mein Gesprächspartner erregt und ungehalten ins Telefon: »Nein, nein, hör auf damit! Das habe ich abgehakt, damit habe ich nichts mehr zu tun. Es bringt nichts!« Er war einst ein entschlossener Mann gewesen, der mit raschen Schritten durch das Leben gegangen war und keine Entscheidung gescheut hatte. Nun sei er »ängstlich geworden«, beklagte sich später seine Frau. »Ihm ist beklommen zumute. Etwas treibt ihn um, aber er erzählt nicht, was. Dann muss er damit eben allein fertig werden.«

Unser Leben spielt sich zwar immer in der Gegenwart ab, aber wir sind in der Lage, in Gedanken Vergangenheit und Zukunft hinzuzufügen. Gelungenes Leben vor der Rente stellt unbewusst eine bekömmliche Mischung aus den drei Zeiteinheiten zusammen. Im Alter wird man neu entscheiden müssen, wo man seine Tage gedanklich verbringen möchte: in der Erinnerung – einer Gegend, in die sich unsere Vorfahren oft zurückgezogen hatten –, im Augenblick mit seinen kleinen Sensationen oder in der Zukunft, die allerdings Perspektiven und Planung voraussetzt.

Meine Generation ist im Vergleich mit der meiner Eltern und Großeltern im Schlafwagen in Rente gekommen. Wir kannten weder Krieg noch Opfer, weder Hunger noch Arbeitslosigkeit, weder Unterdrückung noch Lebensgefahr. Von Schicksalsschlägen, Ausweglosigkeit und Unheil haben die meisten von uns nur aus Erzählungen der Älteren erfahren. Unsere Vergangenheit besteht vornehmlich aus harmlosen Reisen über Backpacker-Autobahnen in Asien, einem Jahr bei einer mittelständischen Gastfamilie in den USA, langen Studienzeiten, sicheren Arbeitsplätzen, unordentlichen Familienverhältnissen und einem kurzen Sommer der Revolte. Das ist kein Holz, aus dem tiefe, haltbare Erinnerungen geschnitzt sind, von denen man zehren kann.

Die Truhen unserer Vergangenheit sind gut gefüllt. Die technische Entwicklung in der Fotografie hat uns zudem brauchbare Instrumente an die Hand gegeben, um auch verborgene und längst vergessene Erfahrungen in die Gegenwart zurückzuholen. Während unsere Vorfahren auf ein paar Bilder, wenige, sorgsam bewahrte Gegenstände und Erzählungen von Bekannten und Verwandten angewiesen waren, um Vergangenheit und Gegenwart miteinander zu verknüpfen, können wir auf Fotoalben und Filme zurückgreifen. Es gibt wenige Ereignisse in meinem Leben, bei denen eine Kamera gefehlt hätte. Ferien, Feste, Ausflüge – ständig wurde geknipst oder gefilmt. Ein Blick auf die Bilder, und die Vergangenheit ist bunt und detailreich sofort wieder präsent.

Peter Rautenberg, der melancholische Ziehharmonikaspieler aus dem zweiten Stock des »Rosenparks«, dem ich die einleuchtende Forderung: »Das Alter gehört abgeschafft« verdanke, hat mir auf die Frage, wie er seine Abende verbringe, erzählt: »Ich sitze in der Dämmerung, schaue mir die wenigen Fotos an, die mir geblieben sind, und lebe in den Erinnerungen an meine Frau. Wir waren über vierzig Jahre zusammen. Wir hatten schwere Zeiten, als ich aus dem Krieg zurückkehrte, keine Arbeit hatte und die Kinder kamen. Wir haben das gemeinsam geschafft. Wir hatten auch viele wundervolle Augenblicke, kleine Dinge, die nur wir beide verstehen können.«

»Das sind Ihre versunkenen, schönen Tage.«

Er schaute mich zweifelnd an. »Das sind sehr gegenwärtige, oft schwere Tage«, korrigierte er.

»Sie denken also auch an die dunklen Momente?«

»An die vor allem, da waren meine Frau und ich uns am nächsten.«

Seine Erzählung und die melancholische Gelassenheit, die trotz seiner spürbaren Einsamkeit von ihm ausging, verunsicherten mich plötzlich. Ich überlegte, welch verwertbares Material für mein Alter in mir vorhanden war, und entdeckte viele bunte, nichtige Splitter, aber keinen warmen Honigklumpen, den ich, in Ermangelung eines besseren Bildes, bei ihm vermutete.

»Sie machen mich ganz nervös«, gestand ich nach einer Pause.

»Das war nicht meine Absicht.« Er hatte sofort verstanden, was in mir vorging.

»Was ist mit der Gegenwart, in der Sie ja auch leben müssen?«

»Was soll ich da? Mir reicht die Vergangenheit.«

Er war Oberst in der Bundeswehr gewesen. Mein Leben war vermutlich sehr viel abwechslungsreicher verlaufen als seines, trotzdem erschienen mir seine Erinnerungen fester und verlässlicher als der bunte Bilderbogen, der mir zur Verfügung stand.

Meine Nachbarin hingegen, Tochter eines bayerischen Landwirts und Erbin eines stattlichen Vermögens, hatte im fortgeschrittenen Alter noch einem unehelichen Sohn das Leben geschenkt und ein reisefreudiges, sorgloses Leben geführt. Sie

83

kannte eine Anzahl prominenter Namen, von denen sie gerne Gebrauch machte. Gelegentlich beklagte sie sich über die Beschwerlichkeiten der siebten Lebensdekade, hatte sich aber hinreichend Lebenslust bewahrt, um ein angenehmer Gesprächspartner zu bleiben.

»Ich bin jetzt ganz in der Gegenwart«, erzählte sie mir eines Tages, während sie Topinamburknollen für eine Suppe schälte, deren Zubereitung neben einer sanften Form des Alterns zu ihren unbestreitbaren Vorzügen gehörte. »Die Vergangenheit ist mir fad. Die kenne ich. Ihre Geschichten sind tausendmal erzählt worden, Neues kommt nicht hinzu. Die Alten hören mir aus Höflichkeit zu, und die Jugend weiß nicht, wovon ich rede. Die Vergangenheit ist vorbei, also lasse ich sie ruhen.«

»Aber ohne Vergangenheit keine Gegenwart und Zukunft!«, warf ich etwas akademisch ein.

»Unfug!«, korrigierte sie mich. »Was lehrt mich die Vergangenheit? Dass ich jung war und heute alt bin. Dass ich einst Hoffnungen und Pläne hatte und heute keine mehr. Dass die einst stattliche Zahl meiner Verehrer sich in Luft aufgelöst hat. Die Vergangenheit ist die Stellvertreterin des Verfalls, und den brauche ich nicht täglich vor Augen zu haben.«

»Dafür ist doch eigentlich die Zukunft verantwortlich«, warf ich ein.

»Die kann mich auch«, beschied sie entschlossen, »ich habe keine – mit einer Ausnahme, an die ich aber nicht erinnert werden möchte. Also Schluss mit ihr. Stattdessen Alltag, so viel ich kriegen kann. Damit bin ich vollauf beschäftigt. Um die Zukunft soll sich mein Sohn kümmern. – Wo bleibt der eigentlich? Er wollte schon vor einer Stunde hier sein. Wir haben Konzertkarten, und ich habe nicht alle Zeit der Welt«, legte sie das Thema der Vergänglichkeit resolut zur Seite.

Es bedarf schon einer Mischung aus Leid, dessen Bewältigung und intensiver Freude sowie bewusster Zäsuren, wie prächtige

84

Hochzeiten, glückliche Geburten und gemütvolle Beerdigungen, um Erinnerungen gegenwartstauglich zu halten. Einiges ist in meiner Generation einem seltsamen Fortschrittsglauben zum Opfer gefallen, anderes einer gesellschaftlichen Entwicklung, die nach den Katastrophen der ersten Jahrhunderthälfte auf leichtes Leben setzte. Wir haben ziemlich spurlos gelebt und wenig Stoff angesammelt, über den nachzudenken sich lohnt. Wer heute noch einmal aus den Schützengräben der Apo blinzelt, so wie einst durch die eingeschlagenen Scheiben eines Rektorats, oder den Angriff der leichten Brigade auf dem Ku' damm Revue passieren lässt, wird trotz der gewichtigen Flugblätter eine närrische Leichtlebigkeit entdecken. Wer in Berlin eine Räterepublik einrichten wollte, hatte selbst im vierzehnten Semester von der Ernsthaftigkeit des Lebens wenig Ahnung. Er wird sie auch später nur schwerlich gewonnen haben, als soziale Verpflichtungen auf der Tagesordnung standen.

Wir sind die Erfinder der Lebensabschnittspartner, was auf einen recht sorglosen Umgang mit unseren Mitmenschen schließen lässt, der unseren Eltern unmoralisch und leichtsinnig vorgekommen sein muss. Ich selbst stelle da keine Ausnahme dar. Wir haben in der Pension Schöller gelebt und eine Coffee-Table-Book-Vergangenheit: ein Dekorationsstück – groß, umfangreich und bunt, aber lediglich zum flüchtigen Durchblättern geeignet.

Das ist keine gute Wegzehrung für das Alter. Wir werden uns in der Gegenwart tummeln und die Zukunft in Angriff nehmen müssen, die unsere lebenserfahrenen Eltern und Großeltern vermieden hatten. Wenn sie ins Alter kamen, was nur einer Minderheit vorbehalten war, lag eine lange Vergangenheit hinter und eine kurze Zukunft vor ihnen. Sie hatten sich aus den Fesseln der Leidenschaften befreit und begonnen, in der Einsicht, dass nicht mehr viel zu holen war, eine erträgliche Gegenwart in genügsamem Behagen zu genießen und sich an Kleinigkeiten zu erfreuen. Bequemlichkeit und Sicherheit wurden wichtige Bedürfnisse. Das

Allmähliche begann seine wohltuende Wirkung zu entfalten. Das Glück wurde durch die Abwesenheit von Leid und Schmerz und durch Zufriedenheit mit dem Status quo ersetzt, der freilich nicht von Dauer sein konnte.

Die gelassene Beschäftigung mit der Vergangenheit freilich ist nicht nur Zeitvertreib, sondern Voraussetzung, um allmählich Bilanz zu ziehen. Das Nachdenken über den Ertrag des Lebens, die oft schmerzhafte Frage, ob man seinen Talenten gerecht geworden ist, das Erkennen falscher Entscheidungen und vergeudeter Chancen sind uns nicht freigestellt, sondern kommen von innen unausweichlich auf uns zu. Wer länger verweilt, wird dem Zufall, den wir auch hochtrabend Schicksal heißen, auf die Spur kommen und erkennen, welch bedeutende Rolle er häufig gespielt hat. Entscheidungen, von denen ich damals überzeugt war, sie autonom und im Vollbesitz meiner Kräfte getroffen zu haben, folgten in Wirklichkeit oft einer Einsicht von Wilhelm Raabe: »Man muss sein Brot mit dem Messer schneiden, welches einem das Schicksal, ob stumpf oder scharf, dazu in die Hand gegeben hat.« Wer nach sorgfältiger Prüfung schließlich sagen darf: »Mehr war nun wirklich nicht drin«, hat eine Voraussetzung für ein ruhiges Alter erfüllt.

Meine Generation hat jedoch vorläufig andere Pläne im Gepäck, wenn sie in das Jahrzehnt nach Rentenbeginn einzieht. Für Bilanzen ist es für uns zu früh, denn wir ernten zwar, aber wir säen auch noch. Erst wenn diese späte Saat aufgegangen sein wird, ist der Zeitpunkt für den großen Rückblick gekommen. Wir leben gegen die Einsicht: »Es ist zu spät für alles«, die unseren Vorfahren gute Dienste geleistet hatte. Uns steht der Sinn nicht nach behaglicher Gegenwart und beruhigendem Gleichmaß, sondern nach Zukunft. Wo unsere Großväter angesichts des Endes nur scheu und selten nach vorne blickten, schauen wir dem Morgen entschlossen entgegen. Der Tod verbirgt sich vorerst hinter der nächsten Altersstufe, dem Greisenalter, das noch lange auf sich warten lassen soll. »Der Altgewordene«, vermerkt Ernst Bloch, »der, in abendlicher Kühle auf der Bank vor seiner Haustür sitzend, das verbrachte Leben überschlägt und sonst nichts… ist wirtschaftlich wie inhaltlich außer Kurs gekommen.«

Jetzt wird nachgeholt, was Beruf, Karriere und Familie bislang verhindert hatten. Aus dem gemächlichen Gang unserer betagten Vorfahren durch eine konturlose Gegenwart wird für meine Generation ein betriebsamer Lebensabschnitt. Die Vergangenheit ist aufgebraucht, die verpassten Gelegenheiten sind Geschichte. Jetzt muss neu geplant werden. Die Listen sind lang, und jeder hat seine eigene mitgebracht. Reisen, stets in ferne Länder, wollen sorgfältig vorbereitet sein. Bekannte von mir haben angefragt, ob ich bereit sei, Tenorsaxofon zu erlernen. Sie haben vor, ein Quintett zu gründen, um alte Rocknummern nachzuspielen. Ich habe abgelehnt. Andere besuchen Sprachkurse, Töpferkurse, Kochkurse, Tanzkurse, Lebenssinnkurse, oder sie lernen buschtrommeln an der Volkshochschule. Das reinige die Psyche, schärfe das Taktgefühl und halte jung, wurde mir versichert.

Studierte unter den Alten studieren noch einmal und erwerben im Sinne Humboldts jene Bildung, die ihnen einst das Brotstudium vorenthalten hatte. Derzeit studieren etwa dreißigtausend Rentner an den sechzig deutschen Universitäten. In manchen Vorlesungen sieht sich das Lehrpersonal ausschließlich ergrauten Häuptern gegenüber. Die Alten gelten als pünktliche und aufmerksame Zuhörer. Auch meine Mutter schrieb sich mit Anfang siebzig an der geisteswissenschaftlichen Fakultät der Münchner Universität ein. Auf meine Frage, ob sie sich nach der Vorlesung zusammen mit ihren Kommilitonen für das Mensaessen anstellen würde, antwortete sie ernüchtert: »Ich bin die Jüngste. Meine Kommilitonen stellen nach der Vorlesung ihre Hörgeräte ab und sind dann unerreichbar.«

Jenseits der Alpen muss es zahlreiche Malschulen geben, denn eine zunehmende Zahl von Freunden und Bekannten packt im

Frühjahr Pinsel, Farbe und Leinwand ein und zieht, in der Tradition der deutschen Klassik, nach Italien, um dort Leinwände vollzumachen. Die weitherzige Definition dessen, was Kunst sei, befördert solche Ausflüge. Das bringt jede Menge Festtagsgaben hervor, ist eine besonders subtile Form des Geschenketerrors und hinterlässt vergiftete Erbschaft. Die vom Verblichenen mit viel Eifer und meist mäßigem Talent hergestellten Kunstwerke entwickeln nach dessen Ableben oft ein zähes Eigenleben an Wänden, auf Dachböden und in Gästezimmern. Es dauert zuweilen Jahrzehnte und bedarf mancher Auseinandersetzung, bis sie schließlich entsorgt sind. Andere entdecken die Geschichte, beschäftigen sich mit ihren Vorfahren oder vergangenen Ereignissen ihrer unmittelbaren Umwelt. Zu den wichtigsten Entdeckungen in diesem Zusammenhang aber gehört das Golfspielen, das Bermudadreieck der Zeitvernichtung.

Seltener stehen Aktivitäten rund um die Familie auf der Liste der Dinge, die noch erledigt werden müssen, denn man braucht nun »endlich Zeit für sich«. Die Auswahl der Beschäftigungsmöglichkeiten jedenfalls ist so groß, wie das Leben vielfältig ist. Und jedes dieser Vorhaben wird mit einem Ernst verfolgt, der während der Berufsjahre schon mal die Ausnahme war.

Meine Generation nimmt entschlossen die Gegenwart in Besitz, um sich eine eigene Zukunft zu schaffen. Die Welt der Vergangenheit meiden wir, in dem zutreffenden Verdacht, dass sie nur spärlich möbliert sein könnte. Wir scheuen die Ruhe, suchen die Unruhe und gehen das Risiko ein, mit dem Projekt einer Zukunft für uns zu scheitern. Wir gehen auf unbekanntem Grund den Weg in eine Landschaft, deren Konturen und Herausforderungen kaum zu erkennen sind. Diese Geschäftigkeit und das ständige Gefühl, Pläne in die Tat umsetzen zu müssen, setzen unser Gefühl für Zeit unter Druck, mit der Folge, dass sie uns noch schneller enteilt.

Kostbarer Neuerwerb: die Weisheit

»Wer nur weise ist, führt ein trauriges Leben.«

VOLTAIRE

Alte Menschen erleiden im Alter oft erhebliche Verluste. Was aber bekommen sie als Entschädigung? Bisher stets dasselbe, und zwar durch alle geschichtlichen Epochen hindurch: Altersweisheit – so viel sie wollen und verkraften können. Der Erwerb von Weisheit ist demnach eine der wichtigsten Voraussetzungen, um erfolgreich zu altern. »Weisheit erwerben ist besser als Gold« (Sprüche 16, 16) lesen wir im Alten Testament. Dreitausend Jahre später erklärte Hegel: »Das natürliche Alter ist die Schwäche; das Alter des Geistes hingegen ist seine vollkommene Reife.« Da besteht kein wesentlicher Unterschied. Cicero merkte seinerzeit zwar kritisch an: »Keine Weisheit besitzt genügend Kraft, um einen großen Kummer erträglich zu machen«, aber seine Bedenken blieben folgenlos.

Die Altersweisheit wurde durch die Zeit ein stabiles Fundament in der ansonsten reichlich unordentlichen Menschheitsgeschichte. Folglich darf vermutet werden, dass wir sie, die uns so lange schon begleitet, gründlich kennengelernt haben. Haben wir jedoch nicht, oder lediglich in Umrissen! Hinter dem sanften Wort mit dem wohltuenden Gleichklang, von dem wir unbekümmert so häufigen Gebrauch machen, verbirgt sich eine verwirrende Bedeutungsvielfalt.

Die wichtigsten Fragen in diesem Zusammenhang sind vage oder gar nicht beantwortet: Um welchen Stoff handelt es sich bei der Weisheit? Wie entsteht sie? Was behindert oder fördert ihre Entwicklung? Wie genau wirkt sie im alten Menschen? Und schließlich eine Frage, die meine Generation, die bislang wenig Neigung zur Weisheit gezeigt hat, interessieren wird: »Ist ein gesegnetes Alter auch ohne Weisheit vorstellbar?«

Natürlich hat sich auch die Wissenschaft der Weisheit angenommen. Um den sperrigen Begriff besser handhaben zu können, unterscheidet sie eine Reihe von Weisheitsdimensionen. Dazu gehören: umfassende Kenntnisse über Lebensbezüge und Menschen sowie ein angemessener Umgang mit ihnen; die Fähigkeit, gesellschaftliche und historische Verbindungen auch über größere Zeitspannen gedanklich herzustellen; das Vermögen, Wichtiges von Unwichtigem zu unterscheiden; und schließlich: auch in kritischen Situationen ruhig Blut zu bewahren. Das ist recht besehen ein Katalog von Eigenschaften und Fähigkeiten, die von jedem, der verantwortlich handelt, verlangt werden, und kein Privileg weiser Alter, von denen man ohnehin nur selten komplexe Entscheidungen erwartet.

Auch von einem neuen Begriff darf berichtet werden. Er lautet »Gerotranszendenz« und stellt den Gegenentwurf zur hektischen Betriebsamkeit der neuen Alten dar. Demnach sollen sie von materiellen Werten, sozialem Getümmel und endlosen Aktivitäten Abstand nehmen und sich stattdessen auf Einsamkeit, Innerlichkeit und eine passive Form der Lebensgestaltung einlassen. Dahinter verbirgt sich die Furcht der Jungen, ihre Eltern könnten auf die bewährte Weisheit verzichten, die so überaus beruhigend auf die Gemüter einwirkt.

Nachfragen im »Rosenpark« zum Thema Gerotranszendenz verliefen im Sande oder stießen bestenfalls auf ratlose Gegenfragen:

»Was meinen Sie damit?«

»Braucht man das jetzt?«

»Hab ich von gehört, sagt mir aber nichts.«

»Bitte, was?«

»Ist das Vorschrift?«

Soweit erkenntlich, handelt es sich bei der Weisheit um eine Art innerer Gelassenheit und Selbstzucht, die dazu führt, dass man die Beschädigungen des Alterns und die Vorgabe der Endlichkeit, nachdem man sie körperlich erfahren und zur Kenntnis genommen hat, klaglos akzeptiert. Wobei mit »klaglos« nur die laute Klage, das Fluchen, Flehen und Verdammen ausgeschlossen ist. Wer schweigt und seine Verzweiflung und Trauer über die Verluste für sich behält, gilt den anderen auch als weise. Man arrangiert sich mit einer ungnädigen Natur, die man über viele Jahrzehnte im Griff hatte, die im Alter aber die Oberhand gewinnt und die Herrschaft übernimmt. Weisheit wäre demnach die Einsicht, dass Widerstand zwecklos geworden ist und dass die demütige Unterwerfung und der Respekt vor dem Unabänderlichen noch die beste Wahl sind. Wer sich chancenlos verkämpft, verpasst jene Momente kleiner Zufriedenheiten, die auch wir Alten noch zahlreich erleben können. Wir verzichten fortan auf das Glück in seiner hergebrachten Form und sind zufrieden, wenn Schmerz und Verluste erträglich bleiben.

Altersweisheit darf nicht mit Kenntnis oder Kompetenz verwechselt werden. Sie schließen sich zwar nicht aus, sind jedoch unabhängig voneinander in unserem Besitz. Altersweisheit ist, im Gegensatz zur Kenntnis, schüchtern, scheut die Öffentlichkeit und wirkt im Verborgenen. Sie gibt nur ungern guten Rat, denn sie hat genügend auf dem weiten Feld unserer verwundeten Innerlichkeit zu tun. Sie hilft dem, der über sie verfügt, die Folgen der Altersschäden lautlos zu beherrschen. Die Weisheit wirkt dabei in doppeltem Sinn: In uns schafft sie Gelassenheit, die anderen verschont sie mit unserem Leid, dem sie ohnehin nicht abhelfen können.

Der weise Alte erkennt kommentarlos die Grenzen an, die sich ständig zu seinen Ungunsten verschieben und sein Terrain immer stärker einengen. Diese Grenzverschiebungen können schmerzhaft sein und finden ständig statt: War er vorgestern noch in der Lage, im Park seine Runden zu drehen, zwingen ihn heute die Knie in den Lehnstuhl. Konnte er vergangene Woche noch überall jedem Gespräch folgen, braucht er heute einen stillen Winkel, um dabei zu sein. Zog er sich vergangenes Jahr noch einen scharfen Scheitel, schützt heute eine Wollmütze das kahle Haupt.

Ein Bekannter, der kürzlich seinen letzten Arbeitstag hinter sich gebracht hatte, schilderte mir einige Tage später einen Albtraum: »Stell dir vor: Ich saß auf einen Stuhl gefesselt hilflos in einer riesigen senkrechten Röhre. Anfangs waren die Wände in allen Richtungen etwa dreißig Meter von mir entfernt. Keine Panik also! Dann begannen sie sich langsam auf mich zuzubewegen, ganz offensichtlich mit dem Ziel, mich zu zerquetschen. Ich versuchte mich zu befreien, denn aus der Röhre führte eine unendlich lange Leiter nach oben. Aber ich kam nicht los! Kurz bevor es so weit war, bin ich aufgewacht. Kannst du mir sagen, was das bedeutet?«

»Willkommen!«, entgegnete ich, ohne mit seinem Verständnis zu rechnen.

Schließlich fordert die Weisheit unseren Frieden mit der Vergangenheit, die ohnehin nicht mehr zu ändern ist. Sicherlich hätte vieles anders und manches besser laufen können, aber die Chance auf einen Neuanfang ist im Alter ein für alle Mal vertan. Wer es trotzdem versucht, gibt das bedauernswerte Bild tragischer Ungleichzeitigkeit ab. Zwar spricht einiges für die spöttische Einsicht: »Im Alter bereut man die Sünden, die man nicht begangen hat«, trotzdem sind wir gut beraten, sie beiseitezulegen.

Ausdruck der Weisheit im täglichen Leben der Alten und ihr nah verwandt ist die Würde. Ein Bekannter, der gelegentlich Anteil nahm an meinen Bemühungen, unser Alter zu verstehen, schickte mir, nachdem ich ihm berichtet hatte, dass ich versuchte, über Weisheit und Würde nachzudenken, folgende Notiz:

92

»Zur Hölle mit der Würde!« (Mein Bekannter hatte vor vielen Jahrzehnten in einer linken Splittergruppe entschlossen, wenn auch erfolglos, wie wir heute wissen, Flugblätter gegen das System verfasst und seinen Furor noch nicht verloren.) »Sie ist Terror, den uns die Jugend aufzwingt, um jene Nebengeräusche zu unterdrücken, auf die wir ein Anrecht haben: Seufzen und Verfluchen. Der würdevolle Alte ist Knecht im Dienste der Bequemlichkeit unserer Kinder und Enkel. Die Jugend jammert und klagt ständig ohne Grund. Nun, da wir jede Menge Anlass haben, unsere schwachen Stimmen klagend zu erheben, sollen wir still sein? Würde macht aus stolzen Alten Duckmäuser und Heuchler und raubt uns die letzte Kraft!«

Es ist also eine seltsame Sache, die da in uns heranwächst. Doch wie entsteht jenes kostbare Gebilde aus Einsicht und Gelassenheit, Demut, Resignation und Würde, das wir Weisheit nennen?

Ich weiß es nicht. Es bleibt ein Rätsel, wie sich die Altersweisheit angesichts der Katastrophen, die gleich einem Rudel bengalischer Tiger über uns herfallen können, entwickeln kann. Eher würde man vermuten, dass Verzweiflung, Wut und Schwermut uns übernehmen. Sie tun es jedoch nur in seltener Ausnahme. Je länger man sich mit dem Menschen beschäftigt und erstaunt zur Kenntnis nimmt, was ihm alles möglich ist, desto mehr kommt man zu der Überzeugung, dass wir einen inneren Kompass haben müssen, der häufig sicher und überlegen auf die verschiedenen Lebensumstände zu reagieren weiß. Sein Wirken bleibt indes verborgen und macht sich spröde gegen jede Wissenschaft.

Die Altersweisheit ist meiner Generation vorerst noch fern und fremd. Das liegt zum einen an der eingeschobenen neuen Lebensphase der »Vierziger«, die der Weisheit noch nicht bedarf. Das liegt aber auch am Charakter der Weisheit, die unserer Neigung zur Aufmüpfigkeit fremd ist, und schließlich am Verlust von Kompetenzen gegenüber unseren Nachkommen. Weisheit war einst eng verknüpft mit Sachverstand, der von Generation zu

Generation weitergegeben wurde. Die Alten waren auch Ratgeber, die den Nachwuchs etwas lehrten. Diese Zeiten sind vorbei. Wenn heute jemand jemandem etwas beibringt, dann der Enkel dem Opa den Umgang mit neuen Techniken und die Bedeutung unbekannter Wörter.

Die kleine Abendgesellschaft hatte über den Dächern von Berlin bereits einige Zeit miteinander verbracht. Die zweite Flasche Rotwein wurde gerade geöffnet, als das Gespräch überraschend und ausgelöst durch eine Geschichte des Gastgebers auf das Thema Altersweisheit kam. Der Hausherr, ein Literaturprofessor im Ruhestand, hatte berichtet, wie ihm in den letzten Jahren seiner Lehrtätigkeit nach und nach der Kontakt zu seinen Studenten verloren ging.

»Man hat ja im Lauf der Zeit einen Vorrat bewährter Anekdoten gesammelt, um den oft trockenen Seminarstoff, mittelalterliche Versmaße beispielsweise, durch Gelächter ein wenig verdaulicher zu machen. Irgendwann aber verging den Studenten das Lachen, stattdessen schauten sie mich ratlos oder befremdet an. Es dauerte eine Weile, bis ich begriffen hatte, dass sie die Protagonisten meiner Anekdoten nicht mehr kannten! Wolfgang Neuss war ihnen ebenso fremd wie Peter Kraus oder Franz Josef Strauß. Meine Wehner-Imitationen, die früher so gut ankamen, schienen ihnen peinlich zu sein, sie hatten ihn nicht mehr im Ohr. Und Lebertran kannten sie auch nicht.«

»Lebertran?«

»Ja, Lebertran. Ach, vergiss es!« Er lachte unfroh. »Meine Geschichten hatten sich überlebt und ihr Publikum verloren, zumindest unter den Studenten. Ich habe das echt als Verlust an Gemeinsamkeit empfunden. Na ja, ich habe ja noch euch«, fügte er ein wenig bekümmert hinzu.

Einen Augenblick war es still.

»Das kommt vom Alter. Wenn Ereignisse vier Jahrzehnte zurückliegen, sollte man beginnen, über sie zu schweigen«, nahm der Dichter in unserer Runde, der vor der Rente sein Geld in einer Versicherungsanstalt verdient und nebenbei einige Bände komplizierter Poesie im Eigenverlag veröffentlicht hatte, den Gedanken auf und fügte hinzu: »Das gilt vor allem gegenüber jungen Leuten.«

»Dafür hast du jetzt Altersweisheit und kannst damit beim Nachwuchs Eindruck machen«, mischte sich die einzige Frau in unserem kleinen Kreis ein. Sie gab nach einem langen Berufsleben als Gesprächstherapeutin inzwischen den Lesern einer Jugendzeitschrift unter Pseudonym guten Rat bei deren Beziehungsproblemen.

»Altersweisheit – was ist das überhaupt, und braucht die jemand?« Ich sah fragend in die Runde.

»Auf jeden Fall ist sie das Gegenteil von Ausschweifung und Unvernunft, von Unrast und Ungeduld.«

»Dein Weinkonsum fällt also nicht unter Weisheit?

»Das nicht, aber er kann unter günstigen Umständen dorthin führen.«

»Braucht niemand«, befand der Dichter knapp. »Meine halbwüchsigen Enkel, die ja wohl die Adressaten meiner Weisheit sind, wollen von mir nichts Weises wissen. Im Gegenteil: Wenn jemand was wissen will, bin ich es, der bei ihnen nachfragt.«

»Du brauchst vermutlich Hilfe, um deinen Computer in Schwung zu halten. Es geht aber nicht um Wissen oder Sachfragen. Es geht um grundsätzliche Entscheidungen. Weisheit wird nicht jeden Tag gebraucht, sondern selten, aber sie wird zu entscheidenden Anlässen abgerufen.«

»Haben deine Enkel deine Weisheit schon mal in Anspruch genommen?«

»Nein, noch nie!«

»Was sollen die auch in Anspruch nehmen?«, nahm der Professor, dem die Pointen abhanden gekommen waren, die Gelegenheit wahr.

Die Runde lachte.

»Da hat er nicht unrecht. Ich wüsste nicht, was ich meinen Enkeln, außer den Jahren, voraushätte und was für sie wichtig und von Bedeutung wäre. Auf jeden Fall keine Erkenntnisse, die aus einer fernen Vergangenheit stammen.«

»Ich will euch sagen, wozu Weisheit da ist. Sie sagt uns Alten: Schickt euch in euer Schicksal. Auch wenn es hart wird, klagt nicht und lasst uns in Ruhe mit euren Nöten. Dann kriegt ihr den Ehrentitel ›Weiser alter Mann‹.«

»Oder ›Weise alte Frau‹!«

»Schon recht.«

»Wunderbar! Das klingt verdächtig nach Resignation und Hilflosigkeit. Ich werde misstrauisch, wenn von später Ernte oder Ähnlichem die Rede ist. Ich ernte lieber von Beginn an, und zwar täglich, nicht erst nach sechs Jahrzehnten. Und schon gar nicht als weiser Alter, der guten Rat für seine Enkel hat.«

»Wenn wir alle weise wären und ständig gute Ratschläge hätten, gäbe das ein ziemliches Getöse. Da würden unsere Kinder sich bald die Ohren zuhalten, denn nichts ist so lästig wie weiser Rat, der sich auf die Weisheit des Alters beruft!«

»War jemand von euch schon mal weise?«

»Erbeten oder unerbeten?«

»Beides!«

»Ich habe versucht, meinem Enkel klarzumachen, dass er die Schule erfolgreich beenden muss, und ihm erklärt, was passiert, wenn er scheitert.«

»Sehr originell! Aber dazu braucht es keine Weisheit. Das wissen auch Lehrer, Eltern und selbst ältere Geschwister.«

»Meine zwölfjährige Enkelin hat mir vor Kurzem anvertraut, dass sie zum ersten Mal unglücklich verliebt sei. Das hat mir gefallen, denn ihrer Mutter, meiner Tochter, hat sie nichts erzählt.«

»Wo kommt da jetzt deine Weisheit ins Spiel?«

»Ich habe ihr aus meiner Vergangenheit erzählt, dass ich früher auch unglücklich verliebt war und wie das ablief, und ihr versichert, dass alles vorbeigeht.«

»Das ist ja reiche Ernte nach sieben Jahrzehnten! Wie hat sie reagiert?«

»Säuerlich.«

»Ist ja klar, wenn du ihre Probleme hauptsächlich zum Anlass nimmst, aus dem Nähkästchen deiner Vergangenheit zu plaudern.«

»Ich bin, wie ihr wisst, das, was man eine Tochter aus gutem Hause nennt«, ergänzte die ergraute Psychologin, die ihre jugendlichen Leser wöchentlich mit gutem Rat versorgte, »was soll ich meinen Töchtern aus der Vergangenheit erzählen? Wie man einen Handkuss entgegennimmt, Bridge spielt oder eine klassische Hochzeit organisiert?«

»Guter Rat ist eben nicht teuer, wie es das Sprichwort will, sondern billige Ramschware. Der Ratlieferant darf reden ohne Unterlass, und man muss ihm noch dankbar zuhören.«

Alle nickten verständnisvoll.

»Sind wir überhaupt weise? Bist du weise?«

Der Professor im Ruhestand war überrascht. »Meinst du mich?«

»Ja.«

»Wenn ich ehrlich bin, weiß ich gar nicht, was mit Weisheit gemeint ist.« Er überlegte einen Augenblick. »Vermutlich eine literarische Figur ohne Empirie, das Gnadenbrot der Alten, weil sonst nichts mehr zum Beißen da ist.«

Gelächter.

»Großer Gott! Kein Wunder, dass du Anekdoten gebraucht hast, um deine Studenten bei Laune zu halten!«

»Na gut. Wie wär's mit Würde?«

»Schlechte Idee! Weisheit möchte sich mitteilen, Würde bleibt für sich. Das sind ganz unterschiedliche Dinge.«

»Würde heißt Ruhe halten. Wir sollten aber laut und ungebärdig werden.«

»Im Gegenteil. Wir sollten still sein! Lärm fordert, und dazu haben wir kein Recht mehr.«

»Die Gegenwart braucht die Vergangenheit«, versuchte die Psychologin wieder Ernsthaftigkeit in unser Gespräch zu bringen. »Altersweisheit ist der Transmissionsriemen zwischen gestern und heute.«

»Schon recht! Gibt es wissenschaftliche Untersuchungen zur Altersweisheit?«, wurde sie unterbrochen.

»Das ist steiniger Boden für die Wissenschaft«, gab sie zu, »denn kein Mensch weiß, wie Weisheit eindeutig definiert werden soll: die Fähigkeit, Vergangenheit und Gegenwart zu verknüpfen, oder das Vermögen, Wichtiges von Unwichtigem zu unterscheiden.«

Sie hob entschuldigend die Schultern.

»Das sind Eigenschaften, die jeder braucht, um sich im Beruf und im Leben zurechtzufinden. Warum sollen die gehäuft bei Alten vorkommen, die ohnehin nichts mehr damit anfangen können?«

»Um den Jungen auf die Nerven zu gehen.«

»Nein, umgekehrt. Das soll die Weisheit ja gerade verhindern!«

»Wäre es unter diesen Umständen nicht besser, wir verzichteten auf die Weisheit und schwiegen in Zukunft einfach still?«

»Sag ich doch die ganze Zeit. Gibt's noch Wein?«

»Der ist alle«, verkündete unser Gastgeber.

»Nachdem du deine Studenten los bist, erspar uns deine alten Witze!«

»Die höchste Form der Weisheit ist der Friede mit dem eigenen Alter.«

»Womit wir wieder beim Ausgangspunkt wären.«

»Weisheit ist für drinnen!« – die Psychologin schlug sich auf die Brust –, »Weisheit ist die gelassene Einsicht in den unausweichlichen Prozess des Alterns. Deswegen können nur alte Menschen weise sein, denn nur sie sind alt.«

»Das leuchtet ein«, wurde sie unterbrochen.

»Lass mich mal! Dazu gehört auch der entspannte Verzicht auf alles, was uns nicht mehr zusteht. Weisheit ist kein Sack voller guter Ratschläge, sondern sie bedeutet das Gegenteil: Zurückhaltung und in vielen Fällen Schweigen.«

Der Gastgeber hatte in der Zwischenzeit seinen Laptop angeworfen und begann eifrig zu tippen. Wir kannten diese ungewöhnliche Form der Gastfreundschaft bereits, schauten ihm ruhig zu und nahmen die Gelegenheit wahr, um nachzuschenken.

»Weisheit ist die Belohnung, die man erhält, wenn man ein Leben lang zugehört hat, obwohl man lieber selbst geredet hätte«, las er schließlich vor. »Ist von Mark Twain.«

»Also wird keiner von uns je weise werden!«

Zustimmendes Gelächter.

»Die einzige Weisheit, die wir erwerben können, ist die Weisheit der Demut. Demut ist ohne Ende«, fuhr er fort.

»Ist von wem?«

»Steht hier nicht.«

»Meine Güte, Demut ist das Letzte, was wir gelernt haben! Ist jemand von uns demütig? Nein! Will jemand demütig werden? Nein! Was hast du sonst noch im Angebot?«

»Altersweisheit gibt es nicht. Wenn man altert, wird man nicht weise, sondern nur vorsichtig. Das findet sich öfter. Ist von Hemingway.«

»Der hat's begriffen.«

»Wir denken langsamer, entscheiden zögerlich, mischen uns aus Erschöpfung selten ein und haben keine Kraft mehr, uns aufzuregen. Das Ganze nennen wir Weisheit, und alle Seiten sind's zufrieden.«

»Wenn jemand weise erscheint, so liegt es daran, dass seine Torheiten seinem Alter und Vermögen angemessen sind. Sagt La Rochefoucauld.«

»Feine Adresse.«

99

»Mein Reden. Die Weisheit ist eine Form des Mangels.«

»Hier ist ein Zitat von Adorno!«

»Da kann nichts Gutes draus werden.«

»Tut es auch nicht. Hört her: Wenn von einem Menschen fortgeschrittenen Alters gerühmt wird, er sei besonders abgeklärt, so ist anzunehmen, dass sein Leben eine Folge von Schandtaten darstellt.«

In diesem Augenblick kam der halbwüchsige Sohn einer späten Ehe des Gastgebers von einem Badmintonturnier zurück. Er schaute uns mit jener freundlichen Gleichgültigkeit an, die das Vorrecht der Jugend ist. »Nichts gegen eure Weisheit, aber behaltet sie besser für euch.«

Er nickte uns zu und verschwand im hinteren Teil der geräumigen Wohnung, während wir das sperrige Thema beiseitelegten und uns in die gute alte Zeit zurückzogen, um gemeinsam durch unsere herrliche Vergangenheit zu vagabundieren.

Späte Schuld

»Die Gelegenheit wird einem gegeben,
manches wieder gutzumachen.«

Elias Canetti

Vor zwei Jahren war ich überraschend Mietopa geworden: Vermittelt durch ein Filmprojekt hatte ich damals Großvaterpflichten bei einem lebhaften, wohlerzogenen Knaben übernommen. Ich bemühte mich, Harry Potter zu verstehen, sah mir Zeichentrickfilme an, zwang meinen Leib in enge Baumhäuser und erstürmte chancenlos Treppen, um als Erster im vierten Stock zu sein. Ich setzte aus Legosteinen kleine, armselige Modelle zusammen, spielte »Mensch ärgere Dich nicht« und verlor ständig, denn Niederlagen mochte der Knabe nicht leiden. Hin und wieder schlichen wir uns verstohlen zu McDonald's, was streng verboten war. Da seine ernährungsbewusste Mutter regelmäßig Straßenmärkte besuchte, um dort beschmutzte Karotten und verwurmtes Obst zu kaufen, rang ich ihm das Versprechen ab, nichts zu verraten. Und am selben Abend der strenge Blick der Mutter. Ich war eben doch nur Mietopa.

Meine ursprünglichen Angebote, Museen zu besuchen, gehaltvolle Monologe über gewichtige Themen zu halten, Ausflüge in die schöne Natur zu unternehmen oder mit gutem Rat zu helfen, stießen auf geringe Gegenliebe. Irgendwann begriff ich, dass meine Erfahrungen und die Geschichten aus der guten alten Zeit, auf die wir Alten so stolz sind, den Jungen weniger bedeuten, als ich angenommen hatte. Das galt gleichermaßen für die Mutter, um diesen Einwand vorwegzunehmen.

Marcel rief mich von Anfang an unbefangen »alter Mann«. Auf meinen Hinweis, ich hätte einen Vornamen, Sven nämlich, antwortete er freundlich: »Das weiß ich, alter Mann.« Seither ruhte das Thema, nicht aber die Anrede.

Mietopa kann anstrengendes Tagewerk sein. Da man sich nicht in die Erziehung einmischen darf, sind die Chancen, auf den Enkel Einfluss zu nehmen, gering. Der weiß das und erkundet ständig, wie weit er gehen darf. Beliebt und bewährt bei diesen jugendlichen Forschungsarbeiten ist der Einsatz von Wörtern, die Erwachsene aus ihrem Sprachschatz getilgt haben. Jetzt was? Überhören, tadelnde Blicke, ein Diskurs über die guten Sitten? Persönlichkeit und natürliche Autorität sollen helfen, vorausgesetzt, man hat selbige, und der Knabe erkennt sie.

Gleich zu Beginn unserer Beziehung waren Marcel und ich in einer Modelleisenbahnausstellung. Auf der Fläche eines Handballfelds waren Berlin und seine Umgebung sorgfältiger nachgebildet, als das die Wirklichkeit je vermag. Der Eintritt kostete gutes Geld. Nach wenigen Minuten erklärte mir Marcel, ihm sei langweilig.

»Wie – langweilig?«

»Langweilig eben!«

»Aber schau doch: All die Züge, der Fernsehturm am Alexanderplatz, dort hinten ist der Bahnhof Friedrichstraße, und auf der Wuhlheide findet ein Rockkonzert statt, mit tausend kleinen Männchen!«

»Aber mir ist langweilig. Ich geh jetzt.«

»Wie – du gehst?«

»Ich gehe!«

»Du gehst?«

»Ja!«

»Das lasse ich nicht zu!«

»Du kannst mir nichts verbieten. Du bist nicht mein Vater!«

Wir gingen. Ich war beleidigt und bewunderte ihn gleichzeitig für die geradlinige Art, seine Interessen zu vertreten, eine Fähigkeit, die ich im Laufe eines langen Berufslebens zugunsten von Taktik aufgegeben hatte. Er hingegen war mit sich im Reinen und völlig unbekümmert.

Das klingt ernüchternd und ist oft anstrengend, trotzdem fühlte ich mich wohl als Mietopa. Gelegentlich fragte ich mich, weshalb, und habe doch keine Antwort gefunden. Wozu auch? Man muss nicht alles begreifen und durchschauen, schon gar nicht im Alter, wenn es nur noch zu tun und wenig zu erreichen gilt. Ich freute mich auf jedes Wiedersehen, das reichte. Es mag Marcels Mischung aus Unbefangenheit und Gutgläubigkeit gewesen sein, die auch mir einst eigen war. Sicherlich spielte die unkomplizierte Aufnahme in seine kleine Familie eine Rolle. Vielleicht war auch die Gegenwart von uferloser, fremder Zukunft reizvoll, während die eigene zu einem dünnen Rinnsal geworden war. Die Zeit mit dem Jungen wirkte obendrein wie ein Schlüsselbund, mit dem ich Pforten zu vergessenen Erlebnissen aufschließen konnte. Das hält zwar nicht jung, macht aber die Vergangenheit reicher.

Viele meiner Generation werden wegen der niedrigen Geburtenrate auf Enkel verzichten müssen und notgedrungen im verwandtschaftsfreien Raum alt werden. Parallel steigt die Zahl der alleinerziehenden Mütter. Beiden kann geholfen werden, wenn die einsamen Alten willens sind, unentgeltlich klassische Großelternpflichten zu übernehmen. Die Verlassenheit der einen deckt sich mit der Not der anderen. Umgangssprachlich werden diese ehrenamtlichen Großväter und Großmütter »Mietoma« oder »Mietopa« genannt, offiziell heißen sie »Wunschgroßeltern«. Überall im Land sind lokale Gruppen entstanden, die den Austausch organisieren. Im Internet sind sie unter dem Stichwort »Wunschoma« und der Ortsangabe leicht aufzuspüren. Einige versprechen den Enkeldienstwilligen einen Zuwachs an Jugendlichkeit: »Bleib jung – hol dir ein Enkel«! oder: »Enkel dich fit!« Das Gegenteil ist der Fall. Im Umgang mit den gelenkigen Kindern erfährt man die eigene Unbeweglichkeit. Ihre Sprunghaftigkeit führt zu kurzem Atem. Die Musik der Jungen klingt auch nach häufigem Anhören nicht vertrauter für die eigenen Ohren. Es ist eine stete Erfahrung von Verlusten.

In den Räumen der evangelischen Diakonie in Berlin-Schöneberg sind etwa zwanzig Wunschomas und -opas zum gemeinsamen Ratschlag zusammengekommen. Es sind Vertreter jener Mittelschicht, die eine sichere, wenngleich keine üppige Rente verzehrt. Die Debatte wogt hin und her: Darf man in den Erziehungsprozess eingreifen? Ist man nur Freizeitoma, oder gilt es, höhere Ziele zu verfolgen? Sollte man bei Problemen das Jugendamt informieren? Wer trägt die Kosten für Kino-, Schwimmbad- und Zoobesuche?

Irgendwann verebbt die Diskussion in der großen Runde und löst sich in Einzelgespräche auf.

Sie habe drei Kinder großgezogen, erzählt mir eine ältere Dame: »Die sind nun aus dem Haus. Nachwuchs ist nicht zu erwarten. Deswegen habe ich mich entschlossen, auf diese Weise mit der Enkelgeneration in Kontakt zu kommen.«

»Enkel sind bei der niedrigen Geburtenrate selten geworden«, wirft ihr Nachbar ein, »da kommt die Idee des Mietenkels gerade recht, um den Mangel zu beheben.«

»Wir haben zwar Enkel«, mischt sich die Frau zu seiner Linken ein, »aber unsere Tochter lebt in München. Wir sehen uns kaum. Die kleine Johanna bringt jetzt Abwechslung in unseren Alltag.«

»Außerdem«, weiß ein Vierter zu berichten, »fordert so ein Knabe vollen körperlichen Einsatz und hält jung. Ich habe mich seit Langem nicht mehr so wohlgefühlt. Nächstes Wochenende geht's zum Fußball.«

Ausführlich erzählen sie, mit immer neuen Details, wie nützlich so ein Enkel für das eigene Leben sei, und welchen persönlichen Vorteil sie haben.

104

Das Ehrenamt hat gute Tradition hierzulande. Mehr als zwanzig Millionen Deutsche arbeiten verbindlich und auf Dauer in unterschiedlichsten Bereichen. Ohne diese preiswerten Hilfskräfte müssten die freiwillige Feuerwehr, die kleinen kommunalen Parlamente, fünfundzwanzigtausend Sportvereine, die Parteien und Sozialdienste und viele mehr vermutlich ihre Arbeit einstellen.

Im Gegensatz zu angelsächsischen Ländern haben wir allerdings die soziale Fürsorge dem Staat überlassen, der wiederum seine Leistungen aus Steuergeldern bezahlt, so dass jeder Beschäftigte über seine Abgaben mittelbar Arbeit für die Bedürftigen leistet. So entstand der Eindruck in der Öffentlichkeit, die Deutschen täten sich schwer mit dem Ehrenamt. Die höhnisch-herablassende Umkehrung der ursprünglichen Wortbedeutung vom »Gutmenschen« scheint den Verdacht zu bestätigen.

Tatsächlich ist jeder Dritte meiner Generation in einer unüberschaubaren Vielfalt ehrenamtlicher Tätigkeiten eingebunden. Das ist auch der Politik nicht verborgen geblieben: »Unser Gemeinwesen lebt davon, dass Millionen von Bürgern aus freiem Entschluss bereit sind, sich für ihre Mitmenschen und für das Gemeinwohl einzusetzen«, betonte der damalige Bundespräsident Johannes Rau 2001 anlässlich des Internationalen Jahrs der Freiwilligen. Er hätte noch hinzufügen können, das Ehrenamt sei in Deutschland, neben dem Grundgesetz, das wichtigste soziale Bindemittel für den Zusammenhalt der Gesellschaft.

In Zukunft wird es jedoch zugiger im sozialen Gebälk: Durch die schleichende Entstaatlichung von Teilbereichen der Gesellschaft entstehen Elendslücken, die nur durch privates Engagement gefüllt werden können. In dieser Situation erinnert man sich gerne der preiswerten Weltverbesserer. Der Bundespräsident empfängt sie seither regelmäßig und spart nicht an Lob und Orden.

Meine Generation, wohl wissend um die drohende Alterseinsamkeit, hat jüngst die familienunabhängige Generationensolidarität auf die Tagesordnung der Gesellschaft gesetzt: Jeder küm-

105

mert sich um jeden, ohne Ansehen der verwandtschaftlichen Beziehungen. In generationsübergreifenden Wohnprojekten sollen sich in Zukunft die Jungen nach Feierabend mit den Alten beschäftigen und jene Verwandtschaft ersetzen, die einer kläglichen Geburtenrate zum Opfer gefallen ist. Unsere Kinder und Enkel werden in diesem Modell doppelt zur Kasse gebeten: Tagsüber verdienen sie das Geld, um die Renten zu finanzieren, und Abends leisten sie den Angehörigen der kinderlosen Generation Gesellschaft. Sie sollen in Zukunft sowohl Geld als auch Zeit hergeben, damit die Alten finanziell und sozial abgesichert den Lebensabend genießen können.

Das wird nicht funktionieren. Unsere Kinder und Enkel werden schnell an die Grenzen ihres Zeitbudgets und ihrer Geduld stoßen. Die Kündigung des Generationenvertrags – das bequeme Leben ohne eigene Kinder – fordert jetzt unerbittlich ihren Preis. Mehr als vereinzelte Gelegenheiten zur gegenseitigen, zeitlich begrenzten Kontaktaufnahme werden die Jungen nicht leisten wollen.

Im Gegenteil – meine Generation wird unter sich bleiben und unsere Nachkommen von den Kosten unserer langen Leben entlasten müssen, indem wir die kostspieligen Pflegedienste durch unentgeltliche, gegenseitige Hilfen ergänzen. Anstatt einem Knaben Rechnen beizubringen oder eine junge Dame von den Früchten lebenslanger Lektüre naschen zu lassen, werden die Alten in Zukunft für ihresgleichen Besorgungen erledigen, Essen kochen, Ausflüge unternehmen und all jene Handgriffe leisten müssen, die sich gegenwärtig ein rigides Pflegeregime gut bezahlen lässt. Für meine Generation wird das Ehrenamt zur Pflicht gegenüber hilflosen Altersgefährten, denn die Zahl der Pflegebedürftigen wird sich dramatisch erhöhen, die der jungen Pflegekräfte aufgrund der niedrigen Geburtenrate jedoch abnehmen.

Freilich, viele Rentner scheuen ihresgleichen. In der Hoffnung, dass sie der Umgang mit Heranwachsenden jung und lebendig

hält, kümmern sie sich lieber als Hausaufgabenhilfe, Mietgroß-
mütter oder Märchenonkel um junge Menschen. Sie werden jedoch umdenken und sehr konkreten Dienst an fremden Körpern
der eigenen Alterskohorte leisten müssen. Der Kindermangel, das
ungünstige Verhältnis von jungen zu alten Menschen und die steigende Lebensdauer werden uns keine andere Wahl lassen.

»Es geht vor allem um einen Beitrag Älterer für die Gesellschaft.
Diese braucht heute den Einsatz der Seniorinnen und Senioren
in vielen Bereichen unseres täglichen Lebens«, beschreibt unum-
wunden eine ehemalige Familienministerin die Erwartungen an
die Alten, und ein anderer Autor wagt einen sehr konkreten Blick
in die Zukunft: »Das Rentenalter kann nicht länger nur in Freizeit
münden. Freiwillige Dienste werden so selbstverständlich sein,
wie es der dann abgeschaffte Zivildienst einmal war« – und der
war einst gesetzlich vorgeschriebene Pflicht.

Im fünften Altenbericht der Bundesregierung von 2006 heißt
es eindeutig: »Weil der Anteil der Menschen im höheren Lebensalter steigt, der Anteil jüngerer Menschen hingegen rückläufig ist,
werden es die Älteren sein, die die gesellschaftlichen und wirtschaftlichen Zukunftsaufgaben maßgeblich mitschultern müssen.« Damit ist auch der Dienst alter Menschen an alten Mitbür-
gern gemeint. Statt ausgedehnter Reisen in ferne Länder und die
Flucht vor kaltem Wetter an sonnige Strände wird der tägliche
Gang in den dritten Stock des Nachbarhauses auf dem Terminkalender stehen, denn dort muss eine alte Dame versorgt und ge-
waschen werden. Die stets naheliegende Befürchtung, die Alten
nähmen den Jungen die Arbeitsplätze weg, wird bald hinfällig
sein, denn es werden nicht mehr genügend Arbeitskräfte für die
Pflegedienste bereitstehen.

Andernorts hat man das Projekt »Alte helfen ihresgleichen«
bereits in Angriff genommen. In der Seniorenresidenz »Steps to
Heaven« in Florida, von der schon häufiger die Rede war, werden die Bewohner unter anderem in der Sterbebegleitung ein-

107

gesetzt. Wenn es dem Ende zugeht und ein Bewohner sein Bett nicht mehr verlassen kann, sorgen die anderen dafür, dass er nicht alleine bleibt. »Vierundzwanzig Stunden am Tag, sieben Tage die Woche, bis zum Ende, wenn er will«, erzählt Mark Sullivan, der ehrenamtlich für den reibungslosen Ablauf der Betreuung zuständig ist. »Unsere Neuen tun sich anfänglich schwer damit, denn wir alle verdrängen gerne das Leid und den Tod. Aber nach wenigen Tagen kommen sie zurecht. Im Grunde ist es eine gute Vorbereitung auf die eigene Vergänglichkeit. Mir hilft es. Das höre ich auch von anderen.«

Nach festem Plan leisten die Heimbewohner den Sterbenden für jeweils zwei Stunden Gesellschaft. Sie reden und schweigen. Ich habe sie singen und lachen und weinen gehört. Sie sprechen Trost zu und erledigen nebenbei die zahlreichen Handreichungen, für die hierzulande ausgebildetes Personal zuständig ist. »Ich mache gerne Nachtschichten und schaue ihnen beim Schlafen zu«, fährt Mark fort, »hin und wieder schlagen sie die Augen auf, sind eine kleine Weile ratlos, bis sie sich zurechtgefunden haben. Dann lächeln sie dankbar. Das sind die schönsten und intimsten Momente während dieser stillen Stunden. Wir lassen nicht zu, dass einer von uns allein und verlassen stirbt. Professionelle Hilfe wäre zu teuer, deswegen nehmen wir die Sache selbst in die Hand. Ist das bei euch anders?«

Wir werden uns an dem amerikanischen Vorbild in naher Zukunft ein Beispiel nehmen müssen, wenn wir das Greisenalter unter menschenwürdigen Umständen erleben wollen.

Die Einsicht, im Alter nacharbeiten zu müssen, scheint bei meiner Generation allmählich anzukommen. Untersuchungen zum Thema berichten übereinstimmend, dass die Bereitschaft zur unentgeltlichen Mitarbeit gewachsen ist, vor allem für die neuen Formen des Ehrenamts, »bürgerschaftliches Engagement« genannt, das nicht mehr an die traditionellen Institutionen und

Organisationsformen gebunden ist. Die landläufige Vorstellung vom Alten, der träge und teilnahmslos den Rest seines Lebens im Ohrensessel hinter sich bringt, war ohnehin stets falsch. Die meisten Menschen »suchen sich nach dem Ende ihrer Berufstätigkeit neue Aufgaben, und sie genießen dabei die Freiwilligkeit ihres Engagements«, heißt es in einer Studie zum Thema.

Das gelingt am ehesten, wenn das Ehrenamt auch persönliche Bedürfnisse befriedigt und mit unseren eigenen Interessen übereinstimmt. Und im Ehrenamt geht es zu wie im richtigen Leben: Einige Ämter haben hohen sozialen Status, andere genießen geringes Ansehen.

Zu letzterer Kategorie gehört sicherlich die Mitarbeit in der Kleiderausgabe der »Oase«, eines Obdachlosentreffpunkts auf der Deutzer Seite von Köln. Vor allem im Winter, wenn die Bedürftigen festes Schuhwerk brauchen und man ihnen beim Ausziehen der Turnschuhe, die sie den Sommer über getragen haben, behilflich ist, kann aus dem großherzigen Engagement beschwerliche Pflicht werden. Wer allerdings auf der Suche nach ehrlicher Dankbarkeit, rasch entstehender Nähe und Gesprächen über verschlungene, hoffnungslose Lebensläufe ist, wird sich hier wohlfühlen.

Peter hat nach einem ungewöhnlich unsteten Leben schließlich zu einer ruhigen Gelassenheit gefunden. Nun, im siebten Lebensjahrzehnt, verbringt er die Tage in der »Oase« und kümmert sich unentgeltlich um die täglichen Mahlzeiten, kocht und organisiert den Einkauf von Lebensmitteln. »Ich mag diese Menschen. Ich höre mir gerne ihre oft abenteuerlichen Geschichten an. Sie geben auch zurück: das Gefühl, gebraucht zu werden, einen Tagesablauf mit verbindlichen Pflichten und gelegentlich Freundschaften. Ein Ehrenamt beruht auf Geben und Nehmen«, beschreibt er knapp eine vielschichtige soziale Beziehung.

Einige positive Eigenschaften des Ehrenamts hat Peter damit schon aufgezählt. Andere wären: soziales Ansehen, neue Erfah-

rungen, Abenteuerlust, der Wunsch, Verantwortung zu übernehmen, oder die Sehnsucht nach Dankbarkeit.

Der Möglichkeiten, sich zu betätigen, sind viele: Wer auf seine
alten Tage noch Entscheidungen fällen möchte, sich gerne reden
hört und über organisatorische Talente verfügt, kann sich einer
der unzähligen, oft lokalen Initiativen anschließen, die sich entweder gegen staatliche Vorhaben zur Wehr setzen oder – im Gegenteil – Neues bewirken wollen.

Wer unter Einsamkeit leidet und soziale Kontakte sucht, findet diese in der Obdachlosenarbeit, in Hospizen oder durch die
Übernahme von Patenschaften.

Wem soziales Ansehen wichtig ist, wird sich auf Aids-Galas,
bei UNICEF mit seinen prominenten Mitgliedern oder bei Freun-
deskreisen bedeutender Kultureinrichtungen engagieren. Ehrenämter in diesem Rahmen sammeln vor allem Geld für gute Zwecke, wie die »Freunde der Nationalgalerie«, die ihren freiwilligen
Helfern in Berlin zusätzlich prächtige Vernissagen und erlesene
soziale Kontakte bieten. Neben Zeit und Geld braucht man für
solche Art von Engagement lediglich tadellose Manieren, ein lang
fallendes Abendkleid oder ein Paar Hosen von elegantem Zu-
schnitt. Dies ist Idealismus in Vollendung, weil es Ansehen, angenehme Gesellschaft und Wohltat in sich vereint.

Prominente Zeitgenossen haben darüber hinaus die Möglichkeit, drittklassige Ehrenämter aufzuwerten, wie jüngst die Sup-
penküchen, bei denen nun auch Gutbetuchte und Berühmtheiten
den Schöpflöffel schwingen und Bedürftigen tiefe Teller in die ungepflegten Hände drücken.

Die anspruchsvollsten Ehrenämter aber sind jene, bei denen
es nicht um das Anliefern und Verteilen von Sachgütern, Nah-
rungsmitteln oder Geldbeträgen geht, sondern in denen emotionale Beziehungen aufgebaut werden. Die Kleiderkammer in der
»Oase« kann von jedem und von wechselndem Personal verwaltet
werden. Die Beziehung zwischen einem Heranwachsenden und

einem Mietopa dagegen beruht auf Zuneigung und Verlässlichkeit. Wer hier geschenktes Vertrauen enttäuscht, wird hässliche Spuren hinterlassen.

Wer also ein Ehrenamt übernehmen möchte, der prüfe schonungslos und ungeniert, ob es zu ihm passt und welchen Ertrag er sich erhofft. Erst danach sollte man sich auf die Suche begeben, sorgsam abwägen und schließlich seine Wahl treffen. Sie wird in vielen Fällen falsch sein. Dann sollte man rasch und ohne Scheu das Engagement aufgeben und weitersuchen. Denn im Gegensatz zu der Arbeit von Sozialbehörden, auf die der Bedürftige ein Anrecht hat, kann ein Ehrenamt jederzeit aufgegeben und beiseitegelegt werden. Es kommt also darauf an, sich freiwillig und trotzdem verbindlich und auf Dauer einzulassen.

Wer nur mit guter Absicht und vollem Herzen ausgestattet ein Ehrenamt anstrebt, muss großes Glück haben, spontan das Richtige zu finden. Eher wird er scheitern und nach kurzer Zeit ein Engagement abbrechen, das ihm nicht genügend zurückgibt. Wer aber seinen Platz gefunden hat, der darf mit schönem Zugewinn rechnen. »Wenn du älter wirst«, vertraute mir ein ehrenamtlicher Betreuer während einer Skifreizeit für Heimkinder an, »kommt man leicht in dunkles Nachdenken. Die Arbeit mit den Jugendlichen hat mir den Lebensmut zurückgegeben. Dafür bin ich ihnen dankbar. Die ahnen natürlich nichts. Aber das bleibt unter uns!«

Der ideale Ehrenämtler lebt, ohne es zu wissen, nach der Einsicht des französischen Moralisten La Rochefoucauld, dem Vertreter einer realistischen Ethik, der einst nüchtern feststellte: »Unsere Tugenden sind meist nur verkleidete Laster.« Hinter unseren vorbildlichen Handlungen verbergen sich demnach oft Eigeninteresse und Eigenliebe. Edelmut und Mildtätigkeit sind häufig nur Abfallprodukte unseres Egoismus. Es wäre also schlecht bestellt um die Mitmenschlichkeit, wenn es jenen hübschen Begriff von der »List der Vernunft« nicht gäbe, die die Amerikaner plakativ »win-win-situation« nennen. Gemeint ist eine Konstellation, bei der durchaus unterschiedliche Interessen sich listig miteinander verschränken, so dass alle Beteiligten Nutzen daraus ziehen können. Beim Ehrenamt ist sie die Grundlage allen Engagements und die Voraussetzung, damit aus der guten Tat langfristige Verpflichtung wird.

Schließlich kann das Ehrenamt dem Alltag des Einzelnen Halt und dem Leben Sinn geben. Die meisten von uns haben Jahrzehnte in der sicheren Obhut von beruflichen Anforderungen und häuslichen Pflichten verbracht. Freie Zeit war knapp bemessen und schnell verbraucht. Nun steht man inmitten einer großen Ungebundenheit. Die vertrauten Stützen, die bislang den Tag befestigt hatten, sind über Nacht weggebrochen. Vor uns liegt eine weithin unbekannte Landschaft ohne Wegweiser und Anhaltspunkte, wohin es gehen soll.

Ehrenämter können streckenweise die verlorenen Leitplanken ersetzen. Der Terminkalender füllt sich wieder, es gibt guten Grund, morgens aufzustehen und das Haus zu verlassen. Dinge sind pünktlich zu erledigen, und das angenehme Gefühl, wichtig zu sein, stellt sich wieder ein. Man steigt aus der protestantischen Ethik aus und kommt im Ehrenamt an.

Natürlich schränkt das Alter den Tatendrang ein. Organisationen wie Greenpeace haben bereits auf die nachlassende Spannkraft reagiert und das »Team50plus« gegründet. »Auch wenn sie nicht mehr in Schlauchbooten Walfängern hinterherjagen oder sich von Schornsteinen abseilen – mit ihrer Hartnäckigkeit und einem hohen Maß an Glaubwürdigkeit sind die Älteren eine Bereicherung für Greenpeace«, erklärte dessen Sprecherin 2006 zum zehnjährigen Bestehen der grauhaarigen Aktivistentruppe.

Wer Fachkraft mit realen Talenten ist, kann sich auch beim »Senior Experten Service« (SES), einer Stiftung der Deutschen Wirtschaft für internationale Zusammenarbeit, bewerben. Die Organisation, die seit mehr als fünfundzwanzig Jahren besteht, schickt Fachleute in Schwellenländer, wo sie einheimischen kleinen und mittleren Unternehmen helfen, auf eigenen Beinen zu stehen. Hier kommen der Wunsch nach Abenteuern und sinnvollem Einsatz erworbener Fähigkeiten auf der Geberseite mit dem Bedürfnis nach Hilfe und der Hoffnung auf Technologietransfer auf der Nehmerseite nahtlos zur Deckung. Gesucht werden Rentner, die praktisch anpacken können, sich mit bescheidener Unterbringung abfinden und mit einem geringen Taschengeld zufrieden sind. Jüngsten Daten zufolge hat der SES seit seiner Gründung in 147 Ländern mehr als einundzwanzigtausend Einsätze organisiert.

Mein Nachbar, der als Rentner jahrelang im südlichen Afrika nach Wasser gesucht hatte, bis ihn ein Sturz in den Rollstuhl zwang, schwärmt auch Jahre später noch von dieser Zeit: »So viel Verantwortung und erfüllte Hoffnungen und Dankbarkeit habe ich noch nie erlebt. Es war mir damals, als ob das Leben neu beginnt. Es war meine schönste Zeit, und ich hatte bis dahin keine schlechte.«

Daheim in Deutschland ist die »Kompanie des guten Willens« im Einsatz, eine Seniorenarbeitsgemeinschaft der evangelischen Männerarbeit. Sie entstand Mitte der sechziger Jahre, als die Klöcknerwerke einen Teil ihrer Stahlproduktion einstellten. Die entlassenen Arbeiter, die plötzlich und unfreiwillig zu Rentnern geworden waren, gründeten damals die »Kompanie« und führen seither in Einrichtungen der Wohlfahrtsverbände unentgeltlich handwerkliche Arbeiten aus.

Diese männlich dominierten Einrichtungen ergänzt seit Ende der achtziger Jahre das Hamburger »Expertinnen-Beratungsnetz«. Dort sind Frauen im Ruhestand bemüht, jüngeren den Weg in das Berufsleben zu erleichtern. Inzwischen gibt es Beratungsstellen auch in anderen Städten wie Berlin, Köln oder München.

Die Ehrenämter sind so zahlreich und vielfältig wie das Leben selbst. In dem unübersehbaren Angebot findet sich für jeden

113

etwas. Wenn die Suche dennoch vergeblich gewesen sein sollte, besteht stets die Möglichkeit, eine eigene Organisation zu gründen. An Bedürftigen ist kein Mangel, und sie werden mehr. Wer trotzdem untätig bleibt, muss gute Gründe haben, denn Untätigkeit wird sich meine Generation in Zukunft nicht mehr leisten dürfen.

Der umtriebige Henning Scherf, einst Bremens Bürgermeister und eine unüberhörbare Stimme im Chor der fröhlichen Alten, hat behauptet, diese seien die Lösung des Problems der niedrigen Geburtenrate, der steigenden Lebenserwartung und von deren Folgekosten.

Das ist nur zum Teil richtig. Wir sind in erster Linie das Problem selbst und können dessen Lösung sein – vorausgesetzt, wir bekennen uns zu den Pflichten, die sich aus unserer Hinterlassenschaft notwendig ergeben. Das Ehrenamt ist ein vorzügliches Mittel, dieser Verantwortung gerecht zu werden. Es entlastet die Kassen der nachfolgenden Generationen und führt dem Sozialsystem kostenlose Arbeitskräfte zu, die es sonst nicht mehr bezahlen könnte. Ohne diesen Dienst aus freien Stücken wird die lange Lebensdauer den alten Menschen in Zukunft für viele zum Fluch werden.

Bislang ist das Ehrenamt sympathischer Wildwuchs, die ihm eigene Unverbindlichkeit im Gegensatz zur Erwerbsarbeit macht gerade seine Attraktivität aus. Jeder tut, was ihm passt. In Zukunft wird man dem Ehrenamt jedoch ein leichtes Korsett anpassen müssen, um die Ehrenämtler vorsichtig zu gesellschaftlich sinnvollen Einsätzen zu führen. Dort können sie gezielt jene Lücken ausfüllen, die sie selbst verursacht und hinterlassen haben.

Das Ehrenamt wird dann zu einem gemeinnützigen Wirtschaftsraum von erheblichen Ausmaß werden. Der Markt und seine Gesetze werden dort keine Rolle mehr spielen. Es wird stattdessen die Assoziation freier Produzenten herrschen. Das Geld wird in diesem System seine Funktion verlieren und durch den direkten Warenaustausch ersetzt werden: Handgriffe gegen Dankbarkeit, Nudeln kochen gegen Gesprächsbereitschaft, Vorlesen gegen weisen Rat, Gesellschaft gegen ein tiefes Lächeln.

Am langen Ende ihres Lebens würde meine Generation damit überraschend ein Stück jener Utopie in die Tat umsetzen, für die sie vor einem halben Jahrhundert Demonstrationen organisiert, Flugblätter verteilt und kurzlebige Parteien gegründet hatte.

Vom Bedürfnis nach Gewissheit

»Wir sind Bettler. Das ist wahr.«

MARTIN LUTHER AUF DEM TOTENBETT

Drei Wochen nachdem ich in den »Rosenpark« eingezogen war, saß ich am Bett von Hedwig Härtel. Sie lag im Sterben. Ich hielt ihre leichte, trockene Hand, die kaum den Plastikbecher halten konnte, welchen man ihr in regelmäßigen Abständen anbot, mit der freundlichen Aufforderung, doch ein wenig Flüssigkeit zu sich zu nehmen – ein Ansinnen, das sie jedes Mal ebenso freundlich wie entschlossen zurückwies. Ihr Gesicht, das früher einmal voll und heiter gewesen war, wie ich von alten Bildern her wusste, blickte eingefallen und grau aus den weißen Kissen zu mir empor.

Ob sie Angst vor dem Tod habe?

Sie schaute mich mit den großen, ruhigen Augen einer Sterbenden, der bereits alles Überflüssige aus den Gesichtszügen gewichen war, an.

»Ich geh zum Heiland, warum sollte ich Angst haben?«

Da sei sie gewiss?

Da war sie sich ganz gewiss.

Achtundvierzig Stunden später war Hedwig tot. Am folgenden Tag traf ich ihren Mann auf einem der langen, dunklen Flure. Seine Augen waren rot und geschwollen. Ich kondolierte. Er nickte freundlich.

»Jetzt schaut die Hedwig auf uns herunter.«

Hilflos wünschte ich ihm Gesundheit und ein langes Leben.

»Ich freu mich auf den Tag, an dem wir wieder zusammen sind«, unterbrach er mich.

Und damit sei fest zu rechnen?

»Wissen Sie etwas Besseres?«

Nein, das wusste ich nicht, und wir gingen auseinander.

Ganz anders meine Mutter, als sie hochbetagt zum Sterben kam. Kirchen waren ihr zeitlebens ausschließlich Gegenstand kunsthistorischer Neugierde gewesen. Sie hatte über Fresken in den Gotteshäusern Norditaliens gearbeitet und auch später auf unseren gemeinsamen Reisen kein Chorgestühl und keine Apsis ausgelassen. Aber sie konnte nicht glauben und tat das mit ruhiger, unreflektierter Klarheit ein langes Leben hindurch. Auch sie hatte Gewissheit: die Überzeugung nämlich, dass es keinen Gott gebe und dass es nicht lohne, darüber nachzudenken. So wie es töricht sei, jeden Tag aufs Neue zu überlegen, ob die Sonne im Osten aufgehen würde.

Ihr Leben hatte eine Reihe unerwarteter Wendungen erfahren. Als Tochter aus gutem Milieu war sie dazu erzogen worden, in standesgemäßer Ehe einer vielköpfigen Familie vorzustehen. Schließlich zog sie ohne Aussicht auf neuerliche Heirat als berufstätige Witwe in mittlerer Position zwei Kinder groß. Das hatte sie gelehrt, das Leben hinzunehmen, Gefühle für sich zu behalten und jeden Tag diszipliniert anzugehen.

Die letzten Monate ihrer Erdentage verbrachte sie im Rollstuhl. Wenn ich sie besuchte und das Wetter es erlaubte, schob ich sie über die Mittagsstunden in einen nahe gelegenen Park.

Eines Tages, sie saß warm in Decken gehüllt unter mir, bäumte sie sich kurz auf, fiel wieder in sich zusammen und verharrte zitternd in dieser Position. Ich hielt an und lief mit zwei Schritten um den Rollstuhl herum. Sie sah mich blass und mit großen, erschrockenen Augen an.

Was ihr sei.

»Ich habe Angst«

»Angst? Wovor?«

»Mir graut.«

Meine Mutter, die über viele Jahrzehnte diszipliniert ein Leben geführt hatte, für das sie nicht geboren war, wurde hilflos von Angst und Hoffnungslosigkeit überwältigt.

Ob sie solche Anfälle öfter habe.

Sie nickte. »Immer häufiger.«

Als sie starb, war ich beruflich unterwegs.

»Ihre Mutter hat gekämpft und ist schwer gegangen«, berichtete mir Schwester Barbara, die in jener Nacht Dienst gehabt hatte.

Ob man jene Gewissheit, die beim Sterben so nützlichen Dienst erweist, auch noch im Alter erwerben könne, wollte ich später vom Geistlichen einer nahe gelegenen Kirche wissen.

»Junger Mann, wo denken Sie hin!«, klärte der mich freundlich auf. »Sechs Jahrzehnte Luzifer und im siebten die Gnade des Herrn? So läuft das bei uns nicht.«

Das mag zwar nicht ganz dem Geist der Verkündigung entsprechen, weist aber auf ein psychologisches Problem hin: Tiefe Überzeugungen müssen lange gelebt worden sein, bevor sie ihre Wirkung entfalten. Sie sind nicht folgsam wie Glühbirnen. Was nicht ausschließt, dass der Herr in seiner Gnade Ausnahmen macht.

Die Gegenwärtigkeit von Sterben und Tod gehört zum Altern wie Falten und Vergesslichkeit. Irgendwann und anfänglich nur zu besonderen Anlässen beginnen die Gedanken um dieses endgültige Thema zu kreisen, bis es sich fest im Bewusstsein eingenistet hat. Der eigene Verfall und der Verlust von Freunden, Familienangehörigen und Verwandten führt den Alten in immer dichterer Abfolge die eigene Vergänglichkeit vor Augen und gibt dem Thema keine Ruhe mehr. Man wird jeden Tag aufs Neue zum Überlebenden, dessen Existenz durch den Tod anderer definiert ist. Freilich, Verzweiflung ist im Allgemeinen ein Gefühl für besondere Anlässe, auf Dauer könnten wir mit ihm nicht leben. Das ständige Wissen um die Vergänglichkeit richtet sich deshalb bei vielen Alten recht häuslich und kommod im Bewusstsein ein.

Im Leben meiner Generation spielte Religion eine unvergleichlich geringere Rolle als bei den Vorfahren. Dreißig Prozent der Deutschen gehören keiner Konfession mehr an. Unter denjenigen, die noch Kirchensteuer zahlen, sind die Leichtgläubigen in der Mehrheit. Zur Weihnachtszeit und an Ostern sind die Kirchen noch immer gut besucht, aber Gottvertrauen hat sich dort verflüchtigt, wo es wirken sollte: im Alltag. Wir danken dem himmlischen Vater nicht mehr für das tägliche Brot. Wir bitten ihn nicht mehr um Beistand bei den kleinen und großen Fährnissen. Er ist uns fremd geworden. Wir zweifeln an seiner Allmacht und halten Gebete für sinnlos. Angesichts des Elends auf der Welt erscheint uns seine Schöpfung missraten. Die Zuversicht auf seine Existenz ist der unverbindlichen Überzeugung gewichen, dass irgendwas schon sei.

Unser Gott, der mit dem Christentum nur noch den Namen gemein hat, führt ein friedliches Dasein im Irgendwo. Weder fürchten wir ihn, noch erwarten wir Trost von ihm. Er ist konturenlos, lässt uns in Ruhe und stellt keine Ansprüche. So lässt es sich trefflich glauben.

Jener Restglaube, der vielen von uns geblieben ist, erklärt das Unerklärliche der Schöpfung und ist eher Ausdruck gedanklicher Unentschlossenheit als der tiefer Überzeugung. Wir leben vorläufig auf diese Weise bequem in transzendentaler Obdachlosigkeit und betreten unsere siebte Dekade ohne den Schutz, den Glaube bieten kann. Wir sind die erste Generation, die zwar nichts von der Sterblichkeit versteht, ihr aber auch nicht entkommen wird.

Der amerikanische Soziologe C. Wright Mills, ein scharfsinniger Analyst aus den frühen Jahren meiner Generation, hat vor einem halben Jahrhundert festgestellt: »Es ist abzusehen, dass das Heilige bald ganz verschwunden sein wird.« Vierzig Jahre später kommen junge Religionssoziologen zum entgegengesetzten

Ergebnis: »Nach beinahe drei Jahrhunderten großartig gescheiterter Prognosen und irreführender Einschätzungen der Vergangenheit und Zukunft ist es nun an der Zeit, die Säkularisierungsthese auf dem Friedhof der falschen Theorien zu begraben.« In einer aktuellen Veröffentlichung über mutmaßliche Entwicklungen bis zum Jahr 2030 heißt es ganz ähnlich: »Die Menschen werden nach Sinnorientierung verlangen, die Halt, Beständigkeit und auch Wesentliches in das Leben bringt. Religiosität als Lebensgefühl ist dann wieder gefragt«, und an anderer Stelle: »Wir stehen vor einer Renaissance des Glaubens. Die Frage ist nur, welcher Religion die Menschen den Vorzug geben werden.«

Die Ursachen der neuerlichen Glaubensnähe werden in der Leere des Konsums, der Individualisierung, der Orientierungslosigkeit des Menschen in einer haltlosen Gesellschaft und einem weit verbreiteten Nihilismus verortet. Das sind Werkzeuge aus dem Fundus einer Kulturkritik, die auch meiner Generation nicht fremd ist. Das gegenwärtige Interesse an Jenseitigkeit und Transzendenz wäre in diesem Zusammenhang eine Sozialtechnik, die dazu dienen soll, im warmen Schoß der Gewissheit Zuflucht zu finden, um der eigenen Endlichkeit gefasster gegenüberzutreten.

Wahrer Glaube ist jedoch in der Überzeugung von der voraussetzungslosen Existenz Gottes begründet, oder er ist nicht. Ein Glaube, der der Bewältigung aktueller Sinnfragen dienen soll, wird auf Dauer keinen Bestand haben können und in Beliebigkeit aufgehen. Er wäre dann tatsächlich das »Opium des Volkes«. Das Verlangen nach Transzendenz ist kein menschliches Bedürfnis neben anderen, sondern ausschließlich in der Allgegenwart Gottes begründet. Freilich wir sind frei, und jeder Einzelne ist gefordert, sich zu entscheiden.

Ich wüsste heute gerne, wann und warum mir der Glaube abhanden gekommen ist. Meine Kindheit habe ich bei entfernten Verwandten in katholischem Milieu im Badischen verbracht. Dort waren das Christentum, seine Feste und Gebräuche, der Dank und die Bitte im Gebet, das strenge Verbot zu fluchen, die Mildtätigkeit und der sonntägliche Kirchgang Bestandteile des täglichen Lebens. Der Glaube war einfach da wie die Kirschbäume hinter dem Haus und die Schafe auf der Weide.

Irgendwann als Halbwüchsiger ist er mir verloren gegangen. Ich kann mich nicht entsinnen, um ihn gerungen zu haben. Es gab auch kein eindrucksvolles Vorbild, das ihn mir ausgetrieben hätte. Ich habe nachts nie wach gelegen und gegrübelt. Die kritischen Schriften der Aufklärung habe ich erst sehr viel später gelesen. Selbst die oft abstoßende Kirchengeschichte hat keine Rolle gespielt. Der Glaube war einfach weg, wie ein Paar billiger Handschuhe, die man in der Straßenbahn liegen lässt und schnell vergisst. Ich habe ihn seither nie vermisst, nie wieder über ihn nachgedacht und sehr selten über ihn geredet. In dem Sinne bin ich eher Agnostiker als wetterfester Atheist. Seltsam, wie einem dieses Kernstück mitteleuropäischer Identität, um dessentwegen so viel Blut vergossen wurde, einfach verloren gehen kann.

»Nein, ich glaube nicht mehr«, erklärte mir nüchtern ein Freund, der wie ich im christlichen Milieu aufgewachsen und voller Überzeugung jeden Samstag zur Beichte gegangen war, um sonntags reinen Gewissens an der Kommunion teilnehmen zu können. »Kirche und Glaube waren für mich Autoritäten wie Schule und Elternhaus. Nachdem ich von dort aufgebrochen war, habe ich sie, wie auch den Glauben, ohne Bedauern hinter mir gelassen. Er blieb einfach zurück, wie eine alte Hose, die zu eng geworden war.«

Ob er etwas vermisse?

»Was?«

»Na, das Jenseits.«

»Wie kann ich etwas vermissen, das es nicht gibt?«

So einfach ist das.

Leichtgläubige oder Agnostiker, denen auf der letzten Lebensstrecke bange wird, könnten versucht sein, ihre Glaubensreste zu reaktivieren, um der Furcht Herr zu werden. Das wird nicht einfach. Die gutgläubige Naivität der Kindheit, die vieles fraglos aufgenommen und in sich geborgen hatte, ist dem Erwachsenen für immer verloren. Nachvollziehbare Gottesbeweise im Sinne wissenschaftlicher Argumentation gibt es nicht. Vernunft und Rationalität, die zuverlässigen Begleiter durch unser bisheriges Leben, sind mithin untaugliche Mittel, den Schöpfer zu erfahren. Bleibt der Wille, der mit zunehmender Lebensdauer jedoch an Kraft verliert, ebenso wie die andere große Energie zur Veränderung, der Zweifel, für dessen Ausformulierung und Überwindung im Alter jedoch kaum mehr Zeit bleibt. Und schließlich die Furcht vor dem Ende und dem Unbekannten. Dem setzen sich alte Menschen jedoch nur ungern auf Dauer aus und ziehen die Verdrängung der Einsicht vor.

Ich habe trotzdem zögerlich begonnen, mich auf die Suche nach Spuren und Resten jener Gewissheit zu machen, die mir einst so selbstverständlich gewesen war. Ich stelle mir dabei eine alte, verstaube Lampe vor, die irgendwo in mir vergessen wurde und nach sorgfältiger Reinigung wieder entzündet werden kann.

Jüngst bin ich mit einem ehemaligen Kommilitonen, dem Torwart einer Fußballmannschaft, in der ich vor langer Zeit mitspielen durfte, ins Gespräch gekommen. Er hatte, sehr zu unserem Unverständnis, Theologie studiert. Nachdem wir kurz unsere Vergangenheit aufgearbeitet hatten, erzählte ich ihm von meinen derzeitigen Bemühungen.

»Damals habt ihr über mich und mein Studium den Kopf geschüttelt«, entgegnete er mit leichtem Triumph in der Stimme. Ich nickte betreten. »Aber mir war immer klar, dass ihr eines Tages zurückkommen würdet. Jeder trägt den Schöpfer in sich. Es liegt in deiner Hand, dich zu öffnen und ihm in deinem Leben Raum zu geben.«

Ich schaute ihn ratlos an.

»Damit kannst du nichts anfangen?«

»Nein.«

»Was hältst du von der Hoffnung?«

»Die ist schon wichtig im Leben.«

»Mehr als das. Sie ist alles!«

»Aha!«

»Aber nur die christliche, jede andere kann enttäuscht werden. Der Schöpfer jedoch wird dich nicht enttäuschen.«

Wir fanden nicht zusammen.

»Gib dir Zeit, öffne dich und vergiss nicht: Die Grundlage unseres Glaubens ist die Liebe.« Damit entließ er mich, ohne dass ich klüger geworden wäre. Aber vermutlich ist Klugheit gar nicht gefragt, denn der Versuch, Gott zu begreifen, kommt nie zum Ziel.

Recht besehen, spielen Vergänglichkeit und Jenseits vorerst eine geringe Rolle im Gesprächsrepertoire der »Vierziger«. Wir haben noch Zeit. Wir sind zwar erschrocken über unsere transzendentale Bindungslosigkeit, aber verdrängen das Thema einstweilen. Mag sein, wir sind zu weich und unerfahren für den Atheismus und dessen unerbittlichen Blick in den Abgrund. Deswegen wollen wir getröstet sein, wissen jedoch nicht, von wem. Die alten Quellen bleiben uns verschlossen. Die Suche nach neuen ist beschwerlich und der Erfolg zweifelhaft. Also schieben wir das Problem auf Wiedervorlage in die Zukunft, eine Existenztechnik, mit der wir in der Vergangenheit mehrfach gute Erfahrungen gemacht haben.

Wenn ich das Thema vorsichtig in meinen Kreisen anspreche, ernte ich meist den »Blick«, eine überaus komplexe Geste, die mit einem Wimpernschlag besagt: Was soll denn das? Wie bist du drauf? Stör mich nicht!

»Ich weiß, was du meinst«, heißt es dann, »aber das lass ich noch nicht an mich ran. Das hat noch Zeit, denke ich.«

»Gott ja, die Religion. Irgendetwas wird da sein, aber was? Auf jeden Fall keine Hölle und schon gar kein Paradies.«

Wenn das Thema mit Jüngeren zur Sprache kommt, stoße ich dagegen auf Interesse und unkomplizierte Offenheit. Dann ist schnell von Spiritualität die Rede, von tiefen Wahrheiten, dem gefährdeten Selbst, von der eigentlichen, der inneren Existenz und geheimnisvollen Pfaden dorthin. Zu meinem Leidwesen verbinde ich mit diesen Begriffen keine Vorstellungen. Sie versickern in mir wie ein Wassertropfen in der Wüste.

Bei meinen tastenden und ungelenken Bemühungen stoße ich auf einen unübersehbar vielfältigen Glaubensmarkt, der in den letzten zwei Jahrzehnten entstanden ist. Das üppige Angebot wendet sich auch an jene Vertreter meiner Generation, die sich am Lebensabend auf die Suche nach Glaube oder Gewissheit machen.

Die meisten Angebote in den wohlsortierten Auslagen sichern die Wiedergeburt in den unterschiedlichsten Formen zu. Das entspricht den Wünschen der Kundschaft und erklärt die gegenwärtige Popularität fernöstlicher Glaubenslehren und daraus abgeleiteter Mischformen. Offensichtlich glaubt es sich einfacher an die Wiedergeburt als an jene vage Vorstellung einer Seelenansammlung im Jenseits, deren Besetzung zudem von Gottes Gnaden, dessen Pläne unerforschlich bleiben müssen, abhängig ist.

Die Vorstellung, man bleibe, in veränderter Form zwar, aber immerhin in dieser Welt, hat zwar ebenso wenig eine empirische Basis wie die Hoffnung auf ewiges Leben im Jenseits, aber sie erscheint attraktiver. Groß geworden in einer weltgeschichtlich einmalig hedonistischen Massenkultur, würden wir uns in einem Paradies nach christlicher Vorstellung voraussichtlich zu Tode langweilen. Außerdem versprechen die fernöstlichen Meditationstechniken zusätzlichen Gewinn durch Selbsterkenntnis, ein Thema, das viele »Vierziger« noch aus ihrer späten Jugend kennen. Damals hatte man es häufig unerledigt zur Seite gelegt. Jetzt ist Zeit und Gelegenheit, es wieder aufzunehmen und zu Ende zu führen. Obendrein gibt es keine fest gefügten Hierarchien und Autoritäten, mit denen sich meine Generation immer schwergetan hat. Und schließlich liegt das Schicksal jedes Einzelnen jenseits des Todes in seinen eigenen Händen und ist unabhängig vom Gnadenakt des Schöpfers. Bei aller fremdartigen Mystik fernöstlicher Transzendenzentwürfe ist jenes Moment der Selbsterlösung mit den westlichen Vorstellungen von selbstbestimmter Lebenspraxis eher in Einklang zu bringen als die ohnmächtige Abhängigkeit von allerhöchster Gnade. Im Abgleich mit dem Menschenbild der Moderne wirken die fernöstlichen Transzendenzentwürfe zeitgemäßer.

Das Angebot in dem großräumigen Basar mit seinen unzähligen Auslagen reicht von einem aggressiven Islam über die Rituale der Schamanen, die anschmiegsamen, oft gottlosen Formen fernöstlicher Entwürfe und deren Verschmelzung mit den klassischen, monotheistischen Traditionen bis hin zu den großen abendländischen Kirchen. Dazwischen tummeln sich Manichäer, Ophiten, Karpokratianer und was die ersten drei Jahrhunderte des ungebundenen Christentums sonst noch an Sekten hervorgebracht haben. Die christlichen Kirchen selbst tun sich jedoch schwer mit der überraschenden Nachfrage nach Spiritualität.

»Die Kirche ist in hohem Maße in ihrer Dogmatik erstarrt und begreift nicht, dass Glaube und die Öffnung zum Glauben hin vor allem über kraftvolle Emotionen läuft«, hat mir ein Mitarbeiter der Deutschen Bischofskonferenz kürzlich bekümmert erzählt. »Solange wir das nicht begreifen und sogar hinter die Ergebnisse des Zweiten Vatikanischen Konzils zurückfallen, werden wir uns gegenüber den neuen Glaubensformen kaum durchsetzen können.«

Claudia, geborene Stüber, verehlichte Stiegmann, geschiedene Traut, vertritt auf ihre Weise den Gegenentwurf zum abendländischen Monotheismus. Sie hat jede Bewegung zur Verbesserung der Lebensumstände mitgemacht, die in den zurückliegenden dreißig Jahren angeboten wurde. Nun ist ihr Haar, das sie immer noch offen trägt, grau geworden, und seine Spitzen liegen ungebärdig und sperrig auf ihren Schultern. Die ehemals blauen Augen haben ihre Tiefe verloren und beginnen sich hinter einem Kranz kleiner Falten zu verbergen. Ihre Kleidung ist von jener sanften Farblosigkeit, die Naturprodukten eigen ist.

Mit Mitte fünfzig hat Claudia, wie ich sie umstandslos nennen darf, ihre vielfältigen Erfahrungen auf vier Kontinenten und in ungezählten Lebenszusammenhängen gebündelt und mit Zutaten aus Buddhismus und der Kritik an westlichen Konsumgewohnheiten zusammengerührt, bis eine eigene Lebensphilosophie dabei herauskam. Die gibt sie nun gegen Gebühr in einem Berliner Hinterhof preis.

Im Kern lehrt sie, dass alle schmerzlichen menschlichen Erfahrungen Produkte unserer Einbildung seien. Die gilt es durch eine radikale und schonungslose Vertiefung ins eigene Ich unschädlich zu machen. Ohne Anleitung freilich geht das nicht. Die stellt sie in einer Mischung aus Meditation, Tanz und Gesang, Bewegung und Musik bereit.

Auf der höchsten Stufe der Kontemplation glaubt sie auch den Tod zu überwinden und findet in Furchtlosigkeit und Gelassenheit bereits im Diesseits Erlösung.

»Keiner muss sterben, wenn er sich dagegen entschieden hat«, fasst sie ihre tiefsten Erkenntnisse zusammen und fügt lachend hinzu: »Das klingt sicherlich unrealistisch.« Aber, ihre Stimme wird entschlossen, der Tod sei »widerwärtig« und sein Ergebnis »barbarisch«. Bei dessen Überwindung kommt Claudia ohne höheres Wesen aus. Ihr Gott ist der Mitmensch, was der gerne zur Kenntnis nimmt.

Seit Kurzem bietet sie gezielt Kurse für Kunden meiner Alterskohorte an. »Das ist annähernd meine Generation«, erläutert sie. »Ursprünglich kamen vor allem jüngere Leute und verheiratete Frauen, die sich zu Hause langweilten, jedoch den Mut nicht aufbrachten auszubrechen. Die suchten Zuflucht bei mir und im eigenen Ich. Dann ließen sich auch Ältere blicken, die nach einem langen Leben ohne kirchliche Bindungen etwas ganz anderes wollen, nämlich Glaube. Das war mir zunächst fremd. Heute habe ich mein Angebot auf die neue Klientel zugeschnitten. In diesen Kursen beschäftigen wir uns von Beginn an mit den Themen Siechtum, Tod und Wiedergeburt. Das wird angenommen. Auf jeden Fall kann ich über mangelndes Interesse nicht klagen.«

Hildegard und Hannelore sind seit einigen Wochen Kundinnen im Hinterhof. Die beiden leben zusammen in einer dunklen Dreizimmerwohnung, deren einziger Vorteil es ist, dass sie zur ebenen Erde liegt. Beide gehen schwer und werden nach den Vorschriften der Pflegestufe eins versorgt.

Hilde und Lore, wie sie sich gut gelaunt vorstellen, haben vier Jahrzehnte gemeinsam an einer Berliner Grundschule unterrichtet. Seit sieben Jahren sind sie in Rente. Das Alter fordert sichtbar seinen Tribut, und die Frage nach dem Ableben und dessen Folgen wird täglich drängender.

»Mit Gott hatten wir früher nichts am Hut«, berichten beide übereinstimmend.

»Vor drei Jahren haben wir dann begonnen, Gottesdienste zu besuchen, in der Bibel zu lesen, und Überzeugungsabende in unserer Gemeinde belegt«, fährt Hilde fort. »Aber weit sind wir nicht gekommen. Unsere Fragen wurden nicht beantwortet. Es blieben Zweifel. Jetzt haben wir Claudia entdeckt. Das gibt uns was. Fragen Sie nicht was – ich könnte es nicht beschreiben. Aber hier drin«, Hilde deutet auf ihr Herz, »dort spür ich was. Du doch auch?«, wendet sie sich an ihre Freundin, die stumm nickt.

Wer den Tod ernst nimmt und ihn nicht nur als ein Tor zwischen zwei Welten begreift, wie Hilde und Lore, für den ist er der endgültige Abschluss des Lebens. Dem Atheisten sind damit zwar alle Fragen beantwortet, aber Furcht und Grauen keineswegs stillgelegt. Für den Gläubigen, der im Besitz von Gewissheit ist und beruhigt dem Ende entgegenblicken könnte, beginnt das Nachdenken über die ewige Verdammnis und ob er ihr entkommen wird. Irgendwo dazwischen treibe ich mich mittlerweile umher und schwanke zwischen dem Glauben als Denknotwendigkeit oder Denkmöglichkeit. Ich suche keine Antwort auf die drei großen Fragen: Wo komme ich her? Was tue ich hier? Wo geht es hin? In meinem Alter scheinen sie mir naiv und vor allem zu spät gestellt. Die Frage nach dem Sinn des Ganzen wiederum verstößt gegen die guten Sitten anständigen Denkens. Es ist eine Art Niemandsland, in dem ich mich umschaue.

»Wenn es Gott nicht gibt, dann ist alles erlaubt«, lese ich bei Dostojewski. Was für ein gewichtiger Satz, und wie weit entfernt von der Realität meiner Generation, die trotz Glaubensferne und rebellischer Gestik ein friedfertiges Leben in den vorgeschriebenen Grenzen geführt hat!

In William James' berühmter Vorlesung über die »Vielfalt religiöser Erfahrung« findet sich der Hinweis, das religiöse Empfinden zähle zu den »wichtigsten biologischen Funktionen« der Menschheit. Ist die Sehnsucht nach diesseitiger Gewissheit also nur ein natürliches Bedürfnis unter anderen? Dann wäre es bei mir schwach entwickelt, und ich könnte die Suche beruhigt aufgeben.

Die Pforten zum Jenseits hatten sich für meine aufgeklärte Vernunft irgendwann im Lauf meines Lebens unbemerkt und ohne mein Zutun geschlossen. Sie beginnen sich jetzt langsam wieder zu öffnen, aber ich finde keinen Weg hindurch, da ich keine Erfahrungen mit glaubensnahen Denkvorgängen und Gedanken habe. So irre ich gegenwärtig ziellos umher.

Doch seit wann und warum habe ich dieses Bedürfnis, über etwas nachzudenken, das mir über Jahrzehnte hinweg gleichgültig gewesen ist? Ich habe diese Überlegungen nicht in meine Stube gebeten. Sie nisten sich ohne mein Zutun ein. Mit freiem Kopf wäre mir wohler. Ist dies die späte Rechnung für ein sorgloses Leben, in dem gescheiterte Beziehungen die bedeutendsten Untiefen gewesen sind?

Ich habe mir deshalb, wie ich das immer getan habe, eine kleine Bibliothek zum Thema eingerichtet. Dort finden sich seit Neuestem Darstellungen der großen monotheistischen Weltreligionen, ein Werk über christliche Häresien im frühen Christentum, eine Philosophiegeschichte der mittelalterlichen Scholastik, eine gelehrte und begrifflich anstrengende Abhandlung über moderne Glaubensmischformen und anderes mehr. Im Regal nebenan stehen die melancholischen Beschwörungen alter Männer von Hesse über Frisch bis Walser. Das widerspricht zwar der Einsicht des heiligen Augustinus: »Wenn du verstanden hast, dann ist es nicht Gott« oder einer islamischen aus dem 8. Jahrhundert: »Wer erklärt, lügt.« Aber was soll ich machen? Mit gekreuzten Beinen auf der Isomatte sitzen und warten, bis etwas in mir geschieht, von dem ich nicht weiß, wie es aussehen wird?

Auf meinem Nachttisch liegt neuerdings die Bibel. Gelegentlich stöbere ich vor dem Einschlafen in ihr umher und fand neulich bei Hiob folgende Stelle: »Der Mensch, vom Weibe geboren, lebt kurze Zeit und ist voll Unruhe. Gehet auf wie eine Blume und fällt ab. Fleucht wie ein Schatten und bleibt nicht.« Das ist gewaltig und unbarmherzig in seiner strengen Kürze. Man sollte häufiger die Bibel zur Hand nehmen, überlege ich, bevor sie wieder für Tage stillliegt.

»Glauben heißt: sich selbst ganz und gar auf Gott verlassen«, lese ich an anderer Stelle in meiner Bibliothek. Gerne, allerdings müsste ich vorher an Gott glauben, um mich auf ihn verlassen zu können. Woher aber nehme ich den Glauben? Brauche ich überhaupt eine Vorstellung vom Jenseits? Führt nicht jedes Nachdenken darüber zu lächerlichen Formen der Veranschaulichung?

Gelegentlich habe ich das Gefühl, durch Bücher in einer mir völlig fremden Sprache zu blättern. Ich verstehe nichts und finde weder Halt noch Zugang. Ich komme mir vor wie jener bedauernswerte Frosch, der vergeblich versucht, aus einem Glas, das für seine Bemühungen zu hoch ist, zu entwischen. Ich würde das Projekt Glaube oder Spiritualität gerne wieder zur Seite legen, aber dazu ist es zu spät. Es hat sich selbstständig gemacht und sich als neuer, unvorhergesehener Begleiter durch mein zukünftiges Leben meinem Zugriff entzogen.

Bewegt euch!

»Ohne tägliche, gehörige Bewegung
kann man nicht gesund bleiben.«

Arthur Schopenhauer

Ein gutes Jahrzehnt vor meinem Rentenantritt arbeitete ich als Korrespondent für die ARD in New York. Damals wohnte ich in einem Apartment an der 86. Straße, einen Block vom Central Park entfernt. Neben Chucks, Sushi und Football hatte ich von der amerikanischen Lebensart etwas übernommen, das in der Heimat einst als »Dauerlauf« bekannt gewesen, aber zeitweilig in Vergessenheit geraten war. Erst nachdem es »Jogging« hieß und, von zahlreichen bunten Zeitschriften begleitet, die genau erklärten, wie ein Fuß vor den anderen zu setzen sei, über den Atlantik zurückgekommen war, wurde es bei uns wieder modern. Der tiefe ökonomische Sinn, der sich dahinter verbarg, fiel damals noch keinem auf. Davon wird im Folgenden die Rede sein.

Fünfmal in der Woche lief ich die zweieinhalb Kilometer langen Runden um das Reservoir, jenen prächtigen See mitten im Central Park, der von der bekanntesten Joggingstrecke der Welt gesäumt wird. Solange Tageslicht herrschte, hatte man Gesellschaft. Mit Einbruch der Dunkelheit leerte sich die Strecke, denn nachts gilt der Park als unwirtlicher und gefährlicher Ort. Anfang der neunziger Jahre lief ich gut austrainiert den New-York-Marathon und erreichte hinter 17 344 schnelleren Läufern in einer Zeit von etwas über vier Stunden das Ziel.

Zurück im Rheinland, ließ meine Laufbereitschaft verschiedener, schwer beeinflussbarer Umstände wie Bequemlichkeit, Bettschwere und Lustlosigkeit wegen bald nach – was weder meinem Gewicht noch meiner Kondition gutgetan hat.

Kurz nach meiner Pensionierung flog ich zu einem kurzen Besuch nach New York. Am Morgen des zweiten Tages meines Aufenthalts ging ich in der Frühe zum Reservoir, schaute über die vertraute Szenerie und lief in guter Geschwindigkeit, wie ich fand, los. Der letzte halbe Kilometer kostete zwar Kraft und Atem, aber ich hielt, war ich überzeugt, mein Tempo. Sicher, die Beine waren von Beginn an schwer gewesen, aber das glaubte ich durch Beharrlichkeit auszugleichen. Als ich erschöpft und taumelnd, aber zufrieden die Runde beendet hatte, schaute ich erwartungsvoll auf die Uhr, fest davon überzeugt, die Zeit von damals gehalten zu haben. Doch zu meinem Entsetzen hatte ich mehr als vier Minuten verloren, fast zwei auf jeden Kilometer.

Das hat mir Beine gemacht, seither treibe ich wieder Sport. Ich bin nicht bewegungsbegabt. Ich war stets ein schlechter Tennisspieler, ein unsicherer Skater, ein mäßiger Fußballer und ein hüftsteifer Skiläufer. Deswegen bedurfte es Ausdauer und Disziplin, denen stets ein Moment der Verzweiflung eigen war, damit ich im hinteren Mittelfeld mithalten konnte. Beide Eigenschaften tun mir heute guten Dienst beim Ziehen an Gewichten, den Stunden auf dem Stairmaster und den unendlich langweiligen Runden im Schwimmbecken.

Bei meinen Besuchen im Altenheim meiner Mutter, das sich heute Seniorenresidenz nennt, ohne dass sich etwas Wesentliches geändert hätte, fiel mir damals auf, dass sich viele Bewohner nur mühsam, mittels kleiner Ställchen, vorwärtsbewegten. Wie die Schildkröten ihre Panzer, schleppten sie kleine Gehäuse mit sich herum. Diese Gehhilfen schepperten, schleiften und machten einen verkrampften Gang, bei dem Arm- und Rückenmuskulatur die Beine unterstützten, die nicht mehr in der Lage waren, die Last des Körpers allein zu tragen.

Diese Laufställchen wirkten auf mich wie der Zaun um einen Hühnerhof. Sie begrenzten die Beweglichkeit und das Revier der alten Menschen, die dann leichter zu verwalten waren und nicht mehr frei und selbstbestimmt umherstreifen konnten. Wer unter solchen Umständen alt werden muss, verliert dauerhaft seinen Bewegungsspielraum – das erkannte auch meine Mutter in dem Augenblick, als sie zum letzten Mal durch die langen Flure der Seniorenresidenz auf ihr Zimmer begleitet wurde, um den Rest ihres Lebens, vier lange Jahre, im Bett zu verbringen. »Sie wollten von Beginn an, dass ich still sitze und auf den Tod warte«, beklagte sie sich damals traurig, als es bereits zu spät war.

Die Gehilfen seien ganz normal, wurde mir von einer älteren Ärztin erklärt, die für das gesundheitliche Wohlergehen der Heimbewohner zuständig war.

»Haben die denn in der großen Mehrzahl Gelenkprobleme?«, vertiefte ich das Thema.

»Einige sicherlich, aber bei den meisten handelt es sich um natürlichen Muskelschwund, der bereits Mitte dreißig einsetzen kann und sich im Alter beschleunigt.«

»Natürlich, sagen Sie?«

»Ja, der geht an keinem vorbei.«

»Und dagegen ist kein Kraut gewachsen?«

»Doch! Wer regelmäßig trainiert, kann sich auch im Alter ohne Hilfen flink bewegen.«

»Der selbstverschuldeten Unmündigkeit folgt also die selbstverschuldete Unbeweglichkeit.«

Ich erntete einen verständnislosen Blick.

Ob in dem Heim denn ein Fitnessstudio sei, in dem die Alten ihre Muskeln kräftigen könnten, wollte ich wissen.

Sie schaute mich zweifelnd an, und als sie bemerkte, dass es mir ernst war, wurde ich belehrt: »Fitnessstudio? Wo denken Sie hin! Das wollen wir unseren Gästen nicht mehr zumuten. Sie haben genug getan in ihrem Leben und ein Anrecht auf Ruhe und Rückzug. Wir haben zweimal die Woche Wassertreten im nahe gelegenen Hallenbad und Gedächtnistraining. So was wird gerne angenommen!«

Die Ärztin ist mit ihren arg begrenzten Vorstellungen vom erfüllten Alter nicht allein. Bei meinem Buchhändler, der im Übrigen seine Seniorenabteilung in »Generation plus« umbenannt und damit das Alter elegant entsorgt hat – woran sich unschwer erkennen lässt, welchen Ruf der Begriff genießt, und eng mit ihm verbunden, die Sache selbst –, entdecke ich eine Broschüre über Berliner Altenheime und Seniorenresidenzen. Dort finden sich so attraktive und abwechslungsreiche Angebote wie Hundebesuchsdienst, Werken für Männer, therapeutisches Kochen, Maltherapie, Aromapflege sowie ein Café für Nachtschwärmer. Außerdem wird auf eine stattliche Liste von Heimtieren verwiesen, unter ihnen Meerschweinchen, Schildkröten, Hasen, Hunde und ein einzelner Kakadu. Ein Begleiter durchs Alter, der sicherlich nicht ohne Hintersinn ausgesucht worden war, denn die monogamen Vögel sind gesellig, werden uralt und können den Heimbewohnern mithin lange Gesellschaft leisten. Sie sind zwar nicht so schwatzhaft wie der Graupapagei, aber zur Imitation von Trillerpfeifen und Telefonläuten reicht es allemal. Einen einzelnen redseligen Graupapagei gibt es in einem Seniorenheim am Prenzlauer Berg. Er hört auf den Namen Rudi, hat sein Wissen aus dem Sprachrepertoire seiner Umgebung erworben und erfreut seine Zuhörer mit Äußerungen wie: »Guten Morgen, du alter Sack«, »Hallo, Schlampe, lass mal die Rechnung rüberwachsen!« oder: »Ich hau dir gleich aufs Maul.«

Alles in allem machen die Angebote der Heime und Residenzen den Eindruck, als seien ihre Adressaten Vorschulkinder und nicht Erwachsene, die ein langes, erfolgreiches Leben hinter sich und eine häufig mühselige Zukunft vor sich haben.

Schwimmbecken und Krafträume sucht man indes, mit Ausnahme vereinzelter Planschbecken, vergebens.

Als Hauptstadtkorrespondent der ARD in Berlin war ich unter anderem für das Gesundheitsressort zuständig und zwangsläufig mit den verantwortlichen Ministern bekannt gewesen. Ich habe mit jedem mehrfach über das Problem der Gehställchen und die Kosten der Immobilität gesprochen und versucht, sie von der Notwendigkeit von Fitnessstudios in Altenheimen zu überzeugen. Vergeblich: Sie schauten mich jedes Mal mit jenem freundlichen, leeren, gleichwohl körperlich anwesenden Blick an, den Politiker für Journalisten übrig haben, die sie nicht verärgern wollen, deren Meinung sie aber für Unfug halten.

Ganz anders das Angebot in »Steps to Heaven«. Die Ställchenläufer sind dort seltene Ausnahme. Es gibt ein stattliches Schwimmbad, das von der PEF (*pool employment force*), die ausschließlich aus Heimbewohnern besteht, instand gehalten wird. Nebenan liegt der Kraftraum mit zahlreichen Geräten, die vergangene Generationen von Heimbewohnern einst zusammengebettelt hatten.

»Kraftmaschinen altern nicht«, versicherte mir während meines Besuchs Rod »the body« Elam, der vor seiner Rente das Basketballteam einer kleinen Universität im Mittleren Westen trainiert hatte. »Letztlich hast du auf der einen Seite Gewichte, auf der anderen einen Griff und mittendrin ein Seil, das über ein Laufrad läuft.« Er hatte, hoch in den Siebzigern, ehrenamtlich die Aufsicht über den Gerätepark übernommen, in dem ständig Betrieb herrschte, und erklärte seinen Mitbewohnern, was sie zu tun und vor allem zu lassen hätten. »Du kannst dir nicht vorstellen, wie manche neuen Heimbewohner hier angekommen sind und was wir noch aus ihnen gemacht haben. Sprich mit Marcy, die dort drüben gerade an ihrer Rückenmuskulatur arbeitet!«

Zu diesem Zweck zog Marcy langsam eine Stange hinter ihrem Rücken von oben nach unten. »Ich nehme wenig Gewicht und wiederhole die Übung dafür häufiger, das schont die Gelenke«, klärte sie mich beiläufig auf. Sie hatte schmale, aber bemerkenswert feste Oberarme und einen hohen Busen. »Der ist nicht echt«, kommentierte sie unbefangen meinen Blick. »Und die werde ich wohl in diesem Leben nicht mehr hinkriegen«, sie wies ohne Scheu auf die Innenseite ihrer Oberschenkel, soweit ihre Turnhose Einblick erlaubte, »das ist nun nicht mehr zu andern. Wichtiger ist, dass mich die Beine tragen.« Ich war sprachlos: Ein derart offener Umgang mit dem eigenen alternden Körper war mir bislang fremd gewesen.

»Bevor ich hierherzog, habe ich meine Tage im Halbdunkel vor dem Fernseher verbracht, zusammen mit meinen drei engsten Freunden Daily Soaps, Chips und Coca Cola«, fuhr Marcy fort. »Ich hatte die Vorhänge zugezogen, damit die Nachbarn nichts bemerkten. Damals hatte ich einige Pfunde mehr drauf, das darfst du mir glauben. Ich sitze immer noch gern vor dem Fernseher mit einer großen Tüte Chips, schließlich gibt man in meinem Alter nicht alle Gewohnheiten auf. Aber wir haben genügend Zeit, um beides zu tun: den Körper in Schuss zu halten und Fernsehen zu schauen.«

Die Alten in Orlando haben begriffen, dass Muskeln das dynamische Prinzip unseres Körpers und die Voraussetzung jeder Form von Bewegung sind. Sie wollen jedoch beschäftigt sein. Wer sie vernachlässigt, den fliehen sie und hinterlassen einen Körper, der mit jedem Tag der Trägheit unbeweglicher wird.

Im Gegensatz zu zahlreichen anderen Altersverlusten und Verschleißfolgen kann die Muskelkraft jedoch wieder instand gesetzt werden. Voraussetzung ist regelmäßiges, intensives, aber häufig eintöniges Training. Mit wöchentlichem Wassertreten und einigen Dehnübungen wird es nicht getan sein.

Genau besehen wissen auch wir seit Langem, was nottut, damit jeder Einzelne von uns nach Maßgabe seiner Möglichkeiten unbeschädigt alt wird. Wir ziehen jedoch kaum Konsequenzen aus diesem Wissen. Eine amerikanische Studie, die über viele Jahre lief, identifizierte sieben Faktoren, die einen wesentlichen Einfluss auf die Gesundheit im Alter haben: Techniken der Konfliktbewältigung, das Ausbildungsniveau, eine stabile Ehe, der Verzicht auf Zigaretten, kein Alkohol, sportliche Betätigung und ein schlanker Leib. Die Hälfte der Versuchspersonen, die sechs dieser Faktoren in den ersten fünf Jahrzehnten ihres Lebens beherzigt hatten, waren mit achtzig noch gesund. Von denjenigen, die mit dreien oder weniger ausgekommen waren, keiner mehr.

Zur Ernte des Alterns, von der in tröstlicher Wortwahl so häufig die Rede ist, kann jedoch auch die bittere Einsicht gehören, dass der Lebenswandel der zurückliegenden Jahrzehnte seinen Tribut fordern wird. Wenn ich auf mein Leben zurückblicke und auf die verrauchten frühen Morgenstunden vor leeren Flaschen, die einst typisch waren für den Journalismus, dann wird mein Alter nicht ohne Spätfolgen bleiben.

Weltweit gibt es vier Landstriche, in denen eine ungewöhnlich hohe Anzahl sehr alter Menschen lebt, die sich guter Gesundheit erfreuen und ohne die lebensverlängernden Maßnahmen einer modernen Medizin häufig über hundert Jahre alt werden. Die Lebensumstände in den vier sogenannten blauen Zonen könnten unterschiedlicher nicht sein: Loma Linda ist eine moderne Kommune, die vor hundert Jahren von Adventisten im Großraum Los Angeles gegründet wurde. Die Insel Okinawa gilt als japanisches Touristenparadies. Die Nicoya-Halbinsel an der Westküste von Costa Rica wird von Fischern bewohnt. Und schließlich zählt auch eine karstige Landschaft an der Ostküste Sardiniens am Fuß der Monti del Gennargentu dazu. Es scheint fast so, als wolle die Natur uns beweisen, dass hohes Alter unter vielfältigen Umständen möglich ist.

Seit Jahren bemüht man sich, dem Geheimnis der zähen Alten in diesen Regionen auf die Spur zu kommen, um daraus Strategien für den Rest der Welt zu erarbeiten. Neben den üblichen Ratschlägen – auf das Gewicht achten, selten rotes Fleisch essen, abends zwei Gläser Rotwein trinken, den Tagen einen Sinn geben, Freundschaften pflegen und Stress vermeiden –, steht an erster Stelle ein intensives Programm zur Körperertüchtigung.

Demnach soll man fünfmal die Woche für mindestens sechzig Minuten Beweglichkeit, Ausdauer und Muskelmasse trainieren. Zusätzlich wird empfohlen, mindestens jeden dritten Tag einen Yogakurs zu besuchen.

Einer Zusammenfassung der unzähligen Studien zufolge gilt als Faustregel »Drei plus/dreißig plus«. Soll heißen: Um nachweisbare Veränderungen am Herz-Kreislauf-System und dem Bewegungsapparat des Körpers zu erzielen, muss mindestens dreimal wöchentlich mindestens dreißig Minuten lang trainiert werden. Empfohlen werden aber, wie es die Erkenntnisse aus den blauen Zonen nahelegen, wöchentlich fünf ausgiebige Trainingseinheiten. Wer die Funktionsfähigkeit seines Körpers, soweit er nicht durch Krankheiten außer Gefecht gesetzt wurde, erhalten will, muss demnach den Sport zu einer täglichen Beschäftigung von beträchtlicher Dauer und Intensität machen. Gelegentliche Spaziergänge oder gemütliche Wassergymnastik im nahe gelegenen Hallenbad beruhigen zwar, bleiben jedoch ziemlich wirkungslos.

Ohne regelmäßiges Training geht bis Mitte sechzig etwa ein Drittel der Muskeln verloren. Der Bewegungsapparat und der Zustand seiner Einzelteile sind jedoch die wichtigsten Voraussetzungen für Mobilität und Beweglichkeit. Sie entscheiden darüber, ob ein alter Mensch noch selbstständig und selbstbestimmt leben kann. Ihr Verlust zieht unsicheren Gang, verringerte Mobilität bis zum völligen Stillstand und in der Folge Herz-Kreislauf-Erkrankungen nach sich. Wer seine Muskelmasse vergeudet hat, lebt ständig unter dem Damoklesschwert des Sturzes. Geschwächte Beinmuskulatur führt zu einem flachen Gang, für den Unebenheiten zu einer ernsten Gefahr werden. Bei Männern nimmt die Muskelkraft an den oberen und unteren Extremitäten gleichmäßig ab. Bei Frauen ist der Verlust in den Beinen größer als der in den Armen, weswegen sie öfter stürzen als Männer. Die häufigste Ursache für Kliniktransporte im »Rosenpark« war der Sturz, und die Konkurrenz an Gebrechen war nicht eben gering. Sie fielen, kamen als alte Menschen ins Krankenhaus und kehrten Wochen später steinalt in das Heim zurück.

In »Steps to Heaven« finden Neuankömmlinge folgerichtig auf ihrem Zimmer einen detaillierten Plan der näheren Umgebung vor, auf dem verschiedene Laufstrecken eingezeichnet sind.

»Wir tun das nicht nur aus Spaß oder wegen der Figur«, erklärte mir Joan, die beim heiminternen Fernsehsender mitarbeitete, als sie verschwitzt mit ihrem Partner, der kaum mehr Luft bekam, von einem Fünfmeilenlauf zurückkehrte. »Wir sparen Geld, indem wir so lange wie möglich gesund bleiben. Wir zwingen niemanden, aber wer sich vernachlässigt, den erinnern wir schon an seine Verantwortung gegenüber der Gemeinschaft. Wir sind alt, das wissen wir. Der tägliche Sport macht uns nicht jünger, aber billiger. Die Pflegezeiten werden kürzer. Gesunde können sich länger nützlich machen.« Die ganze Zeit war sie mit kleinen Schritten auf der Stelle in Bewegung geblieben. »Jetzt aber ab unter die Dusche!« Sie stieß ihren Partner an, und die beiden verschwanden in leichtem Trab hinter einer Hecke.

Erstaunt schaute ich ihnen nach. An einem Ort, an dem ich sie sicherlich nicht gesucht hätte, hatte ich soeben ein Erbstück antiker Moral als Teil des täglichen Lebens entdeckt: »Seid mäßig und bewegt euch!«

»Muskeln kann man trainieren, solange man atmet«, erklärte mir später Kevin, ein Mediziner im Ruhestand aus Brownsville/ Texas, der als Heimbewohner unentgeltlich und etwas außerhalb der Legalität für die zahlreichen kleinen Beschwerden zuständig war, die das Alter mit sich bringt. »Das erwarten wir von denjenigen, die zu uns wollen. Wir sind nicht an durchtrainierten, kerngesunden Neuankömmlingen interessiert, sondern an solchen, die bereit sind, in Zukunft etwas für sich und damit für uns alle zu tun, unabhängig davon, wie sie vorher gelebt haben. Das ist ein wichtiges Thema, bevor wir entscheiden, ob ein Bewerber aufgenommen wird. Jeder bleibt bis zum Ende seines Lebens sich selbst und der Gemeinschaft gegenüber verantwortlich und verpflichtet.«

Das war zweifellos Ausdruck einer sehr pragmatisch-amerikanischen Haltung: Da der Einzelne vom Staat wenig erwarten darf, ist er es gewohnt, auf eigenen Füßen zu stehen. »Jeder ist seines Glückes Schmied« gilt in den USA auch in umgekehrter Richtung. Wer versagt, tut das auf eigene Rechnung und hat die Folgen selbst zu tragen. Um im rauen Klima der gesellschaftlichen Realität zu überleben, muss er sich auf kommunaler Ebene mit anderen zusammentun. Die gegenseitige Unterstützung setzt jedoch voraus, dass sparsam und verantwortungsvoll mit dem Hilfsangebot anderer umgegangen wird und jeder Einzelne ein Gespür für den komplizierten gesellschaftlichen Prozess des Gebens und Nehmens entwickelt. Dazu zählte in »Steps to Heaven« auch die Verpflichtung, den eigenen Körper, solange es die Natur zulässt, funktionsfähig zu halten.

Am Abend traf ich Kevin zufällig wieder, als er in der Dämmerung eine Pfeife rauchte. »Wir sehen das nicht gerne, deswegen zieh ich mich unter die Palmen zurück.«

Er war Militärarzt bei der Armee und lange in Deutschland stationiert gewesen. »Ich kann mir vorstellen, dass Ihnen unser Leben ungewohnt, vielleicht sogar peinlich ist, oberflächlich und schrill. Aber glauben Sie mir, hier ist keiner, der nicht weiß, was ihn erwartet. Wenn wir eines gemeinsam haben, dann die Illusionslosigkeit. Gerade weil wir so oft zusammen sind und uns nicht zurückziehen, kennen wir jedes Detail des Alterns. Wir hoffen nicht mehr als andere, aber wir bedienen uns einer kostbaren menschlichen Eigenschaft: des Mitgefühls, um mit einer schwierigen Situation fertig zu werden. Ich finde, das gelingt uns ganz gut.« Er klopfte seine Pfeife aus, nickte zustimmend und ging.

Auf dem alten Kontinent steht es bislang jedem frei, wie er sein Alter verbringt. Wer will, darf zu Hause vor dem Fernseher die Zeit vertrödeln, Bier trinken und sich von Hamburgern ernähren. Er tut dies aus freien Stücken und hat für sich vermutlich die richtige Wahl getroffen. Die Ruhe und das Nichtstun, nach denen sich viele nach einem anstrengenden, langen Arbeitsleben sehnen, rechtfertigen diesen Lebensstil. Man nimmt zu und wird allmählich korpulent. Die Muskeln finden kaum noch Beschäftigung und ziehen sich aus dem Körper zurück. Die Bänder werden steif, das Bücken wird mühevoll, das Treppensteigen wird beschwerlich, und aus Schnürsenkeln werden Klettverschlüsse. Man sitzt noch länger und isst noch mehr, bis schließlich ein dicker, alter, unbeweglicher Mensch mit beschädigten Organen entstanden ist. Er beginnt Ärzte zu konsultieren, wird Dauerpatient, braucht teure Medikamente und wird am Ende zum Pflegefall. Diesen Kreislauf und seine Kosten für die Gesellschaft werden wir uns in Zukunft nicht mehr leisten können und jeden Einzelnen in die Pflicht nehmen müssen.

Die Zeiten sind, was die Ästhetik auch des männlichen Körpers betrifft, anspruchsvoller geworden, wie sich unschwer in der Kunstgeschichte nachweisen lässt. Die Kunst vergangener Tage hatte sich zwar häufig mit der Vollkommenheit des weiblichen Körpers beschäftigt, selten jedoch von den männlichen Zeitgenossen Ähnliches eingefordert – was vor allem den Machtverhältnissen in traditionellen Gesellschaften geschuldet war, in denen Männer das Definitionsrecht über fast alle Lebensbereiche besaßen und bestimmen konnten, wer mit welchen Merkmalen als begehrenswert zu gelten hatte.

Eine vorzügliche Darstellung dieser Einseitigkeit finden wir in dem Gemälde »Der Jungbrunnen« von Lucas Cranach d. Ä. Alte Weiber werden dort von links her auf Schubkarren, Tragen und Leiterwagen zu einem Bassin gebracht. Sie waten und planschen durch das hüfthohe Wasser und verlassen es auf der anderen Seite als junge, überaus ansehnliche Frauen, die schnurstracks in einem Zelt verschwinden, um anschließend im weiteren Hintergrund an einem Gelage mit zahlreichen, froh gestimmten Herren teilzunehmen. Inmitten des Beckens steht eine Säule, auf der sich Venus und Amor niedergelassen haben, damit jeder begreift, welchem Zweck das Bassin und seine segensreichen Kräfte dienen.

Männliche Jungbrunnen hingegen kennt die Kunstgeschichte nicht.

Zwei Jahrhunderte nach Cranach ersetzte die Aufklärung die Hoffnung auf das Jenseits durch Würde im Diesseits. »Der greise Voltaire«, eine Plastik von Jean-Antoine Houdon vom Ende des 18. Jahrhunderts, zeigt den hochbetagten Aufklärer in einem prächtigen Faltenwurf, der kaum die Umrisse des Körpers andeutet, den er verhüllt. Das Gesicht ist eingefallen und der zahnlose Mund nur noch ein Strich, aber »dieses ruinöse Antlitz leuchtet in einem befreiten, blitzenden Lächeln. Es ist der Triumph des beweglichen Geistes über den physischen Verfall, der aus dieser Statue spricht«, merkt ein kenntnisreicher Betrachter des Bildes euphorisch an.

Recht besehen war diese Haltung melancholischer Gelassenheit, verbunden mit dem langsamen Rückzug aus dem eigenen Körper, stets die einzige Form gewesen, um mit dem Alter zurechtzukommen. Sie war es auch bis in unsere Zeit. Heute und in Zukunft jedoch spielt eine andere Melodie. Siegte in der Aufklärung der Geist über den Körper als Ersatz für die verlorene Transzendenz, so triumphiert inzwischen der Körper über den Verstand. Allerdings ist aus dem rührenden Traum vom Jungbrunnen nüchterne und strapaziöse Realität geworden in Form des Jugendwahns, der an seinen Rändern die Grenze zum Wahnsinn überschreitet. Das wird nicht ewig gut gehen, weil es die Natur beleidigt, und mit der ist auf Dauer nicht zu spaßen.

Wir können dem Alter zwar nicht entfliehen, aber wir können einige unvermeidliche Begleiterscheinungen hinauszögern. In meinem Sportstudio steigt inzwischen die Zahl der Grauhaarigen. Wir kommen meist in den späten Vormittagsstunden, um unter uns zu bleiben. Auf den Laufbändern herrscht dann ein gemächliches Tempo, und die Gewichte sind am oberen Rand in den Kraftmaschinen fixiert, aber es wird emsig und mit großem Ernst Körperarbeit betrieben. Ob wir deswegen unbeschwerter alt werden, weiß ich nicht, ich vermute eher das Gegenteil. Denn wer sich intensiv um seinen Körper kümmert und dessen Entwicklung beobachtet, dem wird der unaufhaltsame Verfall ständig vor Augen sein.

Wir werden zudem leichter zu Opfern der Körperfalle, dem gefährlichsten Moloch der Moderne, da er ganz gegen die Natur ist. Der Körper war im Geltungsraum der protestantischen Ethik ursprünglich der unschöne Maschinenraum, der Bewusstsein, Motorik und die Emotionen vorantrieb. Er wurde, der damaligen Mode folgend, meist unter grauem, hochgeschlossenem Tuch verborgen. In logischer Konsequenz hat Sigmund Freud, als er damals seine Strukturhypothese der menschlichen Psyche entwickelte, deren Antriebskräfte im dunklen »Es« verborgen. Seither ist nicht nur die Saumlänge von Röcken und die Stoffmenge von Badeanzügen in Bewegung geraten, unsere Zeit hat den Körper auch als Konsumobjekt und Medium der sozialen Platzierung des Menschen entdeckt. Schönheit, Sportlichkeit und Eleganz gehören infolgedessen zu den Grundvoraussetzungen für ein gelungenes, am gesellschaftlichen Aufstieg orientiertes Leben.

Diese Entwicklung, die fest in unserer Wirtschaft verankert ist, wird nicht mehr rückgängig zu machen sein, im Gegenteil: Der Körper ist heute wichtiger als noch vor zwanzig Jahren. Aus der spielerischen Kultur der Schönheit, die von alters her ein Anliegen war, wie jeder Besuch eines Völkerkundemuseums bezeugt, ist bitterer Ernst und das banale Ringen um soziale Anerkennung geworden. Der Körper ist eines der Hauptschlachtfelder, auf dem der Zugriff der Gesellschaft auf die Individuen exekutiert wird. Soziales Ansehen, beruflicher Aufstieg, Selbstbewusstsein und Erfolge auf dem weiten Feld der Gegenseitigkeiten hängen in steigendem Maß von der Qualität des Körpers in seiner äußerlichsten Beschaffenheit ab.

145

Die neue Körperlichkeit mit ihren erbarmungslosen Vorschriften und auf Dauer unerfüllbaren Anforderungen bedeutet auch die tragische Rückkehr einer der sieben Todsünden in unseren Alltag: »Es gibt nichts Schlimmeres, nichts Schändlicheres denn die Völlerei«, erklärte einst im 4. Jahrhundert der Erzbischof von Konstantinopel, Johannes von Antiochia. Er war behilflich gewesen, die Todsünden in den Kanon christlicher Werte einzuführen. Wer starb, ohne bereut zu haben, fuhr auf direktem Weg in den dritten Kreis der Hölle und erlitt dort den »ewigen Tod« mit all seinen unerfreulichen Begleiterscheinungen. Immerhin hatte der Sünder vorher geschlemmt und getrunken und ein fröhliches Leben geführt, wohl wissend, welchen Preis er dereinst dafür würde entrichten müssen.

Wir haben die wunderliche Idee des Christentums, ein üppiges Mahl zur Sünde zu erklären, nun im Zuge des Körperkults wieder zum Leben erweckt. Allerdings wird nicht mehr im Jenseits abgestraft, sondern bereits im Diesseits: »Über nichts werden in unseren Tagen mehr Tränen vergossen als über den unvollkommenen Körper«, heißt es in einer der Zeitschriften, die Organe der Diktatur der Körperlichkeit sind. Wir haben damit die Hölle auf Erden eröffnet, machen uns ihr untertan und bestrafen uns unnachsichtig selbst. Dagegen ist der christliche Entwurf von trostreicher Menschenfreundlichkeit, denn er kennt immerhin Sühne und Vergebung.

Jede gesellschaftliche Entwicklung hat ihre Vorboten und Wegbereiter. Ein schwuler Freund, Gene Trustman, mit dem ich vor vielen Jahren einträchtig in einem Coffeeshop auf der 6. Avenue/ Ecke 14. Straße saß, erklärte mir eher beiläufig, während wir die bunte New Yorker Menge vorbeiflanieren sahen, dass die Zeiten der »Heten-Dominanz«, wie er sie nannte, vorbei seien.

»Schau dir meine Leute an, hier laufen ja einige herum: perfekte Körper in Trägerhemdchen, wie sie nach dem Zweiten Weltkrieg von Eisverkäufern in Brooklyn getragen wurden. Kurze Haare, Ohrringe, zerfranste Jeans und Menjoubärte. Alles schwule Erfindungen, die ihr Heten«, damit meinte er heterosexuelle Zeitgenossen wie mich, »Jahre später getreulich kopiert habt und mir jetzt aus der Hand reißt.« Gene besaß nicht weit entfernt an der Christopher Street ein Geschäft mit einem bunten Kleidungssortiment. »Ohne Heten könnte ich den Laden schließen«, gestand er ein und fuhr unerbittlich fort: »Das Schlimmste aber steht euch noch bevor. Eure Frauen werden unsere Körper entdecken, die durchtrainierte Brust, den flachen Bauch, die schmalen Taillen und unsere muskulösen Ärsche. Sie werden sich eure Figuren anschauen und sehr unzufrieden sein. Wir sehen uns alle in den Fitnessstudios wieder. Ihr werdet deshalb nicht schwul, aber euer Lebensstil wird es sein, wenn er es nicht schon ist.«

Ein Blick zurück aus langer zeitlicher Distanz bezeugt, dass Gene damals bemerkenswerten Weitblick besaß. Die Menschen wehren sich heute mit allen Mitteln gegen die Naturwüchsigkeit ihrer Körper und suchen Techniken des Körpermanagements, um dem Verhängnis der natürlichen Vorgaben zu entkommen, wie die Fortschritte in der Schönheitschirurgie eindrucksvoll bezeugen.

Über alle Zeiten hat man von den Alten Haltung erwartet, eine Mischung aus Selbstbeherrschung, Diskretion und der Bereitschaft, sich gegen die Versuchungen des Selbstmitleids und der Wehklage zu wehren. Darüber hinaus aber stand es jedem frei, sich für einen Lebensstil im Alter zu entscheiden. Die Bandbreite reichte von ausschweifender Völlerei bei geringster körperlicher Belastung bis hin zu einem asketischen Lebensstil, verbunden mit intensiven sportlichen Aktivitäten. Dazwischen lagen unzählige Mischformen. Jeder meinte zwar für seine Wahl gute Argumente zu haben, tatsächlich entsprach deren Vielfalt dem Reichtum des menschlichen Lebens und bedurfte keiner eigenen Begründung. Wer gerne gut und reichlich aß, Bewegung scheute, Bequemlichkeit liebte und keine Ansprüche mehr an sein Äußeres stellte, hatte ebenso recht wie sein asketischer Nachbar, der in der Früh lief, sein Gewicht hielt, sich gerne im Spiegel betrachtete und Gemüse einem Braten in dicker Soße vorzog. Es gab bislang kein Gebot, gesund zu sein. Im Gegenteil: Diejenigen Wirtschaftszweige, die gesundheitsschädliche Produkte herstellen und vertreiben, haben jede Wirtschaftskrise und noch mehr gut gemeinte Gesetze bestens überstanden.

Die beschriebene Wahlfreiheit war freilich an soziale, wirtschaftliche und kulturelle Voraussetzungen gebunden, die über die Zeit so selbstverständlich geworden waren, dass niemand mehr sie in sein Kalkül einbezog. Dazu gehörten eine hinreichende Geburtenrate, als wirtschaftliche Voraussetzung, um die Alten zu versorgen, intakte Familien und ein ausgewogenes Verhältnis zwischen Jung und Alt, das grafisch in der Figur der Alterspyramide zum Ausdruck kommt.

Meine Generation erfüllt keine dieser Voraussetzungen mehr. Unsere Geburtenrate ist zu niedrig, das traditionelle Verwandtschaftsgefüge ist ausgedünnt und die Familie durch hohe Scheidungsraten belastet. Hinzu kommt eine ständig steigende Lebenserwartung, die das Verhältnis von Jungen zu Alten zusätzlich verschiebt.

Hatte die Medizin einst das Leben von Neugeborenen und Kindern gerettet, so rettet sie heute das Leben von Menschen über fünfundsechzig. Die Hälfte der Jahrgänge ab 2007 in Deutschland darf damit rechnen, hundert Jahre alt zu werden. Die Anzahl der Hochbetagten wird um siebzig Prozent steigen, obgleich die Gesamtbevölkerung abnimmt. Die vertraute Alterspyramide wird dann wie eine Eiche aussehen, durch die ein Sturm gefahren ist, und keinen sonderlich belastbaren Eindruck mehr machen.

Das bleibt nicht ohne Folgen für die freie Wahl des Alterslebensstils. Wir werden uns eindeutig und ohne nennenswerte Ausnahmen für eine der asketisch-sportlichen Varianten entscheiden müssen, denn der aktive Alte kommt die Gemeinschaft billiger als sein bequemer Altersgenosse. Die Gesellschaft hat meiner Generation gegenüber das Recht, auf einem gesunden, die eigenen Ressourcen vernünftig einsetzenden Lebensstil jedes Einzelnen zu bestehen. Andernfalls werden die Kosten für ärztliche Versorgung, Rehabilitation, Pflege und Betreuung aus dem Ruder laufen und schließlich unbezahlbar sein.

Das American College of Sports Medicine in Indianapolis hat Richtwerte für die körperliche Fitness von Frauen und Männern jenseits der sechzig erarbeitet. Sie wirken zwar wie ein grobes Raster, aber die Daten geben zuverlässig erste Aufschlüsse, wie es um den eigenen Körper bestellt ist.

Für die Distanz von dreitausend Metern gelten folgende Zeiten für die Verfassung von Herz und Kreislauf: *Sehr gut* ist, wer unter 19 Minuten (Männer) und 21,45 Minuten (Frauen) bleibt. *Gut* ist, wer um 20,15 (Männer) und 22,15 Minuten (Frauen) läuft. *Mäßig* sind 21 (Männer) bzw. 23,15 Minuten (Frauen).

Um die Muskelkraft zu bestimmen, wurden Liegestütze herangezogen. *Sehr gut* sind 20 Liegestütze (bei Männern) und 13 (bei Frauen). *Gut*: 12–18 (Männer), 6–12 (Frauen). *Mäßig*: weniger als 10 (Männer), weniger als 5 (Frauen).

Für Kniebeugen hat das College folgende Werte ermittelt: *Sehr gut*: 24 oder mehr (Männer), 12 oder mehr (Frauen). *Gut*: 19–22 (Männer), 8–11 (Frauen). *Mäßig*: weniger als 19 (Männer), weniger als 6 (Frauen).

Meine Generation, deren großes Thema die Befreiung war, sieht sich durch solcherlei Vorgaben überraschend um einen wesentlichen Teil der Altersernte gebracht: die freie Wahl des Lebensstils. Wir reagieren jedoch in der Regel äußerst empfindlich auf Vorgaben und Vorschriften und sind eher geneigt, diese zu übertreten, als uns zu fügen. Das Gebot nachhaltiger Körperlichkeit wird deswegen nur durch eine geschickte Mischung aus Zwang, Überredung und Medienkampagnen durchzusetzen sein. Auf Letztere sprechen Leute meines Alters besonders gut an, denn schließlich sind sie von uns ehedem erfunden und entwickelt worden. Ein Blick auf unsere Medien bezeugt: Der Feldzug hat bereits begonnen. Auch soziale Systeme verstehen sich zu wehren, selbst wenn ihnen kein Bewusstsein eigen sein kann.

Die gute Sache wird von unerwarteten Verbündeten befördert: der Eitelkeit, die meiner Generation auch im Alter noch eine vertraute Lebensbegleiterin geblieben ist, und der Hoffnung auf Formen intimer Geselligkeit, an die unsere Vorfahren keinen Gedanken mehr verschwendet hätten, es sei denn als »traurige Erinnerung an ein Glück, das es nicht mehr gibt«. Eitelkeit und die Reste der Libido sind das »letzte Kleid, das der Mensch auszieht«, wie Ernst Bloch anmerkt, und dienen der Vernunft, mit den Mitteln der Unvernunft gewitzt ihre Zwecke zu verfolgen.

Keiner der männlichen Grauköpfe in meinem Fitnessstudio, mit denen ich über die Beweggründe der schweißtreibenden Geschäftigkeit rede, hat sich Gedanken über eine persönliche Verpflichtung gegenüber der Gesellschaft gemacht. Sie sprechen von »Gesundheit«, »Beweglichkeit« und »Wohlbefinden« und nebenbei und ein wenig verschämt von den Vorteilen, die ein gut erhaltener Körper bei nächtlichen Ausschweifungen haben würde, von denen sie alle noch träumen. Sie sind damit aber, ohne es zu ahnen, bereits Teil der neuen Verantwortungskultur.

Auch bei den Frauen steht das Wohlbefinden an erster Stelle. Auch bei ihnen verbirgt sich dahinter häufig eine zweite Motivlage. Aber sie denken nicht an späte Liebschaften, sondern bereiten sich auf vorhersehbare Pflichten im engeren Familienkreis vor: »Mein Mann ist älter als ich und schon etwas gebrechlich. Ich werde meine Knochen in Zukunft brauchen müssen, um ihn über die Runden zu bringen«, meint eine Sportskameradin.

»Meiner ist noch ganz gut dabei«, vertraut mir eine andere an, »er kümmert sich um unseren Garten. Ich beobachte ihn seit Jahren aus dem Küchenfenster, wenn er da draußen beschäftigt ist, und bemerke, wie er allmählich unbeweglicher, langsamer und schwächer wird. Irgendwann wird er auf meine Hilfe angewiesen sein. Deswegen bin ich hier.«

Diese Frauen bereiten sich auf die Pflege ihrer älteren, schadhaften Männer vor und setzen damit bewusst, im Gegensatz zu den männlichen Besuchern im Studio, einen Teil der notwendigen Altersethik in die Tat um.

Mit körperlichem Training ist es natürlich nicht getan. Im Alter steht man vor der schwierigen Aufgabe, in jedem Augenblick drei vielschichtige Entwicklungslinien miteinander zu verknüpfen. Man muss härter arbeiten und üben, um bestimmte Leistungen zu erbringen, gleichzeitig muss man seine Grenzen erkennen und aussondern, was nicht mehr gelingen will, und schließlich muss man Ersatz für die Verluste finden.

Der Pianist Arthur Rubinstein, der auch hochbetagt noch auftrat, ist ein gutes Beispiel für diese Lebenstechnik. Er übte im Alter mehr als je zuvor, schränkte sein Repertoire ein und spielte anspruchsvolle Passagen etwas langsamer. Dieser komplizierte, vielschichtige Prozess folgt im Allgemeinen keinem bewussten Plan, sondern ergibt sich naturwüchsig bei denjenigen, die auch im Alter noch für ihre Talente leben.

Doch auch die Gegenseite, der volle Magen, das gemächliche Beharren, der gute Jahrgang und Churchills berüchtigte Warnung »no sports« hat mächtige Verbündete: die Hoffnungslosigkeit und die Bequemlichkeit. Aus dem Training vergangener Tage mit dem Ziel, schneller, geschickter und erfolgreicher zu sein als die Konkurrenten, ist für uns Alte eine Abwehrschlacht um den eigenen Leib geworden. Es gibt keine Meter und Sekunden mehr, die man überbieten möchte, ebenso wenig wie Tabellen, an deren Spitze man zu gelangen sucht. Die Rivalen von einst sind ergraut und haben genügend mit sich selbst zu tun. Der resignative Satz: »Dabeisein ist alles« treibt uns jetzt an, und nicht mehr der Konkurrent an unserer Seite. Die fernen Ziele haben sich verflüchtigt,

151

stattdessen kämpfen wir gegen einen Verfall, der eines Tages unweigerlich eintreten wird.

Wir haben auf Dauer keine Chance. Wir befinden uns in der Defensive, die einst die Position der Schwäche und nicht der Stärke war, aber für den Angriff und die Initiative reichen die Kräfte nicht mehr. Der Feind wird stärker, während wir ermatten. Die Sache ist hoffnungslos und jeder Versuch, den Körper durch Sport zu retten, auf lange Sicht zum Scheitern verurteilt. Mit jedem gelebten Monat wird die Vergeblichkeit unserer Bemühungen spürbarer, und da ein Vormittag im Liegestuhl ohne Abstriche jedem Vormittag im Sportstudio vorzuziehen ist, fällt es zunehmend schwerer, Kraft und Bereitschaft für ein tägliches Training aufzubringen. Auch im Alter bleiben wir umkämpfter Knotenpunkt widerstrebender Kräfte und Interessen.

Die Gegner eines Lebensstils, den Ökonomie und gesellschaftliche Entwicklung von uns fordern werden, haben also tüchtige Verbündete an ihrer Seite. Gleichwohl ist der beschwerliche Kampf nicht aussichtslos, denn im Alter verliert die Zukunft an Bedeutung, und der Augenblick wird zur vorherrschenden Zeiteinheit. In seinem Rahmen sind flinke Beine und ein beweglicher Körper allemal von Vorteil.

Meine Mutter, die jener Generation angehörte, die ihren Lebensstil noch frei bestimmen durfte, weigerte sich, bis auf seltene Ausnahmen, in den letzten Jahren ihres Lebens, das Bett zu verlassen. Als ich ihr eines Abends wieder einmal stichhaltige Vorwürfe machte, die vor allem mir zugute kamen, weil ich so unangefochten recht hatte, drehte sie mir anfangs den Rücken zu. Das brachte mich erst recht in Fahrt. Eine Weile blieb sie still. Dann drehte sie den Kopf in meine Richtung und sagte knapp und kühl: »Mein Lieber, es hat keinen Zweck mehr.« Seitdem habe ich das Thema nicht mehr angesprochen. Anfänglich mit einem Gefühl der unterdrückten Wut über so viel Starrsinn bei so viel gutem Rat. Doch wenn ich heute daran denke, bin ich geniert.

152

Einsamkeit und andere Gesellungsformen

»Ein Gemeinwesen ist so reich,
wie es Zusammenhänge stiftet.«
ALEXANDER KLUGE

Kürzlich habe ich zum Telefon gegriffen und Rolf Scheer angerufen. Er, andere und ich hatten einst das soziologische Institut der Universität Tübingen besetzt, mit dem Ziel, die Wissenschaft zu demokratisieren, wie das damals hieß. Der Leiter des Seminars hatte sich jedoch dem kritischen Diskurs entzogen und war auf die Toilette geflüchtet. Wir, es war noch zu Beginn der Studentenbewegung, wagten vorerst nicht, die Tür einzutreten, und überlegten hin und her, ob dies ein revolutionärer Akt oder kleinbürgerliche Sachbeschädigung sein würde. Als schließlich die revolutionäre Linie obsiegt hatte und die Tür aufgebrochen war, fanden wir die Toilette leer vor. Unser Professor war bei dem Versuch, durch das Fenster zu entkommen, abgestürzt und lag stöhnend mit verstauchtem Bein inmitten der Dornen eines üppig blühenden Rosenbeets.

Geschah ihm recht, dem vermaledeiten Positivisten, was damals, heute schwer nachvollziehbar, ein wüstes Schimpfwort gewesen war. Der Demokratisierung der Wissenschaften war hiermit guter Dienst getan, fanden wir. Später wurden Rolf Scheer und ich wegen Körperverletzung angeklagt. Bevor das Gericht jedoch zusammentreten konnte, erlöste uns eine Amnestie für den rebellischen Nachwuchs, dessen besorgte Eltern die Karrieren ihrer Kinder in Gefahr sahen.

Später habe ich Rolf aus den Augen verloren und über Jahrzehnte nichts mehr von ihm gehört, bis mir ein Kommilitone, mit dem ich in lockerem Kontakt geblieben war, erzählte, Rolf sei Lehrer in Offenburg. Daraufhin griff ich zum Telefon.

»Sven hier. Sven Kuntze!«

»Ach, dich gibt es noch! Mit dir hätte ich jetzt wirklich nicht gerechnet. Wie geht's dir?«

Ein wenig überraschter hätte er schon sein dürfen.

»Was machst du?« – »Und was treibst du so? Wie ist es dir ergangen? Erzähl!« – »Weißt du noch?« – »Hast du von dem je wieder was gehört?« – »Erinnerst du dich?« – »Bist du immer noch mit der zusammen?« – »Hast du deine Arbeit zu Ende geschrieben?« – »Nein!« – »Ich auch nicht!« – »Ach, die ist tot?« – »Unfassbar, was aus dem geworden ist!«

So ging das unvermittelt los und fand keine Pause, bis ein Termin den Redefluss unterbrach. Im Handumdrehen war ein dichtes Geflecht von Erinnerungen und Themen, Neugierde und Nähe entstanden. Keine Spur jener Befangenheit und des unsicheren Tastens, die jedem Anfang eigen sein können. Wir stehen seither in Kontakt.

In den zurückliegenden Jahren und vor allem nach Beginn meiner Berufstätigkeit und der damit verbundenen Mobilität hatte ich manche Freundschaft beiseitegelegt und gedankenlos aufgegeben. In den seltensten Fällen waren Streit und unüberwindbare Differenzen der Anlass gewesen, vielmehr Ortswechsel, neue Bezugsgruppen, in die alte Freunde nicht mehr passten, oder jene Achtlosigkeit, die Folge neuer Chancen und vielfältiger Perspektiven sein kann. Doch solche verschlampten Freundschaften können mit Gewinn wiederbelebt werden, denn »jeder Freund hinterlässt einen Abdruck im Inneren des anderen«, der auch Jahrzehnte später nicht ganz verweht ist. Gemeinsame Erfahrungen, die vierzig und mehr Jahre zurückliegen und in einer Zeit gemacht wurden, in der man, oft unbewusst, wurde, was man ist, sind von erstaunlicher Zähigkeit. Ihre Tragfähigkeit als Fundament einer Freundschaft hat häufig unbeschädigt die Jahrzehnte überdauert. Ohne Schwierigkeiten kann man an die losen Fäden der Vergangenheit anknüpfen, als ob sie nur darauf gewartet hätten. Es bleibt ihnen eine Verbindlichkeit eigen, die unbemerkt die Zeiten überdauert hat.

In Frankfurt stöberte ich nach Jahrzehnten zufällig eine alte Freundin auf, die kinderlos ein bewegtes Leben zwischen schöngeistiger Literatur und einer endlosen Abfolge von Liebhabern geführt hatte. Gemeinsam hatten wir jenen Grundstock an Überzeugungen angelegt, der zum ständigen Begleiter durch das Leben wird. Später wurde die Beziehung turbulent. Schließlich gingen wir im Zorn auseinander und verloren uns aus den Augen.

Jetzt war es ruhiger um sie geworden. Ihre Artikel im verzweifelten Tonfall der Frankfurter Schule waren aus der Mode gekommen, und ihre Vorliebe für jüngere Männer beschränkte den Kreis zukünftiger Beziehungen.

Unser erstes Gespräch nach so vielen Jahren und den Verletzungen, die plötzlich wieder präsent waren, verlief zögerlich und vorsichtig. Wir trauten uns nicht und stießen erst nach und nach auf jene Gemeinsamkeiten, die wir einst miteinander entdeckt hatten. Gelegentlich kamen wir uns fremd vor, und es schien aussichtslos, den Dialog fortzusetzen. Da es aber trotz der Schwierigkeiten ein gegenseitiges Werben blieb, haben wir die Geduld aufgebracht, die wir einst nicht hatten. Seither sind wir wieder befreundet und haben zu einer Art ironischer Vertrautheit gefunden, die kaum Themen ausspart, mit Ausnahme jenes Teils unserer Vergangenheit, den man den intimen nennt.

Meinem Rückgriff auf alte Freunde und verblichene Bekanntschaften lag die Einsicht zugrunde, dass es einsamer in meiner Hütte geworden war, nachdem ich mit dem stolzen Satz meiner Mutter im Herzen: »Kehr niemals zurück, du störst«, meinen Arbeitsplatz für immer verlassen hatte. Bis dahin hatte ich die Ka-

155

meraderie zwischen Kollegen und den vertraulichen Klatsch über Vorgesetzte für den Beginn dauerhafter Beziehungen gehalten und übersehen, wie oberflächlich, zweckgerichtet und flüchtig die berufliche Verbundenheit oft ist. Jahrelang mit der perspektivlosen Kollegenpflege beschäftigt, hatte ich andere Kontakte vernachlässigt. Jetzt, in Rente, sollte nachgerüstet werden.

Einige Bemühungen blieben indes erfolglos. Der erste, telefonische Kontakt begann dann mit ratlosem Schweigen, gefolgt von der mühsamen Suche nach Erinnerungsspuren und einem gemeinsamen Thema bis zu den kühlen Fragen: »Warum rufst du an? Was kann ich für dich tun?«

Nichts! Außer unverbindlichen Wünschen für die Zukunft.

Andere alte Freunde hatten sich so sehr verändert, dass Gemeinsamkeiten nicht mehr zu entdecken waren. Auch mit ihnen blieb die Kontaktaufnahme kurz und einseitig. Aber die positiven Erfahrungen überwiegen. Mein soziales Netz ist seit meinem Ausscheiden aus dem Berufsleben um einige kostbare Maschen dichter geworden.

Die Geißeln des Alters sind, in dieser Reihenfolge, Einsamkeit und Siechtum. »Allein sind viele etwas irr. Wir können nicht lange allein sein. Man langt damit nicht aus, in der allzu eigenen Bude ist es nicht geheuer«, begründet Ernst Bloch die lebensnotwendige Geselligkeit. Geht sie in ihrer unendlichen Vielfalt dem Menschen verloren, verliert er sich. In der schlichten, aber tiefen Sprache der Bibel heißt es deshalb bei Salomon: »Niemand kann alleine warm werden.« Die Menschen müssen sich zusammentun, damit sie existieren können.

»Ich bin von allen verlassen worden«, klagt traurig und ratlos eine betagte Dame im »Rosenpark«, die ihren Mann und ihre Alterskohorte überlebt hat. »Jetzt würde ich gerne das Licht ausmachen und die Tür hinter mir schließen, aber man lässt mich noch nicht.«

Ihre Nachbarin hingegen ist in stete und heftige Gefechte mit ihrem Ehemann verwickelt. Bestellt er sich paniertes Schnitzel zum Mittagessen, wird sie vernehmlich die Unvernunft dieser Entscheidung tadeln. Isst sie ein Stück Kuchen, beklagt er ihre Körperfülle. Beim gemeinsamen Gang über die langen Flure des Hauses drängt er seine gehbehinderte Frau zu höherem Tempo. Erzählt einer der beiden eine Geschichte aus gemeinsamer Vergangenheit, wird der andere unweigerlich korrigierend eingreifen. Beim abendlichen Fernsehen haben »wir uns noch nie einigen können«, klagt sie, »einer mault immer«. Trotzdem ist ihre »größte Furcht die, meinen Mann zu verlieren, wenn er vor mir sterben sollte. Allein sein, das wäre für mich das schlimmste Elend.«

Einsam ist, wer keine Chancen auf soziale Kontakte hat, wenn er ihrer bedarf. Einsamkeit ist die unschöne Kehrseite des Verlangens nach Ruhe und Zurückgezogenheit, die im Alter zu wichtigen Begleitern durch den Alltag werden. Das Allmähliche, einst der Gegenspieler von Karriere und Geschäftigkeit, gewinnt an Anziehungskraft und ist die passende Gangart für die schwächer werdenden Sinne.

Das Bedürfnis alter Leute, einige Zeit für sich zu sein, ist gelegentlich als Wunsch nach Einsamkeit verstanden worden. Ihr plötzlicher Rückzug selbst aus lebhaften Gesprächssituationen und die oft knapp bemessene Aufmerksamkeitsspanne, derer alte Menschen fähig sind, gelten als Bestätigung für diese Vermutung. Nichts könnte unrichtiger sein. »Alles Leben ist Begegnung«, denn der Mensch wird erst »im Du zum Ich«, heißt es knapp, aber erschöpfend bei Martin Buber, der damit die gesamte Lebensspanne gemeint hat.

Einsamkeit ist bedrohlich. »Sie greift nach dir und nimmt dich zu sich«, erzählte mir ein alter Mann beim Schachspielen im »Rosenpark«. »Es ist sehr seltsam, was da in einem vorgeht. Man muss es durchlebt haben, um zu begreifen, was sie in einem anrichtet. Du wirst kalt. Du frierst. Du bleibst allein mit deinen traurigen

Gedanken, denen du nicht entkommen kannst. Sie verfolgen dich und sind immer zur Stelle. Ich habe einige Krankheiten hinter mich gebracht, an anderen leide ich noch. Aber das schlimmste ist die Einsamkeit.«

Hinzu kommt häufig eine Verzweiflung, die keine erkennbaren Ursachen hat. Sie nistet sich in Verstand und Seele ein und entwickelt dort ein unerbittliches Eigenleben. Sie drängt nicht zum Tod wie ihre dunkle Schwester, die Depression, sondern wird als schwere, hoffnungslose Bürde zur ständigen Begleiterin.

Eine aktuelle Zusammenfassung von Untersuchungen zum Thema kommt folgerichtig zu dem Ergebnis: »Die wichtigste Voraussetzung für ein gelungenes Alter ist ein belastbares Netz sozialer Beziehungen.« Alte Menschen, die in verbindlichen sozialen Beziehungen leben, sind zufriedener, werden älter und bewältigen die unerfreulichen Begleiterscheinungen des Alters besser als ihre vereinsamten Zeitgenossen. Dabei ist es gleichgültig, ob es sich um die eigene Familie, ferne Verwandte oder Freunde handelt. Die Beziehungen müssen nur verlässlich, stabil, belastbar und von Dauer sein. Sport, Gesundheit, sinnvolle Tätigkeit oder sichere Einkünfte spielen eine gewichtige Rolle, aber ohne warme, solidarische Beziehungen zu anderen Menschen bleibt ihre Wirkung begrenzt.

Die aufgeregte aktuelle Diskussion und die Veröffentlichungen zum Thema Alter haben deswegen trotz unterschiedlicher Formen und Erzählweisen recht besehen nur ein Thema: das der Einsamkeit. Zwar gab es auch früher beziehungslose Individuen, aber deren unwirtliche Erdentage waren Einzelschicksale. Heute indes befürchtet ein Teil meiner Generation, im Alter zu vereinsamen. Uns droht trotz sicherem Dach über dem Kopf die existenzielle Obdachlosigkeit.

Aus der breiten familiären Basis vergangener Tage, über der jeder Einzelne wie ein Christstern auf der Weihnachtstanne thronte und unter Geschwistern, Vettern und Cousinen, Onkeln und

Tanten, Neffen, Nichten und angeheirateten Familienmitgliedern eine reiche kommunikative Auswahl hatte, ist ein dünner Stamm mit spärlichen Trieben geworden. Die Deformationen der gesellschaftlichen Alterspyramide spiegeln sich mit ähnlichen Konsequenzen auch im Verwandtschaftsgefüge jedes Einzelnen wider. Mit der Sippschaft verschwinden die familiären Festlichkeiten wie Taufe und Geburtstag, Verlobung und Vermählung, Firmung und Beerdigung. Sie hatten einst die Generationen auch aus fernen Winkeln regelmäßig vereint und den sozialen Zusammenhang über die Zeit gefestigt und erneuert.

Wer in der zweiten Generation Einzelkind gewesen ist, wird keine Tanten und Onkel, keinen Schwager und keine Schwägerin mehr haben. Damit verringert sich die Chance, innerhalb der engeren Verwandtschaft jene Beziehungen aufzubauen, die freundschaftlichen Charakter haben und im Alter guten Dienst leisten können. Die gemeinsame Familiengeschichte ist zwar eine gute Ausgangsbasis für verlässliche Kontakte, aber es gilt auch die Einsicht von Karl Kraus: »Das Wort Familienbande hat einen Beigeschmack von Wahrheit.«

Im Gebiet der früheren Bundesrepublik erhöhte sich die Zahl der Einpersonenhaushalte zwischen 1972 und 2000 von sechs auf mehr als elf Millionen. Und ein statistischer Vorgriff auf das Jahr 2030 stellt fest, ihre Zahl werde in »nie gekanntem Ausmaß« weiter steigen.

Für die Mehrzahl der Frauen im hohen Alter ist die Einzelexistenz bereits heute zwangsläufiges Schicksal. Im Durchschnitt leben sie sieben Jahre länger als ihre Männer, die gewöhnlich sieben Jahre älter sind, so dass die Frauen vierzehn Jahre nach ihnen sterben. Nachdem sie als Mutter, Erzieherin, Ernährerin und Haushaltsvorstand ihre Pflichten erfüllt und schließlich noch den Mann zu Tode gepflegt haben, bleiben sie mehr als ein Jahrzehnt allein zurück.

Meine Mutter hatte meinen sehr viel älteren Vater um fünfzig Jahre überlebt. Vor ihrer Pensionierung war sie im diplomatischen Dienst gewesen. Als Presseattachée in Washington und Paris gab sie regelmäßig gesetzte Diners für zwölf Gäste. Nach meiner Erinnerung war sie eine aufmerksame Gastgeberin, die zu plaudern wie zu räsonieren verstand. Ihre Interessen waren so weit gefächert, dass es ihr leicht fiel, sich auf die Themen ihrer Gesprächspartner einzulassen, ohne unterwürfig zu wirken. Sie lebte zwar sorglos im Kreis zahlreicher, kultivierter Bekannter, doch die Kontakte blieben oberflächlich und an ihren Beruf gebunden. Sie hatte es versäumt, in guten Zeiten vorzusorgen, und die zahlreichen Bekanntschaften, die ihr durch ihre Stellung zufielen, mit dauerhafter Freundschaft verwechselt. Nun, im Alter, war es zu spät, das nachzuholen. Außerhalb der verlässlichen, geschmeidigen Bahnen wirkte sie plötzlich hilflos wie ein Albatros zu Land. Nach einigen missglückten Anläufen, neue Beziehungen zu knüpfen, gab sie ihre Bemühungen auf und blieb selbst im Altenheim allein zurück.

»Kennst du eigentlich die Nachbarn, die rechts und links von dir wohnen?«, fragte ich sie eines Abends, als mir aufgefallen war, wie einsam es um sie geworden war.

»Nein.«

»Wieso nicht? Hast du dich nie vorgestellt?«

»Nein.«

»Und warum nicht?«

»So was tun wir hier nicht.«

»Was heißt: so was?«

»Ja! Tun wir nicht!«

»Spielst du noch Bridge?«

Meine Mutter war begeisterte Bridgespielerin gewesen, fest davon überzeugt, dass es einiger Intelligenz bedurfte, dieses Spiel zu beherrschen. Die Damen mit den alten Namen und guten Manieren, die einst in ihrem Bridgezirkel zusammensaßen, waren allerdings kein zwingender Beweis für diese Überzeugung gewesen.

Sie schüttelte den Kopf.

»Du wolltest doch eine Bridgerunde gründen. Hier lebt ein Haufen alter Weiber aus besseren Kreisen, da werden sich doch drei finden lassen, die das Spiel kennen!«

»Mag sein.«

»Und?«

»So was tun wir hier nicht.«

»Wieso?«

»Nein, tun wir nicht.« Meine Mutter wurde wortkarg.

»Was macht ihr denn?«

»Nichts.«

»Bekommst du Besuch?«

»Nein!«

»Hättest du gerne Besuch?«

»Ja!«

»Aber?«

»Das ist nun nicht mehr.«

»Dann trinkst du deinen Wein jeden Abend mutterseelenallein?«

»Ja.«

Sie wandte sich dem Abendbrot zu, das eine Mitarbeiterin des Hauses, die kein Wort Deutsch sprach oder verstand, gebracht hatte. Es bestand aus zwei Scheiben Brot, einer fingergroßen Streichwurst, einer schmalen Ecke Schmelzkäse und einem Glas lauwarmen Kräutertees.

»Ich schmecke nichts mehr«, beendete sie unser Gespräch.

Meine Mutter hat im Alter beherrscht und ohne zu klagen einen hohen Preis für ein attraktives, abwechslungsreiches, aber unverbindliches soziales Leben gezahlt. Man habe sich nichts zu sagen, hatte sie anfänglich über ihre Mitbewohner im Heim geklagt. Diese jedoch waren, im Unterschied zu ihr, ständig in Gespräche vertieft. Beim täglichen Mittagessen an Vierertischen wurde eifrig und, wegen der beschädigten Gehöre, laut geredet und erzählt. Nur am Tisch meiner Mutter herrschte Schweigen. Sie wirkte dort wie ein Sandkorn in der Auster. Ihre Tischnachbarn hatten wenig Lust auf ihre kultivierten, aber kalten Themen, und sie war sich zu schade für Enkelgeschichten und Krankheitsberichte.

Diese hochmütige Distanz, die sie für Stilgefühl hielt und von der sie sich nie mehr trennen sollte, trieb sie in eine soziale Einöde, in der sie fortan allein blieb. Ich habe ihre langen letzten Jahre im Korsett einer versteinerten Disziplin stets mit einer Mischung aus Respekt und der Furcht, mir könne es einst ähnlich ergehen, begleitet.

Die tauglichste Gesellungsform, um im Alter dem Schicksal meiner Mutter zu entgehen, ist zweifellos eine Ehe oder feste Partnerschaft, die über Jahre hinweg allen Krisen und Streitigkeiten widerstanden hat. »Was denn Gott zusammengefügt hat, soll der Mensch nicht scheiden« – wer diese alte Einsicht guter Christen ein Leben lang beherzigt hat, der geht gut gerüstet auf die letzte Strecke. Nach den langen, oft turbulenten Ehejahren sind die Schwächen des anderen in das eigene Leben eingearbeitet. Die Anfechtungen von ehedem sind Vergangenheit und werden in den Anekdotenschatz aufgenommen, den jedes alte Ehepaar sorgfältig verwaltet. Dort ruhen sie sicher und sind Teil der gemeinsamen Vergangenheit, von der man in Zukunft einträchtig zehren wird.

Wer im Rentenalter noch mit dem Partner einer frühen Ehe oder eheähnlichen Beziehung zusammenlebt, wird, von Ausnahmen abgesehen, die freilich mehr werden, zusammenbleiben. Vor dem Paar liegt noch ein langes Leben und ein neuer Lebensabschnitt. Eingangs des 20. Jahrhunderts betrug die »nachelterliche Gefährtenschaft« etwa zwei Prozent der Gesamtlebensdauer. Die waren bald vorbei, so dass sich auch unglückliche Ehen hielten.

Heute beträgt diese Zeitspanne etwa dreißig Prozent, nicht selten geht es um zwei bis drei Dekaden. Die wollen bewusst in Angriff genommen und geplant sein.

Die Lebenspartner werden in schneller Abfolge unbekannte Eindrücke, Erfahrungen und Bedrohungen aufnehmen und verarbeiten müssen. Diese Vielfalt beinhaltet neben anderem das Ende einer Karriere, die finanzielle Situation als Rentner, den Verlust von Bekannten und sozialem Status, das ungewohnte tägliche Zusammensein, die Entwicklung einer Gesprächskultur für die neue Nähe, Krankheiten, Melancholie und die unentrinnbaren Folgen eines alternden Körpers.

Jeder einzelne Punkt stellt für sich genommen bereits eine anspruchsvolle Herausforderung dar, nun wollen sie alle gleichzeitig bewältigt werden, häufig von Paaren, die den Alltag bislang routiniert, in eingefahrenen Bahnen gemeistert hatten. Jetzt erst schließen die beiden den wirklichen »Bund fürs Leben«, als Verteidigungspakt gegen die Zumutungen des Alterns und als Gemeinschaft, um unter schwierigen Umständen das Dasein zu bewältigen.

Zu meinen bewegendsten Erfahrungen im »Rosenpark« gehörten die Verbundenheit, mit der alte Paare gemeinsam durch die Jahre gehen, und das unbeirrbare Vertrauen, das sie zueinander haben.

»Kannten Sie den Witz schon?«, fragte ich eher beiläufig eine Bewohnerin, deren Mann gerade im Badezimmer verschwunden war.

»Den erzählt er nicht zum ersten Mal.«

»Dafür haben Sie aber laut gelacht!«

»Das gehört zu einer Ehe. Du musst über die Witze des anderen lachen, selbst wenn er sie zum hundertsten Mal erzählt.«

»Klingt erst mal wenig komisch.«

»Ist aber eine eiserne Regel.«

»Ist das anstrengend?«

»Ja! Dafür hört er sich aber auch meine Geschichten aus der Verwandtschaft an. Die wiederholen sich genauso.«

»Liebe im Alter ist Liebe in Reinkultur«, sagen Psychologen. Frei von flüchtigen Leidenschaften und gereinigt von den Konflikten der Vergangenheit, aber gesättigt mit gemeinsamen Erfahrungen und gegenseitigem Vertrauen, ist sie die beste und verlässlichste Wegzehrung für den letzten Lebensabschnitt. Was nicht bedeutet, dass stets alles nach Plan verläuft. Distanz und sparsame Kontakte können eine Ehe, deren Brüchigkeit vorläufig keiner bemerkt hatte, lange Zeit zusammenhalten. Wenn einer von beiden dann eines Tages für immer von der Arbeit heimkehrt, lernen sich die beiden Partner plötzlich neu kennen. Aus der sorgfältig gepflegten Unverbindlichkeit wird plötzlich bedrohliche Nähe. Schrullen und Wunderlichkeiten, die bislang unentdeckt geblieben waren, beginnen, ein tückisches Eigenleben zu entwickeln.

Neben dem Ehe- oder Beziehungspartner sind die eigenen Kinder und deren Nachwuchs ein wichtiger Teil im Beziehungsgeflecht. Wobei in der Vergangenheit auf ein Großelternpaar in der Regel sechs Enkel oder mehr entfielen. Die Großeltern halfen ihren Kindern aus, indem sie sich, wenn nötig, um deren Nachwuchs kümmerten. Damit blieben sie nicht nur aus Sitte und Gewohnheit Teil des Familienverbands, sondern wichtiger Aufgaben wegen. Für die Enkel wiederum boten Oma und Opa Zuflucht vor elterlichem Unverständnis. Befreit von den täglichen Zumutungen des Berufslebens entwickelten manche Großeltern, zum Erstaunen ihrer Kinder, eine späte Liberalität, die ganz im Gegensatz zu den Grundsätzen stand, die sie einst selbst vertreten hatten.

Drei Viertel meiner Generation erreichen heute das Rentenalter in einer verbindlichen Zweierbeziehung. An Großelternpaaren ist also auch vorläufig kein Mangel, aber es fehlt an Kindern und Enkeln. Knapp sechzig Prozent meiner Generation werden keine Enkel mehr haben und auf die Großelternrolle mit ihren Pflichten, aber auch Rechten verzichten müssen. Die Familie, einst die zuverlässigste Quelle für soziale Kontakte im Alter, wird für viele »Vierziger« diese Aufgabe nicht mehr oder nur noch ungenügend erfüllen können.

Das zweite Standbein, das im Alter unseren kommunikativen und sozialen Haushalt zu stabilisieren vermag, ist deshalb die Freundschaft.

Von ihr sagt Michel de Montaigne im schwärmerischen Tonfall seiner Zeit, sie sei »kein schwankendes Fieber wie die Liebe, sondern eine allgemeine und umfassende Wärme – milde und gleichmäßig, beständig und ruhig, ganz Innerlichkeit und Anmut«. Ohne sie bleiben selbst glanzvolle und regelmäßige gesellschaftliche Kontakte ohne Auswirkungen auf die Befindlichkeit. Freundschaft ist im Gegensatz zur Ehe eine zweckfreie Gemeinschaft – wobei mit »zweckfrei« ihre Befreiung von Rollenvorschriften gemeint ist, die gewöhnlich soziale Beziehungen definieren. Die Ehe, kollegialer Umgang oder Vereinsmitgliedschaften bestimmen sich durch mannigfaltige Mengen oft einklagbarer Rechte und Pflichten. Der Freundschaft indes ist keine Pflicht eigen, sondern gegenseitige Verpflichtung, die jeden Augenblick gekündigt werden kann. Sie ist die menschlichste aller Beziehungen, denn sie ist frei vom Sozialen.

Ihr Medium ist das Gespräch in allen seinen Formen: als Mitteilung, Gedankenaustausch, Geständnis oder Anvertrauen. Zum Gespräch gehört gleichermaßen die Fähigkeit zur intimen Stille des Schweigens. »Einen guten Freund erkennst du daran, dass du mit ihm schweigen kannst, ohne das Gefühl, reden zu müssen«, heißt es bei dem französischen Moralisten Vauvenargues. Freundschaft ist in der Lage, Einsamkeit selbst über räumliche Distanz aufzuheben. Sie ist die ständige Nähe eines Menschen, auch ohne dessen körperliche Nähe. Freundschaften sind kostbarstes Gut, das ein Leben lang gepflegt sein will und erst über lange Dauer jene Unbeirrbarkeit entwickelt, auf die dann eines Tages und in schweren Zeiten Verlass sein wird. Zu ihrem Fundament gehören gemeinsame Erfahrungen, geteilte Geheimnisse und eine Vertrautheit, die rückhaltlose Intimität erlaubt.

Wann aus einer Bekanntschaft Freundschaft wird, wissen nur diejenigen, zwischen denen sich dieser Prozess abgespielt hat. Man muss sich gegenseitig abrichten, sich einander anpassen und die Grenzen sorgfältig abstecken, so wie der Fuchs dies vom kleinen Prinzen erbittet: »Wenn du mich zähmst, werden wir einander brauchen. Du wirst für mich einzig sein in der Welt. Ich werde für dich einzig sein in der Welt. Wenn du einen Freund willst, so zähme mich.«

Das kann dauern. Aristoteles spricht von einem Scheffel Salz, etwa fünfunddreißig Kilo, der gemeinsam verzehrt sein will, bis eine Freundschaft entstanden ist. In allen Schriften zum Thema wird stets auf die beschränkte Anzahl von Freundschaften hingewiesen, die ein Mensch im Laufe seines Lebens eingehen kann. Es scheint eine natürliche Grenze zu geben, was an dem hohen zeitlichen und emotionalen Aufwand liegen mag, den echte Freundschaft verlangt. Von einer Handvoll ist durchgängig die Rede.

In dem Maß, wie die Gesellschaft den Einzelnen aus verbindlichen Zusammenhängen wie Stand, Glaube, Zunft und Familie entlässt und ihn auffordert, sein Schicksal selbst in die Hand zu nehmen, wächst die Bedeutsamkeit von Freundschaften. Sie werden gezwungen, Aufgaben zu schultern, die »andere Institutionen schlecht, unzureichend oder gar nicht mehr übernehmen können«, wie es in einer soziologischen Untersuchung zum Thema heißt.

Es ist daher an der Zeit, Inventur zu machen und den Bestand an sozialen Beziehungen sorgfältig zu überprüfen. Wo bestehen tiefere Gemeinsamkeiten, die über jene hinausgehen, die wir als Bekanntschaften bezeichnen? Wem würde ich mich anvertrauen? An wen darf ich mich in der Not wenden? Wen nehme ich mit auf die letzte, lange, häufig beschwerliche Strecke? Vor wem würde ich mich nicht schämen, wenn mein Körper seine Hülle verlässt und unschön nach außen tritt, die Körperflüssigkeiten ein lästiges Eigenleben entwickeln und das Gedächtnis seinen Dienst versagt? Man gehört im Alter gelegentlich nicht mehr sich selbst, sondern einer entfesselten Natur, der man sich gemeinsam besser erwehren kann, denn am Körper finden im Kleinen jene Katastrophen statt, über die im Weltmaßstab täglich die Medien berichten.

Neue Freundschaften, die einen langen Vorlauf brauchen, um schließlich jene Vertrautheit zu bewirken, die sie von der Bekanntschaft unterscheidet, werden mit zunehmendem Alter zur seltenen Ausnahme. Die Zeit wird knapp. Die Menschen werden unbeweglicher. Sie öffnen sich nur ungern und scheuen neue Nähe. Die Bereitschaft zu Toleranz und Auseinandersetzung mit anderen Vorstellungen, die zwingend zur Freundschaft gehören, nimmt ab, während die eigenen Standpunkte erstarren. Zudem verlieren alte Menschen häufig jene Eigenschaften, die sie einst als Freunde attraktiv gemacht hatten: Ansehen, Aussehen und Status.

»Man darf nicht darauf hoffen, dass sich in den älteren Jahren noch stabile Freundschaften herausbilden«, bestätigt eine moderne Autorin die illusionslose Einsicht des französischen Moralisten Nicolas Chamfort: »Die neuen Freunde, die wir im reifen Alter finden und mit denen wir die verlorenen zu ersetzen suchen, verhalten sich zu unseren alten Freunden wie Glasaugen und künstliche Zähne zu wirklichen Augen und natürlichen Zähnen.«

Unterhalb der Freundschaft und der Ehe liegt auf dem Kontinuum der sozialen Beziehungen die Bekanntschaft. Sie ist unverbindlicher, weniger intim und gefühlsfreier, aber unerlässlich für den Alltagsgebrauch. Sie ist das soziale Unterfutter, mit dem wir täglich durch das Leben gehen. Sie deckt eine Vielzahl sozialer Beziehungen ab: vom Kneipier und Arbeitskollegen über die Zeitungsfrau und die Vereinskameraden bis hin zu Kaffeehausbekanntschaften und Freunden von Freunden. Bekanntschaften sind leicht eingegangen, weil emotionale Tiefe und der Anspruch verlässlicher Vertrautheit fehlen und sie rasch und schon aus geringem Anlass wieder aufgegeben werden können. Freunde sind für das Leben zuständig, Bekannte für die Zeit dazwischen.

Auf der Suche nach Bekanntschaften und Freundschaften sollte man sich an einen Brauch erinnern, der einst eine wichtige Rolle im Sozialleben gespielt hat: die Gastfreundschaft. In der Nachkriegszeit ist sie häufig unter die Räder gekommen, und die Rolle des Gastgebers wie auch die des Gastes geriet in Vergessenheit. Die Gründe sind vielfältig: Die Wohnungen waren zu klein, die Hausfrauen berufstätig, und nicht zuletzt kostet Gastfreundschaft Geld und Zeit.

Meine Mutter, die ständig Gäste hatte, beobachtete zu ihren Zeiten unwillig, dass die Frauen junger Diplomaten bei Einladungen ständig in der Küche nachfragten, ob sie helfen könnten, und unglücklich waren, wenn ihnen dies verwehrt wurde. Meine Mutter hielt die gut gemeinte Hilfsbereitschaft für schlechte Manieren.

»Ein Gast hat in meiner Küche nichts verloren«, war sie überzeugt. »Er ist Gast, hat sich als solcher zu benehmen und bei Tisch und in den Gesprächen sein Bestes zu geben. Da mangelt es dann, stattdessen wollen sie Zwiebeln schneiden, Gemüse auftragen und Gläser spülen. Sie halten das für einen wertvollen Beitrag zu einem gelungenen Abend. Gott, zu meiner Zeit!«

»Sie meinen es doch nett!«, versuchte ich sie zu beruhigen.

»Nett«, unterbrach sie mich, »nett reicht nicht. Nett sind wir alle!«

Im Alter wird die Wohnung geräumiger, und die Zeit kommt zurück. Die Kinder sind aus dem Haus und haben Platz gemacht. Gemeinsame Termine sind bald gefunden, weil die mutmaßlichen Gäste ebenfalls Zeit haben. Was also sollte uns davon abhalten, regelmäßig und häufig gemeinsam zu zechen und zu schmausen?

Vermutlich Bequemlichkeit und Geiz. Beide sind jedoch schlechte Begleiter durch den Rest des Lebens.

Und schließlich sind die »Vierziger« dabei, eine Form der sozialen Nähe wiederzuentdecken, die in der Anonymität großer Städte achtlos beiseitegelegt worden war: die Nachbarschaft.

Soziale Strukturen sind extrem anpassungsfähig, haben bemerkenswertes Beharrungsvermögen und entwickeln oft grenzenlose Fantasie und Durchsetzungskraft, um auch unter schwierigen Umständen zu überleben. Zwar bestehen sie recht besehen nur aus tradierten Vorschriften und Regeln, die von sich aus keinerlei Aktivitäten entwickeln können. Das übernehmen die beteiligten Individuen, die jedoch häufig um den Erhalt von Institutionen kämpfen, als ob es um ihr Leben ginge.

Institutionen sind die Burgmauern unserer Existenz, ohne sie stünden wir schutzlos auf freiem Feld. Genau besehen kämpfen wir auch nicht um den Erhalt einer bestimmten Einrichtung, sondern um die Aufgaben, die sie in unserem Leben erfüllt. Wir können demzufolge eine Institution aufgeben, wenn eine andere bereitsteht, dieselben Pflichten zu übernehmen.

In diesem Sinn ist die Nachbarschaft als Ersatz für die Familie, die sich als verbindliche Einrichtung langsam zu verabschieden droht, entdeckt worden. Erstaunliche fünfzig Prozent der über Fünfzigjährigen pflegen ein »sehr enges freundschaftliches Verhältnis« zu ihren Nachbarn. Nur vierzehn Prozent lehnen nachbarschaftliche Kontakte ab. Das gilt nicht nur für Dörfer und Kleinstädte, sondern auch für Metropolen, in denen die Menschen angeblich anonym bleiben wollen.

Die Nachbarschaft hat eine ganze Reihe struktureller Vorzüge gegenüber anderen sozialen Feldern. Man kann sie unauffällig in Augenschein nehmen und gegebenenfalls auf Distanz bleiben. Man ist im Quartier vermutlich überwiegend unter sich, denn die Wahl des Wohnorts korrespondiert mit einer Reihe wesentlicher Sozialindikatoren wie Einkommen, Ausbildung und Familienstand. Man nimmt an den kleinen und großen Problemen teil, die gelegentlich auf ein Wohnquartier zukommen und trefflicher Anlass für spontane Unterhaltungen sind.

Man sieht sich, erkennt sich, verleiht dem Erkennen Ausdruck, grüßt sich zum ersten Mal und redet eines Tages miteinander. So entstehen soziale Netzwerke, die ihre Baumeister überdauern. Wo einst ein freundliches und anonymes Nebeneinander war, entstehen neue Verlässlichkeiten. Die Straße öffnet sich für Neuankömmlinge. Nach und nach entsteht ein soziales Terrain, das sich unabhängig von Umzügen erhält. Freunde wird man als »Vierziger« hier schwerlich finden, aber Bekannte als Ersatz für die verlorenen Arbeitskollegen allemal.

Um die zahlreichen alten und neuen Chancen und Strategien gegen die Einsamkeit effektiv zu nutzen, muss jedoch ein ernstes Hindernis aus dem Weg geräumt werden: die Scheu der Alten vor ihresgleichen, denn sie sind deren gnadenloseste Kritiker. Keiner redet so schlecht über die Alten wie die Alten.

Neulich berichtete ein Golfpartner während einer gemächlichen Runde von einer Bahnreise von Berlin nach Nürnberg. Der Zug sei voll gewesen. Gottlob habe er eine Platzkarte gehabt, welche ihn jedoch inmitten einer fröhlich lärmenden Schar Gleichaltriger platziert hätte, die, Schaumwein trinkend, nach Nürnberg zum Weihnachtsmarkt unterwegs waren. Peinlich sei es gewesen, und geschämt habe er sich. Auf jeden Fall wollte er mit diesen Alten nichts zu tun haben.

Mir sind solche Gruppen, die man zu jeder Zeit in jedem Großraumwagen antrifft, immer sympathisch gewesen. Gelegentlich würde ich mich ihnen gerne anschließen, aber sie scheinen keinen Wert auf spontanen Zuzug zu legen. Sie haben den Ernst des Alterns begriffen, davon bin ich überzeugt, und feiern trotzdem heiter miteinander. Sie beherrschen den unaufhörlichen Redefluss. Keinen Augenblick auf einer vierstündigen Bahnfahrt herrscht Stille. Fortwährend erzählen sie Geschichten aus einer gemeinsamen Vergangenheit, ständig unterbrochen durch Lachen, Zwischenrufe oder den Versuch, eine eigene Anekdote loszuwerden. Die Geschichten scheinen allesamt neu und unbekannt zu sein, denn am Ende gibt es stets großes Hallo und gemeinsames Gelächter, bis zur nächsten Anekdote, die nicht lange auf sich warten lässt.

Man könnte neidisch werden ob der Vielfalt der Erlebnisse. Der eigene Anekdotenschatz wäre wahrscheinlich nach einer Stunde aufgezehrt. Natürlich sind die Geschichten bekannt und häufig vorgetragen worden, aber die fröhlichen Mitreisenden haben begriffen, dass mehr nicht kommen wird, und geben sich klug mit dem zufrieden, was ihnen geblieben ist.

Einige Wochen nachdem der Film über den »Rosenpark« gelaufen war, traf ich zufällig einen ehemaligen Vorgesetzten. Dem hatte der Film gefallen und die Idee des betreuten Wohnens eingeleuchtet. Gemeinsam mit seiner Frau besuchten die beiden in der Folgezeit einige Heime. Da ihr Konto mit üppiger Rente und regelmäßigen, gut bezahlten Nebeneinkünften gut gefüllt ist, sahen sie sich ausschließlich in Einrichtungen für Gutbetuchte um.

Das sei alles sehr attraktiv gewesen, berichtete er mir damals. Die Apartments seien hinreichend groß und die Gemeinschaftsräume weitläufig und geschmackvoll eingerichtet gewesen. Zudem würden regelmäßig kulturelle Veranstaltungen angeboten. Auch für körperliche Ertüchtigung gebe es angemessenen Raum. Er habe Kontakt mit einigen Bewohnern gehabt, mit denen er sich durchaus vorstellen könne, die Abende zu verbringen.

Ob er nun in eine Einrichtung für betreutes Wohnen einziehen würde, wollte ich nach dieser erschöpfenden Liste von Vorzügen wissen.

»Weißt du, Junge«, damit war ich gemeint, »jedes Mal, wenn wir ein Heim verlassen hatten und wieder auf der Straße standen, sagte meine Frau: ›Hast du es bemerkt? Lauter alte Leute!‹ Nein, wir konnten uns nicht dazu entschließen einzuziehen.«

Aus altem Respekt unterließ ich den Hinweis, dass sie doch selbst alte Leutchen seien. Die beiden wohnen nach wie vor weit vor den Toren der Stadt. Hin und wieder kommen die beiden Söhne vorbei. Ansonsten lässt sich selten jemand blicken.

Mit dieser seltsamen Furcht vor Heimen und anderen Alten sind die beiden indes nicht allein. Sie ist im Gegenteil eine wesentliche Grundlage unseres Umgangs mit alten Menschen. Gemeinsam mit der Ideologie vom Altern in den eigenen vier Wänden und der Ökonomie des Pflegedienstes hat sie ungezählte alte Menschen in ein Ghetto völliger Vereinsamung getrieben. Jenseits abgeklärter Ehen, tiefer Freundschaften und unterhaltsamer Bekannter führen sie hinter den schmucklosen Fassaden der Mietshäuser aus den fünfziger und sechziger Jahren ein Leben ohne jede Geselligkeit. Es sind dies unsere Eltern und Großeltern, deren unwirtliche und erbarmungswürdige Existenzen von einem Pflegedienst verwaltet werden, der zu einem bedeutenden Wirtschaftszweig geworden ist.

Sabine Schley ist eine energische Frau von Anfang fünfzig. Vor vier Jahren hat sie ein Pflegedienstunternehmen gegründet. Seither fährt sie mit ihrem Kleinwagen täglich acht Stunden kreuz und quer durch Berlin und betreut bis auf wenige Ausnahmen alte Frauen.

»Die nächste Kundin lebt seit acht Jahren allein«, erklärt sie kurz, während wir die drei Stockwerke zu Frau Senft hochsteigen. Frau Schley klingelt. Im selben Augenblick öffnet sich die Tür.

»Da sind Sie ja«, werden wir freundlich von Frau Senft, die offensichtlich hinter der Wohnungstür auf uns gewartet hat, empfangen. Sie fährt mit ihrem Rollstuhl ein wenig zurück. »Wer ist der junge Mann?«

»Der hilft mir!«

Ich stelle mich vor, und wir treten in die Wohnung ein.

»Ich habe Ihnen die Post mitgebracht.« Frau Schley legt einen Stapel Reklame auf den Küchentisch. »Die Hausgemeinschaft hatte zwar beschlossen, Reklamesendungen grundsätzlich zu verbieten. Aber dann würde unsere Frau Senft überhaupt keine Post mehr bekommen«, erklärt sie mir. »Jetzt machen wir eine Ausnahme bei ihr. Nicht wahr, Frau Senft?«

Die nickt dankbar.

Frau Senft hatte nach dem Krieg mit bloßen Händen beim Wiederaufbau geholfen. Sie hat zwei Töchtern das Leben geschenkt und ihnen eine anständige Ausbildung ermöglicht. Später hat sie ihren kranken Mann bis zu dessen frühem Tod gepflegt. Den Nachkommen hat sie eine intakte, schuldenfreie Welt hinterlassen. Frau Senft hat ihre Pflicht getan. Heute lebt sie von einer bescheidenen Witwenrente. Selbst wenn sie noch besser auf den Beinen wäre, um selbstständig die nahe gelegene Einkaufspassage zu erreichen – sie könnte sich keinen Kaffee und kein belegtes Brötchen leisten.

Frau Senft bleibt, mit Ausnahme der beiden kurzen Besuche des Pflegedienstes, den Tag über allein. Sie kann sich mit kleinen, unsicheren Schritten zwischen den vier Wänden ihrer Wohnung bewegen. Für Ausflüge nach draußen ist sie auf den Rollstuhl angewiesen. Da es im Haus keinen Fahrstuhl gibt, liegt der letzte Ausflug an die frische Luft bereits Monate zurück. Damals holte sie ein privater Hilfsdienst zu einer ärztlichen Untersuchung ab.

Frau Senft ist völlig vereinsamt. Ihre beiden Töchter leben vier Autostunden entfernt im Südwesten der Republik. Ihren einzigen Enkel, einen Knaben im Vorschulalter, sieht sie einmal im Jahr zur Vorweihnachtszeit. Ihre alten Freundinnen vom Kirchenchor gehen ebenfalls schwer und schaffen die drei Treppen nicht mehr. Besuch hat sie schon lange nicht mehr gehabt. »Dabei besitze ich ein sechsteiliges Zwiebelmustergeschirr von Hutschenreuther«, wie sie uns glaubhaft versichert.

Ihre Nachbarn sind junge Leute, die freundlich grüßen und ansonsten ihrer Wege gehen. Tagsüber studiert Frau Senft sorgfältig die Sonderangebote in den Reklamen, obwohl sie nie wieder ein Geschäft betreten wird. Ansonsten schaut sie von früh bis spät fern.

Die Gesellschaft hat Frau Senft nie viel gegeben, aber stets viel von ihr genommen. Im Alter nimmt man ihr nun das Letzte, was ihr noch geblieben ist: die Sprache. Zum Sprechen ist man auf Gesprächspartner angewiesen, und die hat Frau Senft nicht mehr. Seither schweigt sie oder hält in der Einsamkeit ihrer Dreizimmerwohnung lange Selbstgespräche. Wir wissen es nicht. Frau Senft will auf keinen Fall in ein Altenheim.

»Dort sind nur Demenzkranke«, wehrt sie ängstlich ab, »so weit bin ich doch noch nicht!«

Der Pflegedienst wird zwar sehnlichst erwartet, aber die geschäftige Beziehung und die routinierten Sprachfetzen können die Einsamkeit nicht aufheben. Im Gegenteil: Sie wird noch unerträglicher, nachdem die Tür ins Schloss gefallen ist und das Ticken der Uhr, das Tropfen des Wasserhahns im Bad und das Summen des Eisschranks sich in der Stille zurückgemeldet haben.

»Wie geht es uns heute?«, fragt Frau Schley munter, ohne eine Antwort zu erwarten. »Ich sehe, bei Ihnen gibt es Kartoffelsuppe! Da möchte man gerne mitessen«, fährt sie fort, »aber ich muss bald weiter. Andere warten auch auf mich. – Haben Sie Ihre Medizin genommen? Ich weiß, Sie machen keine Probleme, aber Nachfragen kostet ja nichts. – Von wem sind die Blumen? – Sie haben keine Milch mehr. Ach, die vertragen Sie ja nicht.«

So geht das, begleitet von routinierten Handgriffen, zwanzig betriebsame Minuten lang, bis die Arbeit getan und der Besuch beendet ist. Frau Senft hat die ganze Zeit über geschwiegen und unser Tun mit kurzen Kopfbewegungen verfolgt.

Wir brechen zügig auf. »Dann bis heute Abend, Frau Senft!«

Die nickt. »Ja, ja!«

Bevor ich die Wohnungstür schließe, schaue ich zurück. Da sitzt die kleine, schmale Gestalt, die stets ihre Pflicht getan hat, ohne je Dankbarkeit zu erwarten, in ihrem Rollstuhl und sieht uns, den einzigen Vertretern des Lebens, die sie noch hat, mit leerem, trostlosem Blick hinterher.

Verlassenheit ist etwas, das sich für gewöhnlich nur in unserem Inneren bemerkbar macht. In diesem Augenblick erfüllt sie jedoch den ganzen Raum mit einer dunklen, schneidenden Kälte.

»Überall sitzen diese alten Frauen allein in ihren Wohnungen. Man hat ihnen eingeredet, die Altenheime seien Sterbeorte für Schwerkranke. Deswegen wollen sie auf keinen Fall dorthin, und wenn doch, könnten sie es sich nicht leisten. Ich sollte nicht klagen«, fährt Frau Schley fort, während wir die drei Treppen hinuntereilen, »schließlich lebe ich von diesen alten Menschen. Aber deren Verlassenheit ist oft zum Steinerweichen.«

Wenn drohende Einsamkeit die größte Herausforderung im Alter ist, dann müssten alle sozialen und politischen Maßnahmen ihrer Vermeidung dienen. In diesem Land bewirken die Pflegeversicherung und eine merkwürdige Vorstellung vom Altern in den eigenen vier Wänden jedoch genau das Gegenteil.

Gut zwei Drittel der alten Leute, die nicht in festen Beziehungen leben, verbringen ihren letzten Lebensabschnitt mutterseelenallein daheim, anstatt in modernen, gut eingerichteten, großzügigen Wohnanlagen gemeinsam mit anderen alt zu sein.

In einer Art semantischem Feldzug ist es gelungen, den Betagten einzureden, Altenheime seien dasselbe wie Pflegeheime. Seither verkriechen sich viele verängstigt in ihren Wohnungen und leben in ständiger Furcht vor der Einweisung in ein Heim.

Die »Vierziger« hatten einst die Idee der Wohngemeinschaft aus den Vereinigten Staaten importiert. Zwischenzeitlich geriet sie wieder in Vergessenheit, denn sie vertrug sich nur schlecht mit Familienplanung und Karriere. Im Alter nun erlebt sie eine Renaissance als Alternative zur Vereinsamung und zu betreutem Wohnen.

Auf den ersten Blick ist sie eine bestechende Idee, auf den zweiten ein gefährliches Unterfangen. Wohngemeinschaften sind überaus komplizierte und störanfällige soziale Einheiten. Geschmack, Klatsch, Sauberkeit, Sympathien, Sozialverhalten, tägliche Gewohnheiten und vieles andere mehr müssen auf einen gemeinsamen Nenner gebracht werden. Das klappte schon in der Ausbildungszeit selten auf längere Sicht – was damals wenig Schaden anrichtete. Wer in seiner Wohngemeinschaft nicht zurechtkam, packte seine Habseligkeiten zusammen und zog zwei Straßen weiter.

Wer im Alter Zeit, Geld und Hoffnungen investiert und das Wagnis einer Wohngemeinschaft eingehen möchte, muss wissen, dass die Suche nach einem gemeinsamen Nenner als Grundlage dauerhafter Stabilität sehr viel schwieriger geworden ist. Unsere Beweglichkeit hat nachgelassen, unser Beharrungsvermögen dagegen zugenommen. Unsere Schrullen und Marotten sind im Lauf der Zeit zu festen Größen unseres Charakters geworden. Wir lassen ungern von ihnen. Dasselbe gilt für Überzeugungen und Ansichten. Wir haben die Geschmeidigkeit zur spontanen Konfliktlösung verloren und sind nachtragender geworden. Unsere eingefahrenen Gewohnheiten bestimmen unerbittlich unseren Alltag. Wir sind seltener unterwegs und bleiben häufiger daheim. Diese Eigenheiten, die jeder für sich in das Projekt einbringt, entwickeln mit der Zeit häufig eine unkontrollierbare Sprengkraft.

Eine Wohngemeinschaft alter Menschen birgt mithin beträchtliches Risiko, denn keine Anfangseuphorie ersetzt die Dauer. Scheitert das Projekt nach zähen, stets unerfreulichen Auseinandersetzungen, dann scheitern Hoffnungen, ein Zukunftsentwurf und Freundschaften. Und für einen weiteren Neubeginn wird uns die Zeit knapp.

Die vorherrschende Gesellungsform meiner Generation wird deshalb in Zukunft betreutes Wohnen in geräumiger Umgebung mit einem reichhaltigen Angebot an sportlichen Aktivitäten sein.

Dort werden wir uns, in einer ausgewogenen Mischung aus Mitarbeit und Rückzug, um unser eigenes Schicksal kümmern. Vielleicht zieht sogar der süße Ludergeruch vergangener Träume durch die Flure, denn wenn nicht jetzt – wann dann?

Staatliche Eingriffe werden dafür sorgen müssen, dass auch Rentner mit bescheidenen Einkünften menschenwürdige Unterkünfte finden. Die gutbetuchten »Vierziger« könnten den weniger glücklichen Vertretern ihrer Alterskohorte unter die Arme greifen, denn schließlich haben wir die Zukunft unserer Kinder und Enkel gemeinsam aufgezehrt. Aber ich weiß wohl, das ist eine Idee ohne Gebrauchswert.

Der »Rosenpark« ist ein großer Schritt in die richtige Richtung, und »Steps to Heaven« markiert das Ziel. Ich habe in keinem der beiden Einrichtungen auch nur einen Gesprächspartner gefunden, der seine Entscheidung, die eigenen vier Wände zu verlassen, bereut hätte.

Was tun?

»Raus aus dem Leben – rein ins Vergnügen!«

Graffito an einem Berliner Altenheim

Neunzig Prozent derjenigen, die ins Alter kommen, sind mit ihrer Vergangenheit zufrieden und würden ein nächstes Leben genauso führen wollen. Befragt, was sie anders machen würden, antworten sie schlicht: »Nichts!« Missglückte Leben oder vergeudete Begabungen sind die seltene Ausnahme.

Wenn ich zurückblicke, dann kann auch ich nach längerem Nachdenken noch sagen: »Sehr viel mehr war, zumindest beruflich, nicht drin. Ich habe meine Möglichkeiten, die ohnehin begrenzt waren, ausgeschöpft.«

Gut, es gab eine Phase in meinem Leben, in der ich gerne Bühnenschauspieler geworden wäre. Aber meine Mutter, die Frau eines mittelmäßigen Schauspielers, erklärte mir, nachdem sie mich als Erzähler in Thornton Wilders Stück *Unsere kleine Stadt* gesehen hatte: »Du kannst als durchschnittlicher Rechtsanwalt, Lehrer oder Beamter ein angenehmes Leben führen. Ein mäßiger Schauspieler wird auf Dauer zur Tragödie. Ich weiß, wovon ich spreche. Lass es. Es altert sich ungut.«

Das sah im Übrigen auch mein Vater ein und wechselte später erfolgreich in das Fach des Intendanten.

Also spricht nichts dagegen, die wohlgeratene Vergangenheit bedächtig den Gegebenheiten des Alters anzupassen und sie umstandslos in die Zukunft zu verlängern. Wer trotzdem wehmütig nach hinten und sehnsüchtig nach vorne blickt, hat sich in eine unkommode Lage gebracht. Wir Alten sind glücklich befreit vom Wesentlichen, wenn es das je gegeben haben sollte, das schafft uns freien Raum.

So einfach ist die Sache indes nicht. Mit Arbeitsende beginnt die Zeit des Rückblicks und der Bilanzierung. Man wäre zwar schlecht beraten, ein ganzes Leben für gescheitert zu erklären, aber jeder von uns hat im Lauf langer Jahrzehnte unerfüllte Pläne, Hoffnungen und Sehnsüchte hinter sich lassen müssen. Die Vorhaben waren ihm entweder misslungen, blieben unerreichbar, oder die berufliche und familiäre Situation erlaubten es nicht, sie in die Tat umzusetzen. Und man beginnt zu ahnen, welche bedeutsame Rolle der Zufall, wir nennen ihn Schicksal, gespielt hat.

Ein Kollege, der zeitgleich mit mir in Rente gegangen war, hatte die ersten Wochen, nachdem die Rentenguillotine auf ihn niedergesaust war, wie er sich ausdrückte, dazu genutzt, sein Leben und dessen entscheidende Weichenstellungen auf einem durchlaufenden Diagramm zu notieren.

»Die Idee ist die, das Leben nach hinten aufzurollen. Du bist morgen Gast in einer Talkshow. Warum bist du dort eingeladen? Weil du einst das Morgenmagazin moderiert hast. Warum hast du das getan? Weil du politische Erfahrungen hattest. Wieso das? Weil du in Tübingen Politik studiert hast. Wie bist du dorthin gekommen? Und so weiter, bis du wieder in deiner Jugend angekommen bist. Je nachdem, wie du die einzelnen Fragen beantwortest, kommst du auf ganz unterschiedlichen Wegen dorthin zurück.«

»Wozu soll das gut sein?«

»Du begreifst, warum dein Leben so und nicht anders verlaufen ist. Du erkennst die Holzwege, Sackgassen, ignorierten Wegweiser, die verspielten Chancen und gewinnst ein wenig Klarheit über dich selbst. Die Erkenntnis der verpassten Gelegenheiten kann, nebenbei bemerkt, bitter sein.«

Er sei schockiert gewesen, fasste er den Ertrag seiner Bemühungen zusammen, welche bedeutende Rolle der Zufall in seinem Leben gespielt habe. »Die Umgebung, in der ich entschieden habe, und damit die Alternativen waren meist zufällig. Das gilt für meine beiden gescheiterten Ehen, die Berufswahl, meine Karriere und was sonst noch. Ich habe heute das Gefühl, selten Herr über mein Schicksal gewesen zu sein.«

»Und was folgt daraus?«

»Weiß ich auch nicht. Vielleicht sollte man noch einmal von vorne beginnen.«

Ich habe ihn seither aus den Augen verloren, höre jedoch, er habe auf einer Zugfahrt zufällig eine Frau kennengelernt, die sich im überfüllten Speisewagen auf den einzigen freien Platz ihm gegenüber gesetzt hatte. Sie betreibe in einer süddeutschen Kleinstadt einen Coffeeshop. Dort soll er hinter der Theke stehen, Kaffee zubereiten und Muffins verkaufen.

Wer ein erfülltes Leben hinter sich gebracht hat und seinen Verpflichtungen nachgekommen ist, muss verzichten gelernt haben. Musische Interessen wichen langen Arbeitszeiten, sportliche Begeisterung fiel der Kindererziehung zum Opfer und Abenteuerlust dem Strandurlaub. Befreit von Pflicht und Alltag, entsinnt man sich nun der unerfüllten Pläne und beginnt zu überlegen, was andernfalls gewesen wäre. Träume, die über viele Jahr still in uns geruht hatten, erwachen zum Leben und melden Ansprüche für die Zukunft an. Die Fantasie dringt in das zurückliegende Leben ein, bemächtigt sich seiner und gibt ihm nachträglich an entscheidenden Punkten eine neue, unerhörte Richtung.

Man gleicht ab mit dem, was in Wirklichkeit gewesen ist, und fühlt ein lange unterdrücktes Gefühl zurückkehren: die Sehnsucht. Der Verdacht, es seien die versäumten und verschenkten Chancen, die uns ein Leben lang beschäftigen, gewinnt an Gewicht. Da kein Terminkalender der Fantasie Einhalt gebietet, kann sie sich ungestört ausbreiten, unsere Gedankenwelt übernehmen und Begehren und Fernweh in uns wecken. Das ist der Nährboden, auf dem die

Vorstellung entsteht, man könne noch einmal neu beginnen und dem vergangenen Leben ein weiteres hinzufügen.

Meine Mitbewohner im »Rosenpark«, durchweg standfeste und entsagungserprobte Frauen und Männer, konnten mit solchen gedanklichen, geschweige denn realen Ausflügen in ein neues Leben wenig anfangen.

»Was meinen Sie damit – neues Leben? Wie soll das gehen? Ich bin froh, wenn ich das hier hinter mir habe.«

»Ich habe genug erlebt, mir reicht es!«

»Was? Nein, bleiben Sie mir damit weg. Das gehört sich nicht!«

Frau Schmitz aus dem sechsten Stock, die neben einer beneidenswerten Musikalität über einen wachen, schonungslosen Verstand verfügte, hatte die Gefahr solcher Pläne sofort durchschaut: »Das hieße ja, ich wäre mit meinem Leben unzufrieden gewesen. Das tu ich mir nicht an.«

Sie alle wussten, ohne darüber nachgedacht zu haben, dass das Alter nicht dazu da ist, jene Lücken auszufüllen, die verpasste Chancen hinterlassen haben.

Die Unterschiede zwischen der Generation unserer Eltern und uns, den »Vierzigern«, werden in der folgenden, eher nebensächlichen soziologischen Beobachtung deutlich. Demnach ließen sich Anfang der achtziger Jahre des letzten Jahrhunderts fünfzig Prozent der Alten reichlich Zeit für ihr Mittagessen. Zwei Dekaden später waren es nur noch fünfundzwanzig Prozent. Das klingt wenig spektakulär, aber hinter solch unscheinbaren empirischen Ergebnissen verbergen sich häufig gewichtige Entwicklungslinien.

Offensichtlich hatten unsere Eltern im Alter mehr Zeit, weil sie weniger vorhatten. Die Mahlzeit war ihnen zu wichtigem Genuss geworden, der sorgfältig ausgekostet und gerne in die Länge gezogen wurde. Der Psychoanalyse gilt das Essen als Ausdruck der oralen Phase, eines kindlichen Entwicklungsstadiums, das durch innerkörperliche Bedürfnisse wie Sättigung, Stabilität und Wohlbehagen charakterisiert ist. Dorthin zogen sich unsere Eltern, als

Ausdruck ihrer zunehmenden Hilflosigkeit der Umwelt gegenüber, im Alter wieder zurück.

Wer hingegen beim Essen eilt, dem ist die Zeit kostbar. Er hat noch was vor im Leben und etwas zu erledigen. Sein Ziel ist nicht Behaglichkeit und Sicherheit, sondern Wagnis und Tatendrang. Natürlich erfinden wir das Alter nicht neu. Das wird von uns eines Tages, so wie seit Menschengedenken, einfach Besitz ergreifen. Die Sache verzögert sich nur um die geschenkte Dekade, die wir nun mit Inhalt füllen müssen. Deswegen die Eile beim Mittagessen.

Unter diesen Voraussetzungen beginnen wir über die vor uns liegenden Jahre nachzudenken und müssen erkennen, dass unser Leben auch ereignislos und gleichförmig werden kann. Wir befürchten, die Zeit spurlos zu verleben und ihr nicht gerecht zu werden. Der Pflicht des Lebens mit all ihren Vorgaben folgt die Kür, für die wir nun selbst die Verantwortung übernehmen müssen. Wer jetzt nicht handelt, wird es nie mehr tun.

Ich kann mich noch genau an jenen Zeitpunkt erinnern, als meine Mutter ihr Leben aus der Hand gab und es dem Pflegepersonal, der Heimleitung und den Ärzten überließ. Ihr Blick wurde stumpf und ausdruckslos. Sie blieb lange im Bett und ging schwerer. In den Vasen verwelkten die Blumen, und in der Obstschale faulten die Äpfel. Die Kerzen verstaubten. Die Zeitschriften auf der Ablage unter dem Couchtisch wurden ungelesen älter. Sie hatte sich aus der Kür verabschiedet.

Diejenigen unter den »Vierzigern«, die einst rote Fahnen geschwenkt hatten, wird der Abschied aus dem Arbeitsleben an ihre weit zurückliegende Lektüre von Karl Marx erinnern. Der hatte den Übergang vom Kapitalismus zum Sozialismus als den Schritt vom Reich der Notwendigkeit ins Reich der Freiheit beschrieben. Der reale Sozialismus ist über Jahrzehnte mit ernüchternden Ergebnissen geprüft worden. Das Alter indes kommt, für meine Generation zumindest, dem Reich der Freiheit schon recht nahe. Im Sozialismus, sagte Marx voraus, sei es jedem erlaubt, »heute dies, morgen jenes zu tun, morgens zu jagen, mittags zu fischen, abends Viehzucht zu treiben, nach dem Essen zu kritisieren… ohne je Jäger, Fischer, Hirte oder Kritiker zu werden«. Das ist nicht wörtlich zu nehmen, sondern soll anzeigen, dass jeder tun und lassen kann, was ihm beliebt, und ihm überdies die Mittel für sein sorgloses Treiben zur Verfügung stehen. Nach Berufsende sind wir in der Mehrzahl befreit und wohlversorgt. Wir können fortan »morgens jagen und abends Viehzucht treiben«. Damit erfüllt sich für manchen »Vierziger« unverhofft eine längst verloren geglaubte Utopie.

Der Unternehmer Titus Dittmann, der bereits die Sechzig überschritten und einst das Skateboard und dessen Subkultur nach Deutschland gebracht hat, erklärte einmal ganz im Sinne meiner Generation: »Die Idee unbegrenzter Jugendlichkeit ist zum gesellschaftlichen Grundkodex geworden und löst den klassischen Reifeprozess ab.« Selbstbewusstsein und Lebensgefühl entkoppeln sich demnach von der biologischen Uhr. Wir definieren uns immer weniger über das Alter und immer mehr über die Gesinnung. Zugehörigkeit und Akzeptanz werden in erster Linie durch Glaubwürdigkeit und Lifestyle geschaffen. Das ist ein interessanter Vorschlag, um das Alter zu überlisten. Durch die Betonung der »weichen Faktoren« wie Kleidung, Habitus, Hobbys und Sprache sollen die »harten Faktoren« – nämlich Geburtsdatum und Verfall – außer Kraft gesetzt werden. Die Zukunft wird zeigen, ob das eine taugliche Strategie ist.

Freilich, das sind Änderungen im Detail. Aber reicht unsere Kraft für den ganz anderen Entwurf und für ein zweites Leben? Wird aus dem Bereichsleiter ein später Weinbauer, aus dem Rechtsanwalt ein Weltenbummler und aus der Edelfeder ein Eremit?

Wer ein zweites Leben sucht, setzt sich dem Verdacht aus, sein erstes sei ihm missraten. Er hätte dann Jahrzehnte vergeblich gelebt und nicht die Kraft gefunden, sich aus seiner Misere zu befreien. Erst sein Geburtsdatum im Zusammenhang mit den Vorschriften zur Lebensarbeitszeit hätte ihn erlöst. Dem neuen Leben gesellt sich zudem das Motiv der Flucht zur Seite. Man möchte Pflichten, Verbindlichkeiten, sich selbst und das Alter hinter sich lassen. Auf Dauer wird dem selten Erfolg beschieden sein, denn die Natur gesteht uns nur ein Leben zu. Keiner wäre gut beraten, unter solcher Last ins Alter einzuziehen.

Trotzdem war unter meinen Kollegen der Ausbruch in ein neues Leben häufig Thema. Es gab zukünftige Südseeträumer, Berghüttensiedler, Weltumsegler, Wohnwagennomaden, Strandläufer und New-York-Süchtige unter ihnen. Trotz aller Verschiedenheiten waren sie sich in einem einig: Sie wollten lange, warme Sommer und kurze, gemäßigte Winter.

Ich kenne jedoch nur einen Kollegen, der tatsächlich seine Habe verkauft, das Geld in eine Segeljacht gesteckt hat und seither unterwegs ist. Gelegentlich schaut er in Berlin vorbei. Dann treffen wir uns zu Rührei und Schinken. Er ist dünn geblieben und wortkarg geworden. Während der langen Gesprächspausen verliert sich sein Blick. Auf die naheliegende Frage, ob er glücklich geworden sei auf hoher See und in fremden Häfen, lächelt er schmal und vieldeutig, als bedürfe es darauf keiner Antwort.

Nach unseren Treffen regt sich regelmäßig ein undeutliches Bedürfnis nach Aufbruch in mir. Ich weiß allerdings nicht, wohin. Es sind vage Bilder von Ferne und Ungebundenheit. Manchmal sehe ich mich mit einem Rucksack unterwegs, dann wieder einsam an weiten Stränden oder als Autor in einem kleinen Apartment in New York City. Bislang habe ich jedoch stets, das Rückflugticket in der Tasche, ein bequemes Hotel einer Matratze im Massenlager vorgezogen. Ich fürchte, ich bin ganz zufrieden daheim. Zudem verflüchtigt sich das Fernweh nach kurzer Zeit wieder.

Von einem anderen Mitglied meiner Alterskohorte wird erzählt, er habe sich vorgenommen, in allen fünfzig US-amerikanischen Bundesstaaten den jeweils höchsten Punkt zu besteigen. Das reicht von einer hundertzwanzig Meter flachen Erhebung im Walton County/Florida bis zu dem 6195 Meter hohen Mount McKinley in Alaska. Zu diesem Zweck habe er ein Wohnmobil gekauft und fahre damit gemächlich durch die Vereinigten Staaten. Ein Buch sei auch geplant. In etwa drei Jahren solle das Projekt abgeschlossen sein.

Neulich traf ich überraschend einen ehemaligen Kollegen, der einige Zeit vor mir in Rente gegangen war. Er hatte sich anschließend auf ein kleines Anwesen an der Südostküste Spaniens, das er sorgfältig über die Jahre mit seiner Frau ausgebaut hatte, zurückgezogen. Jeden Sommer waren die beiden mit einem Kleinbus quer durch Europa gefahren, um Möbel, Geschirr und Haushaltsgeräte in ihre zukünftige Heimat zu bringen. Wenn ich mich recht entsinne, schwärmte er vom Klima, dem südlichen Lebensgefühl und den spanischen Freunden, in deren Mitte er ein neues, das eigentliche Leben beginnen wollte.

Was er denn zu dieser Jahreszeit, es war später Herbst, auf den nasskalten, zugigen Straßen der Hauptstadt verloren habe?

»Ach, es war zwar schön da unten, aber alles hat seine Zeit. Wir sind wieder zurück.«

»Ist was schiefgelaufen?«

»Nicht richtig. Aber weißt du, unsere spanischen Bekannten waren doch nur Kellner, die nach Dienstschluss zu ihren Familien verschwanden. Da hatte keiner wirklich auf uns gewartet.«

»Deswegen seid ihr zurück?«

»Auch, aber es kam noch mehr dazu. Nachdem das Haus fertig eingerichtet war, gab es nicht mehr viel zu tun. Besuch war selten, ebenso Abwechslung. Mein Frau bekam Gesundheitsprobleme. Sie hatte ständig Angst, ihr könnte etwas zustoßen, ohne dass ein Arzt ihr zur Hilfe kommen würde. Schließlich haben wir unsere Abende mit deutschen Nachbarn verbracht, genau das, was wir ursprünglich auf keinen Fall wollten, und jetzt sind wir eben wieder zurück.«

»Neues Leben war nicht?«

»Nein, das ist misslungen«, gab er bedrückt zu und ba
ten wir uns wieder sehen?«

Wir hatten uns schon als Kollegen wenig zu sagen ge
so blieb es bei diesem kurzen Treffen mit dem Heimkehrer aus
einem neuen Leben.

Das Fernweh mit seinen engen Verwandten, der Ungebundenheit, der Freiheit und der Abenteuerlust, gehört zu jenen Sehn-
süchten, die im Vorleben fast immer unerfüllt geblieben waren.
Jetzt im Alter scheint die Zeit reif und die Gelegenheit günstig.
Man entsorgt seine Gegenwart von den Rückständen der Vergangenheit, verkauft und verschenkt all die überflüssigen Dinge, die
sich im Lauf der Jahre angesammelt haben, und macht sich mit
leichtem Gepäck auf die Reise. Die fällt heute leichter als ehedem, denn die Globalisierung sorgt zunehmend für eine welt-
weite Gleichförmigkeit, so dass man beginnt, sich überall daheim
zu fühlen.

Wer dem Drängen nachgibt und neue Ufer sucht, tut trotzdem
gut daran, sorgfältig Verlust und Gewinn abzugleichen, bevor er
den Umzugswagen bestellt. Was gibt man auf? Die gesamte Infra-
struktur, die man um sein Leben herum aufgebaut hat: Freunde,
Bekannte, Verwandte, Ärzte, jene flüchtigen Grußbekanntschaf-
ten, die eine Straße erst mit Leben erfüllen, Geschäfte, soziale Einrichtungen, die Versorgungsbürokratie und die genaue Kenntnis
der Umgebung, einschließlich Ausflugslokalen und verborgenen
Badestellen an verwunschenen Seen. Das ist ein beträchtlicher
Teil des Lebenskapitals und wirkt auf den ersten Blick nur deshalb so unscheinbar, weil es über die Zeit so selbstverständlich
wie die Luft zum Atmen geworden ist.

Was gewinnt man? Neuen Elan und wiedererwachte Neugierde, besseres Wetter, die Faszination des Anfangs und der Un-
bestimmtheit. Man befreit sich von alter Last und beginnt wieder im ursprünglichen Sinn zu lernen, nämlich, um zu überleben.

Das Risiko gesellt sich einem zur Seite. Und weil es ein Neuanfang ist, hat man das Gefühl, tatsächlich erneut zu leben.

Wer Vorteile und Nachteile abgewogen hat und den Mut findet, neu zu beginnen, sollte jedoch eine Reihe wichtiger Details in Betracht ziehen.

Wie ist das Klima? Hitze ist, trotz der deutschen Sehnsucht nach Sonne und Wärme, kein guter Begleiter durch das Alter. Man sollte, bevor man die Umzugskisten packt, seine künftige Heimat in den heißen Monaten besuchen, um herauszufinden, ob man körperlich gerüstet ist für hohe Temperaturen und tropische Luftfeuchtigkeit.

Herrschen am Ziel meiner Träume Sicherheit und stabile politische Verhältnisse? Man möchte schließlich auch im Ausland gefahrlos über Straßen gehen können und keine Angst vor Einbrechern haben müssen, die im Alter aus unerfindlichen Gründen häufig zunimmt. Meine Mutter hatte nach und nach die Tür zu ihrer Wohnung mit vier zusätzlichen Schlössern gesichert, und da die Schlüssel fast identisch waren, verbrachte sie oft lange Zeit vor ihrer Wohnung, bis alle Schlüssel passten.

»Wir haben Schwierigkeiten, die Apartments zu vermieten, die zur ebenen Erde liegen«, erzählte mir der Heimleiter des »Rosenparks«, als wir zum ersten Mal durch die Anlage gingen, »obwohl sie Terrassen haben, auf denen man den Sommer verbringen kann, und reichlich Platz für Sträucher und Blumen.«

»Schwer begreiflich.«

»Die Leute haben Angst vor Einbrechern. Es ist zwar noch nie etwas passiert – kaum vorstellbar, dass jemand an ihre Habseligkeiten will. Aber sie liegen nachts wach im Bett, haben Angst und rufen bei jedem Geräusch die Nachtbereitschaft. Es kommt mit dem Alter. Wo wohnen Sie?«

»Unter dem Dach.«

»Da sind Sie ja vorläufig gut aufgehoben.«

Die meisten von uns leben seit Jahrzehnten behaglich in der

bewährten Umgebung von Verwandten, Freunden und Bekannten und haben seit geraumer Zeit keine neuen Kontakte mehr gesucht. In fernen Ländern kann es für denjenigen einsam werden, der nicht mehr über genügend Energien und Talent verfügt, um in einer fremden Kultur und unter erschwerten Umständen soziale Beziehungen aufzubauen. Warum auch sollten Einheimische dauerhafte Beziehungen zu Alten suchen, die auf der Flucht vor schlechtem Wetter und auf der Suche nach einem anderen Leben sind? Der spanische Kellner, den wir daheim kaum wahrgenommen haben, kann auch auf Mallorca nicht zur bedeutsamen Bezugsperson werden.

Die wichtigste Voraussetzung für eine erfolgreiche Integration und für ein sozial erfülltes Leben in der Fremde ist zweifellos die Beherrschung der Landessprache. Das gilt nicht nur für unsere Breitengrade, sondern in noch höherem Maß für die Länder jenseits der Alpen. Das Lernen von Vokabeln und das Studium fremder Grammatik wird jedoch im Alter, wenn das Gehör nachlässt und das Gedächtnis ungern Neues aufnimmt, mühsam.

Und noch etwas erschwert den Aufbruch in die Fremde: Mit den Jahren kommt die Furcht vor gesundheitlichen Katastrophen wie Infarkten im Kopf oder am Herzen. Die langen, angsterfüllten Nächte in deren Erwartung zählen zu den lästigsten Begleiterscheinungen im Alter. In der Heimat gibt es eine vorzügliche Rettungskultur. Zwischen Meldung und Eintreffen eines Krankenwagens vergehen im Durchschnitt etwa fünfzehn Minuten. Notaufnahmen sind Tag und Nacht darauf vorbereitet, Patienten zu versorgen. Das rettet ungezählte Leben und sorgt für ruhigeren Schlaf bei den Älteren und Ängstlichen. Wer sich entschließt, im Süden neues Glück zu suchen, muss wissen und akzeptieren, dass er im Notfall geringere Chancen hat, rasch und gut versorgt zu werden.

Es sind hohe Barrieren, die zu überwinden sind. Ich habe den Mut dazu nicht gefunden, wenngleich sich meine Fantasie überall umgeschaut hat. Trotzdem bin ich schließlich daheim geblieben und dort zum Fachmann für den kleinteiligen Zeitvertreib geworden.

Nach dem Frühstück verlasse ich in der Regel meine Wohnung, überquere die Straße und steuere einen der Coffeeshops an, die sich wie die Karnickel vermehren und alle das Gleiche im Angebot haben. Dort überlege ich kurz, ein klassisches Café mit reichhaltiger Vitrine zu eröffnen, verwerfe den Gedanken wieder und beginne Zeitung zu lesen: gewissenhaft den Sportteil, interessiert die Kulturseiten und flüchtig den bedeutsamen Rest. Mir ist das Politische, das einst viel Raum in meinem Leben eingenommen hat, abhanden gekommen. Seit Rentenantritt ist es bis auf kümmerliche Reste aus dem Themenkatalog meiner Gespräche verschwunden. Da meine gleichaltrigen Gesprächspartner politische Fragen auch nur noch selten anschneiden, habe ich mich gelegentlich bei ihnen erkundigt, wo ihre Interessen aus unseren gemeinsamen Tagen eigentlich geblieben seien.

»Mich interessiert nur noch das Ergebnis, den langen Weg dorthin erspar ich mir«, erklärte mir ein Freund, mit dem ich regelmäßig Nudeln esse.

Dann könnten wir uns doch über die Ergebnisse unterhalten.

»Wozu? Die sind ohnehin nicht zu ändern«, wehrte er achselzuckend ab.

»Wozu noch Politik, es will sowieso keiner mehr etwas von mir wissen«, gestand ein ehemaliger Studioleiter resigniert ein. »Wiederholt sich doch alles: Koalitionskrach, Ministersturz, Wahlen und Wenden. Wer braucht das noch?«

Was ist geschehen? Liegt es daran, dass sich endlich, nach langen Jahren, jene Politikverdrossenheit, von der so viel die Rede ist, auch bei uns einstellt? Hat alles seine Zeit, und die der Politik ist für uns vorbei? Sind wir gekränkt, weil wir keinen Einfluss mehr haben, den wir ohnehin nie hatten?

Vermutlich von allem ein wenig, zuzüglich der weisen Einsicht: Das Geschäft der Politik ist die Zukunft, und dort haben wir Alten nichts mehr verloren, denn sie wird das Eigentum unserer Kinder und Enkel sein.

Meine unbeschwerte Form der Lektüre im Coffeeshop gegenüber wird regelmäßig unterbrochen durch Passanten, die, ebenfalls im Alter, alle Zeit haben für einen Gedankenaustausch über die wesentlichen Dinge im Leben, wie die Einkaufsliste, Sportergebnisse, Wehwehchen, Sonderangebote und die guten alten Zeiten.

Am späten Vormittag gehe ich öfter zum Schwimmen in ein zu dieser Zeit nur spärlich besuchtes Hallenbad, und ebenso häufig sehe ich mir am Nachmittag Filme an. Das Kino hatte früher stets die Anmutung der Abendstunden, aber warum eigentlich? Nachmittags gibt es herrlich leere, oft verbilligte Vorstellungen. Ich kann die Beine hochlegen, schlafen, essen und trinken. Selten hat man unmittelbare Nachbarn und kann während der Vorstellung die Toilette aufsuchen, ohne andere Zuschauer zu verärgern. Im Alter wird das eine bedenkenswerte Überlegung.

Hinzu kommen Pilzesammeln, Kochen, mein Haushalt, gemeinsames Essen, gute Gespräche und loses Geplauder, Sport sowie sorgfältiges, unerschöpfliches Pläneschmieden für Reisen und Ausflüge. Museen, Ausstellungen, endlose Telefongespräche und lange Stunden zwischen den Regalen von Antiquariaten sind noch nicht eingerechnet. Und spät in der Nacht schaue ich mir all die herrlichen Filme an, die eine rätselhafte Programmplanung dorthin verbannt hat. Seltener gehe ich ins Theater oder in Konzerte. Recht besehen sind die Angebote so reichhaltig und vielfältig, dass man außer Atem kommen möchte und oft nicht weiß, wo beginnen.

Anderes habe ich beiseitegelegt. Ich verzichte auf Skifahren, denn ich fürchte seit Neuestem um die Knochen. Meine Hüften sind zu steif geworden, um beim Segeln elegant unter dem

Baum durchzutauchen. Also lasse ich es. Ich habe den Ehrgeiz verdrängt, das Brandenburger Tor als Marathonläufer zu durchqueren. Ich meide Bücher, die schwer in der Hand liegen, und Orte, die voller Menschen sind. Ich denke, dass ich in Zukunft auch ganz gut ohne Bergwanderungen und Radtouren über deutsche Mittelgebirge auskommen werde, und ich leiste mir Lektüre, die querfeldein an allem unverbindlich nascht.

Eine entspannte und gelassene Stimmung hat sich über mein Leben gelegt. Die Freude auf etwas wird wichtiger als die Sache selbst. Die ist meist schnell durchlebt, die Freude hingegen kann andauern. Ständig erschließen sich mir neue, unerwartete Quellen von Zufriedenheit und Wohlbehagen. Kurz, ich lebe nach einer alten sozialdemokratischen Einsicht: Das Ziel ist nichts, der Weg ist alles.

Das Alter bietet nebenbei gute Gelegenheit, sich an die süßen Früchte der Jugendeseleien zu erinnern. Einige musste man widerwillig beiseitelegen, um Ansehen und Karriere nicht zu gefährden. Jetzt darf man gefahrlos nach hinten blicken und wird vermutlich ein paar seltsame Funde zutage fördern.

Unter den zahlreichen Ideen zur Verbesserung der allgemeinen und vor allem der persönlichen Wohlfahrt, die meine Generation einst verfolgte, war die Forderung: »Genius für alle« sicherlich die beeindruckendste. Demnach verbargen sich im Innersten eines jeden reichhaltige schöpferische Talente, die durch Erziehung, Umwelt und die Vorgaben der offiziellen Kultur an ihrer Entfaltung gehindert wurden und darauf warteten, endlich befreit zu werden. In der Folge wurde nichts unversucht gelassen, um diese verschütteten Fähigkeiten ans Tageslicht schöpferischer, meist künstlerischer Tätigkeit zu befördern. Als schließlich ein Künstler sich selbst zum Kunstwerk erklärte, gab es kein Halten mehr. Ein Kunstbegriff, der bis an die Grenzen des Universums reichte, erklärte selbst den Inhalt einer Mülltonne zur Kunst, und Müll produzieren täglich alle. So wurden jeder und jede über Nacht zu ihren eigenen Grubenhunden, die in den Tiefen ihrer Persönlichkeit nach verborgenen Schätzen stöberten. Selbstredend, bis auf wenige Ausnahmen, ohne jeden Erfolg. Denn in Wahrheit sind Begabungen selten wie Trüffeln und entwickeln sich nur ausnahmsweise ein Leben lang im Verborgenen.

Nachdem wir schmerzhaft erfahren hatten, dass der Schöpfer mit Talenten äußerst sparsam umgeht, kam die Kunst-kann-jeder-Bewegung wieder außer Mode. Nun aber, im Alter, da der Geist befreit und beschwingt ist, meldet sich das Genie in uns zurück, das zudem in der Lage ist, zahlreiche alterstypische Probleme zu lösen. Es genießt hohes Ansehen und kann die Frage nach dem Daseinssinn beantworten. Die Zeit vergeht auf angenehme Weise, und der Stolz auf ein gelungenes Gedicht oder ansehnliches Bild entschädigt für den verlorenen Beruf.

Mein alter Freund Ali A., der aus Betzdorf an der Sieg, hat im vergangenen Winter über das Internet unsere Alterskohorte zu einem »Nasskalten-Winterabend-Reim-Slam« aufgerufen und brauchte sich um Gefolgschaft keine Sorgen zu machen. Schließlich sind einige hundert Reimereien zustande gekommen, darunter dieses hübsche Herbstgedicht:

Früher, das ist lang vorbei,
Samt der wilden Reiterei,
Schrill als Wüstling aufgezäumt,
Mit den Sitten aufgeräumt,
Jede Hemmung abgeschafft,
Nur die Sünd verleiht dir Kraft.
Und im Trubel toller Nächte
Stets von allem nur das Schlechte.
All das ist Vergangenheit!
Jetzt herrscht eine zahme Zeit.
Stille sitze ich hernieder
Und rülpse leise hin und wieder.

Im Gefolge jener bedeutsamen Kunst-kann-jeder-Bewegung entstand wenig später eine weitere: die Suche nach Selbstverwirklichung. Wenn ich es recht verstanden habe, gab es da in jedem Selbst etwas, das an seiner Verwirklichung durch die äußeren Umstände gehindert worden war. Diese wiederum hatten kein Interesse an den verborgenen Seiten des Selbst, das von Natur aus widerborstig ist und zur Anarchie neigt. Die äußeren Umstände bevorzugten deswegen den gleichförmigen Massenmenschen. So hing mal wieder alles mit allem zusammen. Nun aber, nachdem das Selbst eine Ahnung von sich selbst bekommen hatte, begann es mächtig nach außen zu drängen.

Selbstredend handelte es sich dabei um Persönlichkeitsmerkmale, die den bereits vorhandenen unversöhnlich gegenüberstanden. Das richtete bei erfolgreicher Praxis erst einmal ein ziemliches Durcheinander bei jedem Einzelnen an. Der Schüchterne wurde zum Draufgänger, der Feigling zum Helden, der Schweiger zum Schwätzer und der Zwerg zum Riesen. Wobei alle davon ausgingen, dass nur Gutes im Selbst verborgen war. Die Befürchtung, aus Familienvätern könnten Massenmörder und aus Demokraten Diktatoren werden, stand damals nicht auf der Tagesordnung.

Zeitgleich entwickelte sich die Selbstverwirklichungszubehörindustrie, die neben vielem anderen Räucherstäbchen, Batikfarben, Glasperlen und Stirnbänder unter das Volk brachte – wichtige Accessoires für die Suche nach dem Selbst, zu der viele aus meiner Generation damals aufgebrochen waren. Sie wurden unterstützt durch Herren, meist aus dem angelsächsischen Raum, die, mit Charisma, sagenhafter Beredsamkeit und prächtigen weißen Zähnen begabt, gegen Gebühren und andere Zuwendungen beim Bergen der inneren Schätze behilflich waren, oder durch Personal aus Fernost, das, im Gegensatz zu den hellhäutigen Kollegen, schwieg und den Suchenden mit dunklen, rätselhaften Augen, die wie Sardinen in Öl schwammen, in seinen Bann schlug. Die Bergungskosten für das Selbst nebst seiner Verwirklichung waren in beiden Fällen nicht unerheblich.

Wie alle menschlichen Torheiten hatte auch die Selbstverwirklichung ihre verlockenden Seiten. Die Vorstellung von verborgenen inneren Schätzen, verbunden mit der Hoffnung auf ein besseres Leben, gehört zu den gern geträumten Tagträumen. Außerdem konnten schlichte Bedürfnisse wie die nach körperlicher Nähe als Momente der Selbstfindung erklärt und leichter durchgesetzt werden. Denn zögerliche Adressaten dieses Ansinnens sahen sich dem Verdacht ausgesetzt, den anderen bei seiner legitimen Suche nach dem Selbst zu behindern, was damals keine gute Presse hatte.

Deswegen dauerte es eine Weile, bis die Suchenden ermattet innehielten, den Ertrag ihrer Bemühungen in Augenschein nahmen und ernüchtert feststellten, dass der Jutesack bis auf Zigarettenpapier und verdächtige grüne Krümel immer noch nichts Bedeutendes enthielt. Fast über Nacht wurde die Suche eingestellt, das Zubehör verschwand aus den Auslagen, und die fremden Helfer kehrten mit vollen Taschen in ihre Heimat zurück.

Neulich habe ich einige alte Bekannte angerufen, die seinerzeit auf der Suche nach dem Selbst gewesen waren. Sie konnten sich sehr genau an diese Phase ihres Lebens erinnern und wurden ganz fröhlich, als sie davon erzählten: »Ja, das waren wilde Zeiten damals. Ich möchte sie nicht missen, auch wenn wenig dabei herausgekommen ist außer jeder Menge Spaß. Ich bin damals durch halb Europa getrampt, um an einer bestimmten Gruppensitzung teilzunehmen. Im Gepäck eine Gitarre, auf der ich vier Griffe und *The House of the Rising Sun* spielen konnte.«

Andere hatte es bis nach Indien verschlagen, um in der fremden Ferne ihr mitteleuropäisches Selbst zu finden. Sie sind ausnahmslos ernüchtert zurückgekehrt.

Was denn zurückgeblieben sei?

»Nicht viel, eigentlich nichts außer einigen schönen Erinnerungen, die ich aber längst verkramt hatte. Schön, dass du mich daran erinnerst.«

Ob er es im Ruhestand noch mal versuchen würde?

»Nein, das ist vorbei, obwohl – ein wenig Sehnsucht ist noch vorhanden, jetzt, da wir von den alten Zeiten sprechen.«

Gerade weil die Suche abgebrochen wurde und damit unerledigt blieb und die Selbstverwirklichung ein neues Leben aus sich heraus ohne Umzug und tiefgreifende Entscheidungen verspricht, hat sie in manchem von uns bis heute überlebt. Mit Rentenbeginn wird sie sich wieder zu Wort melden und auf späte Erfüllung drängen.

Jüngst hat der Selbsterfahrungsgruppenmarkt seine Pforten wieder geöffnet. Das Angebot ist reichhaltiger geworden und hat sich den Bedürfnissen der neuen Klientel angepasst. Ist man schlecht beraten, dem nachzugeben? Natürlich nicht! Die Selbstverwirklichung ist die erschwinglichste und einfachste Form, sein Leben neu auszurichten. Sie wird selten gelingen, aber man ist gut und sinnvoll beschäftigt. Überdies wird im Alter das Träumen häufig zum Stoff, aus dem das Leben ist, denn was ist die Erinnerung anderes als der Tagtraum von der eigenen Vergangenheit?

Ich hatte ursprünglich, um meines Zeitkontingents Herr zu werden, begonnen, einen Roman zu schreiben, und befand mich damit in guter Gesellschaft zahlreicher Freunde und Bekannter, die sich nach Rentenbeginn ebenfalls als Schriftsteller versuchten. Seltsamerweise als Autoren von Kriminalromanen, einer naturgemäß blutigen literarischen Gattung, obwohl sie zeit ihres Lebens ein friedliches Dasein geführt hatten. In meinem Werk hingegen sollte es um Freiheit, Verführung und Verlassenheit gehen. Vorübergehend verstand ich mich als Chronist meiner Generation. Nach wenigen Seiten scheiterte ich jedoch an meinem Mangel an Poesie und Begabung und legte das Projekt wieder beiseite.

Stattdessen habe ich eine neue Gesprächspartnerin gefunden. Sie wohnt auf gleicher Höhe im Hinterhof, mir gegenüber. Vor ihrer Wohnung, die ich nur von Weitem kenne, ist mit der Renovierung des Hauses ein tiefer Balkon angebracht worden. Vom Frühling bis in den späten Herbst hinein treffen wir uns gelegentlich zu früher Stunde auf unseren Balkonen an und tauschen Neuigkeiten über die Begebenheiten in unseren Blumentöpfen aus. Während wir Geranien, Lavendel und Küchenkräuter gießen und trockene Blätter und welke Blüten zupfen, sparen wir hoch droben, quer über den stillen Hof, nicht mit gutem Rat, berichten über Neuerwerbungen und erörtern Empfehlungen, die wir in den Gartenteilen von Zeitungen und Zeitschriften gefunden haben.

Während ich früher viele Stunden vor den Zentralen der politischen Parteien verbracht habe, werde ich nun zur gleichen Zeit mit den ersten Frühlingssonnenstrahlen zu einem treuen Kunden der Gärtnereien im Umland von Berlin. Baumärkte lehnen wir ab, bin ich mir mit meiner morgendlichen Gesprächspartnerin einig, wenngleich ich nicht recht weiß, warum. Einen grundsätzlichen Dissens gibt es jedoch zwischen uns: Sie verwendet ausschließlich Naturdünger und natürliche Mittel zur Schädlingsbekämpfung, während ich gewissenlos zur Chemie greife. Wer die besseren Ergebnisse erzielt, ist noch nicht entschieden. Ständiges Thema in besorgtem Tonfall sind die Rosen, deren Pfahlwurzeln sich in unseren vergleichsweise flachen Blumentöpfen nicht wohlfühlen. Außerdem werden sie ständig von Rostpilz, Sternrußtau sowie echtem und falschem Mehltau befallen. Wahrscheinlich werden wir nächstes Jahr ganz auf sie verzichten.

Die stille Freude an der Balkongärtnerei hat sich nach und nach und ohne mein Zutun eingefunden. Es bedurfte der erstaunten Bemerkung eines Freundes, damit ich begriff, dass sich etwas in mir verändert hatte: »Was ist denn in dich gefahren? So als Gärtner verkleidet kenne ich dich gar nicht! Lass uns ein Taxi bestellen, sonst kommen wir zu spät«, wehrte er ab, als ich ihm stolz zwei Tomatenstöcke, die reichlich trugen, zeigen und jedes einzelne meiner prächtigen Küchenkräuter persönlich vorstellen wollte.

So habe ich ohne mein Zutun Gefallen an einer Vielzahl von Dingen gefunden, die ich früher achtlos übersehen hatte.

Unsere Erde ist still und bedächtig, laut und aufregend, abwechslungsreich, voller Formen, intim und großartig, sie riecht und klingt in unfassbarer Vielfalt. Man möchte nur ungern von ihr lassen. Das liegt am Blick, der mir mit zunehmendem Alter genauer geworden ist. Unmerklich habe ich begonnen, mich auf alltägliche Eindrücke einzulassen. Die Frühlingsboten einer Großstadt – Forsythien, Stiefmütterchen, Osterglocken auf den öffentlichen Wiesen und das erste Grün an den Bäumen – werden seither aufmerksam registriert. Bislang hatte ich sie nur beiläufig wahrgenommen, heute freue ich mich an ihnen. Sie sind Teil meines Lebens geworden. Ebenso wie das intensive Gespräch mit einer Freundin aus vergangenen Tagen über die Vielfalt des Frühlingsgrüns im Gegensatz zum satten, aber eintönigen Sommergrün. Ich habe ein Vogelfutterhäuschen gekauft und beobachte morgens von meinem Bett aus die muntere Schar, die, von meinen Sonnenblumenkernen angelockt, auf meiner Terrasse herumtobt. Auf Golfplätzen bemerke ich früh im Jahr Weidenkätzchen, später Schlüsselblumen und im Herbst die roten Früchte der Wildrose. Ich freue mich an alledem. Es geht mir zu Herzen und bindet mich wieder ein in eine Welt, die ich in den vergangenen Jahrzehnten meiner Berufstätigkeit selten betreten hatte.

Und noch etwas ist neu in meinem heutigen Leben: Seit ich morgens nicht mehr eilig zu bedeutsamem Tagewerk aufbreche, höre ich nach dem Aufwachen eine halbe Stunde Musik, nicht länger als Hintergrundgeräusch wie einst, sondern ausschließlich auf die Musik konzentriert. Da gibt es ständig überraschende und beglückende – auch so ein Wort, das frisch in meinem Wortschatz ist – Entdeckungen zu machen.

Mein Nachbar, der einst leidlich Geige spielte, lässt diese heute gottlob ruhen, aber er hat seine Noten wiederentdeckt und liest diese, während wir gemeinsam Mozarts Violinkonzerte oder Beethovens Violinromanzen hören. Wir sind uns einig, dass wir auf Musik nur ungern verzichten würden, und haben uns versprochen, sie nie wieder als Hintergrundgeräusch zu missbrauchen.

Ich kaufe ohne Anlass Blumen, die ich je nach Dicke der Stängel unterschiedlich lang zurechtschneide. Dadurch entsteht ein wild bewegter Strauß. Nach dem Aufstehen entferne ich die welken Blätter und beobachte, wie die Knospen aufblühen und verblühen. Das war mir früher unzugänglich. Jetzt bin ich der Natur dankbar für ihre Großzügigkeit und die vielen Eindrücke, die ohne Anstrengungen zu haben sind.

Für mich erschließt sich jetzt, da ich kein Teil mehr bin von einer großen Welt voller bedeutsamer politischer Betriebsamkeit, eine kleine Welt in ihrer unendlichen Vielfalt. Wenn ich allerdings versuche, meine Töchter an meinen neuen Erfahrungen teilhaben zu lassen, stoße ich auf Verständnislosigkeit. Wir scheinen in dieser Hinsicht unterschiedliche Sprachen zu sprechen. Vermutlich haben sie recht. Sie haben keine Zeit für meine Kleinigkeiten, die ich jüngst zu schätzen gelernt habe.

Meine betagte Mutter stellte jeden Abend ihren Wecker, um in der Morgendämmerung auf den Beinen zu sein. Sie ging dann in einem verschlissenen Bademantel, den sie innig liebte und jedem Weihnachtsgeschenk vorzog, fröstelnd auf den kleinen Balkon, der zu ihrer Wohnung gehörte, und betrachtete andächtig den Sonnenaufgang. Wenn Wolken ihr die Sicht versperrten, kam sie enttäuscht zurück. »Ich brauche das für den Tag. Es ist schön«, erklärte sie und fügte mit der seltsamen Sparsamkeit alter Leute hinzu: »Und billig ist es obendrein.«

Ein ehemaliger Kollege, der vor den Toren Kölns wohnt und dort ein großes Grundstück besitzt, hat sich nach der Pensionierung eine Schar Hühner angeschafft und versorgt die Familie täglich mit frischen Eiern. Später streift er durch einen nahe gelegenen Wald, auf der Suche nach Beeren und Pilzen. Nebenbei sammelt er Blätter ihm unbekannter Pflanzen und gleicht diese anschließend mit Carl Hoffmanns *Pflanzen-Atlas nach dem Linné'schen System* ab. Den frühen Nachmittag verbringt er in einem Straßencafé in der Nachbarschaft. »Dort schaue ich den Leuten nach. Die Zeitung lege ich nach kurzer Lektüre zur Seite und beobachte das Treiben. Es ist unglaublich vielfältig und abwechslungsreich. Mehr muss nicht mehr sein.«

Ähnlich sah es auch der alte Herr Rautenberg aus dem »Rosenpark«: »Je älter du wirst, desto schöner wird die Welt«, stellte er wehmütig fest, nachdem wir abends in seinem Apartment gemeinsam und unterstützt von seiner Ziehharmonika ein Lied über die kleinen Freuden des Alters gesungen hatten, und fügte hinzu: »Vom Leben kann ich nicht mehr viel erwarten – aber ich freue mich auf jeden Augenblick.«

Der Augenblick ist kleinteilig, auf die unmittelbare Erfahrung angewiesen und führt zu gemächlichem Gang. Wer die Zukunft sein lässt und den Augenblick vorzieht, kommt dadurch unwillkürlich ins Schlendern. Von außen betrachtet mögen die Tage und Stunden im Alter mit Nichtstun angefüllt sein, doch tatsächlich setzen sie sich aus unzähligen Geringfügigkeiten zusammen, die ohne weitere Bedeutung sind außer für denjenigen, der ihnen gerade nachgeht. Im besten Fall verzichten wir auf die Ferne und werden im literarischen Sinne Vitalisten: Die gesellschaftlichen Lebenszugaben wie Karriere, Ansehen und Reichtum tun wir beiseite, bescheiden uns mit dem, was die Natur uns gibt und leben trotz nachlassender Kräfte und schwächerer Sinne fortan lebhafter.

Die Kehrseite der neuen Fülle äußert sich bei mir in einem ständigen Gefühl leichter Wehmut, verbunden mit der Ahnung, dass ich eines Tages alles, was mir neuerlich lieb und teuer geworden ist, verlassen muss und verlieren werde.

Schließlich gerät mir auch jene bewährte Einsicht kluger Menschen in Gefahr: Man wolle nicht mehr jung sein. Das ist vermutlich eine verzeihliche Lüge, um die Trauer über die verlorene Zeit in Grenzen zu halten. Ich bekenne freimütig: Ich möchte alles noch einmal haben – die Höhen und Tiefen, das Versagen und den Erfolg, die Freuden und die seltenen Momente der Verzweiflung. Ich möchte alles noch einmal unmittelbar, ungeschützt und ohne den altersschweren Ballast meiner Erfahrungen erleben. Ich möchte noch einmal im Park hinter dem Gutshaus meiner Jugend Esskastanien sammeln, am nächsten Tag einen Leiterwagen mit zwei prall gefüllten Säcken die lange Dorfstraße hinaufziehen, um bei der Winzergenossenschaft von einem durchreisenden Händler betrogen zu werden. Und ich möchte auch diesmal mit leerem Hosensack zurückkehren.

Um meine Lebensdauer mache ich mir keine Gedanken, würde aber ungern die schönen Dinge aufgeben. Mit jeder neuen Entdeckung wiegt der Verlust, dem ich unausweichlich entgegengehe, schwerer. Ich möchte nicht mehr von Sonnenuntergängen, bunten Wiesen, alten Büchern, guten Gesprächen, herrlicher Musik, schwerem Wein und, ach ja, der steten Arbeit an meiner Beziehung lassen, aber ich werde wohl irgendwann nicht umhin kommen.

Vom Leid mit der Leiblichkeit

*»Das Beste am Alter ist die Befreiung
von sexueller Begierde.«*

Simone de Beauvoir

Was wird im Alter eigentlich aus der Libido, die bei vielen von uns doch einen bedeutenden Platz im Leben eingenommen hatte und die Ursache von Glück und Unglück, von langer Grübelei und bewusstloser Hingabe gewesen war? Für unsere Vorfahren hatte sie noch im sicheren Schoß der Kirche geruht, die über Jahrtausende bemüht gewesen war, die gefährliche Fracht zu entschärfen. Wir haben sie aus der christlichen Gefangenschaft erlöst und sie nebenbei von ihrer eigentlichen Pflicht, der Reproduktion, entbunden.

Praktisch wäre es, sie zöge sich unauffällig zurück, und die Gesellschaft stellte den notwendigen Raum aus Verständnis und Diskretion bereit. So muss es wohl einst gewesen sein. »Das Alter hat die Heiterkeit dessen, der eine lang getragene Fessel los ist und sich nun frei bewegt«, kann Arthur Schopenhauer eine der wenigen Segnungen hoher Jahre noch beschreiben. Die heutigen Verhältnisse indes sind nicht danach. Die Sexualität bleibt in modernen Zeiten auch im Alter dominantes Thema.

Die Angehörigen meiner Generation, die Nutznießer der neuen Sinnenkraft und die Erfinder der Redseligkeit zu allem, schweigen indes beharrlich, wenn es um Sexualität geht. Abgesehen von kleinen, melancholischen Nebengeräuschen, die stets Verlust andeuten, ist sie aus unserer Mitteilsamkeit verschwunden. Wir fühlen uns den Leidenschaften zwar noch verpflichtet, aber sie erreichen uns nur noch in gedämpfter Form. Das bringt uns zwischen Anspruch und Leistungsfähigkeit in eine unkommode Lage.

Zahlreiche einst geläufige Begriffe zum Thema haben wir aus unserem Wortschatz getilgt. Wo sind der starke Tobak von ehedem und die Andeutungen oder detaillierten Berichte über nächtliche Abenteuer geblieben? Die waren zwar in der Mehrzahl übertrieben, gaben aber stets famosen Gesprächsstoff ab. Ist dieses Schweigen Einsicht und Schicklichkeit geschuldet oder Folge bitterer Erkenntnis? Unsere Blicke schweifen noch, aber sie kommen über ein diffuses Gefühl der Vergeblichkeit selten hinaus und ziehen sich rasch wieder zurück. Wenn wir gemeinsam im Straßencafé sitzen und eine attraktive Person kommt vorbei, wäre sie früher sogleich Gegenstand unserer Unterhaltung geworden. Heute blicken wir stumm hinterher und geben acht, dass der Nachbar – oder die Nachbarin – uns dabei nicht ertappt.

Ein ergrauter Minister im Kabinett Schröder erzählte mir eines Tages, nachdem wir unser Gespräch im *Morgenmagazin* hinter uns gebracht hatten, dass er, wenn auch vorsichtig und kaum bemerkbar, immer noch attraktiven Frauen auf der Straße nachschauen würde. Neulich habe ihn aber seine heranwachsende Tochter dabei erwischt und ihn entsetzt zurechtgewiesen: »›Vater, lass das!‹ – Aber ich meine«, fragte er, um Zustimmung bittend, »das muss doch noch erlaubt sein?«

Ich habe ihn in seiner kleinen, unschuldigen Ausschweifung bestärkt und hoffe, er riskiert auch heute noch verborgene Blicke.

»Über solche Themen spreche ich eigentlich mit niemandem«, erklärte er, als unser flüchtiger Diskurs zur Blickfreiheit beendet war. Warum eigentlich nicht?

Ungezählte Bücher über das Altern schildern in allen Einzelheiten Chancen und Verluste später Sexualität. Gleichwohl – wir schweigen. Auch ich bin still, und mir wäre nicht wohl, wenn jemand das Thema anspräche. Ich gebe nichts her und will auch nichts wissen. Wir Männer sind gemeinsam stumm.

Es gibt eine ganze Reihe wissenschaftlicher Untersuchungen zu den Ereignissen in den Schlafzimmern alter Menschen. Da jedoch niemand zu sagen vermag, was in einem bestimmen Alter sexuell »normal« ist, sind die Ergebnisse uneinheitlich.

Einer amerikanischen Studie zufolge sind von Paaren zwischen sechzig und vierundsiebzig Jahren bis zu sechzig Prozent sexuell aktiv. Wir wissen jedoch nicht, in welcher Form und wie häufig. Nach einer anderen Studie haben von Paaren zwischen fünfundsechzig und siebzig noch fünf Prozent einmal in der Woche Geschlechtsverkehr und zwölf Prozent einmal im Monat. Auch hier wissen wir nicht, was die alten Paare da im Einzelnen treiben. Eine weitere Untersuchung behauptet, vierundneunzig Prozent der Männer und dreiundsechzig Prozent der Frauen zwischen fünfundsechzig und vierundsiebzig hätten intime Beziehungen. Man fragt sich allerdings, mit wem sich die Männer bei diesem großen zahlenmäßigen Gefälle zwischen den Geschlechtern amüsiert haben wollen. Die Lage ist also unübersichtlich, die Vorurteile sind immer noch groß, und die knappe Formel: »Die Frauen wollen mehr, die Männer können weniger« gilt weiterhin.

Frauen hingegen sind weniger verstockt, erfahre ich in offenem Gespräch, das sich selbstredend nicht um Sexualität dreht, sondern um die Frage, ob über sie geredet wird. Aus der Vogelperspektive, wo die Libido keinen Schaden anrichten kann, verstehe ich trefflich, über sie zu räsonieren. Was hingegen im Einzelnen besprochen wird, will ich nicht erfahren. Gut kann es nicht sein, schließe ich aus versteckten Hinweisen. Es handelt sich demnach um eine stattliche Mängelliste männlichen Versagens.

Nach Jahrzehnten grenzenloser Beredsamkeit stecken wir in einer Sackgasse der Sprachlosigkeit fest und wissen nicht, wohin. Denn mit ihrer Verdrängung ist die Realität noch nicht aus der

Welt geschafft. Wir befinden uns mit dieser rätselhaften Schweigsamkeit zwar in der guten Gesellschaft unserer Eltern, die freilich
aus anderen Motiven, nämlich scham- und stilvoll, geschwiegen
haben.

Als ich eines Tages nach Einbruch der Dunkelheit meine Mutter in ihrer Seniorenresidenz besuchte, saß sie fein gemacht in ihrem Lehnstuhl und sah mich ratlos und verstört an.

»Was ist dir?«

»Ich war tanzen.«

Meine Mutter war einst, sehr zum Leidwesen meines Vaters,
den bereits ein Schiebewalzer vor unlösbare Herausforderungen
stellte, eine vorzügliche und ausdauernde Tänzerin gewesen.

»Das ist doch schön. Hast du dich amüsiert? Hat dich jemand
aufgefordert, oder warst du Mauerblümchen?« Mütter brauchen
flotte Redensarten.

»Es waren keine Männer da.«

»Aha! Und?«

»Ich habe mit Frauen getanzt!«

»Auch schön!«

»Ich habe noch nie mit Frauen getanzt.«

Ich bemerkte, dass meine Mutter zutiefst erschüttert war.
Offensichtlich sprengte der Tanztee unter der Führung betagter
Damen, die mit langsamen Schritten einer altersgerechten Musik
folgten, ihre Vorstellung von jeglichem respektablen Verhalten.
Nach sechs Jahrzehnten in den Armen von Männern und ungezählten schnellen Drehungen zu Wiener Walzerklängen kam ihr
der Tanztee mit Klavierbegleitung an den Schultern alter Frauen
wie der endgültige Abschied aus jener Welt vor, die ihr einst das
Leben bedeutet hatte.

»Dann bist du wenigstens nicht in Versuchung geraten, wenn
du noch in Gefahr sein solltest, einer zu erliegen.« Persönliche
Themen konnte man mit meiner Mutter nur aus der Distanz
leichter Ironie ansprechen. Zumindest glaubte ich das damals.

»Ach«, seufzte sie, »es hört nie auf. Es ist schrecklich.«

Das war der intimste Moment, den ich im Lauf vieler Jahrzehnte mit ihr je erlebt habe, und das einzige Mal, dass die Andeutung einer Klage hörbar wurde.

Nachdem einige Jahrhunderte ins Land gegangen waren und das Christentum von einer verfolgten Sekte zu einer mächtigen Staatskirche geworden war, setzte es einen verwegenen Plan in die Tat um und erklärte jene Begierde, die dafür gesorgt hatte, dass die Menschheit in nachparadiesischen Zeiten überlebt hatte, als Wollust zur Todsünde.

Thomas von Aquin, der den ehelichen Geschlechtsakt durchweg mit Begriffen wie »Schmutzigkeit«, »Abscheulichkeit« und »Entehrung« beschrieben hatte, war natürlich nicht verborgen geblieben, dass dieser Voraussetzung auch für den klösterlichen Nachwuchs war. »So kann auch geschlechtliche Betätigung ohne jede Sünde sein, falls sie die rechte Weise und Ordnung wahrt, indem sie dem Zweck der Zeugung dient«, gestand er in zögerlichem Tonfall zu.

Ein zielführender, schlichter, vermutlich rascher Geschlechtsakt ohne Extras blieb also erlaubt. In der Logik des Arguments würde dann alten Menschen, die weder zeugen noch gebären können, jedes fleischliche Vergnügen zur Todsünde. Die wiederum führt auf direktem Weg in den dritten Kreis der Hölle, ein besonders trostloser Ort im Jenseits. Ein langes, gottesfürchtiges Leben wäre umsonst geführt worden – ein Risiko, das kein vernünftiger Mensch eingehen wird. Damit waren die Alten elegant und von höchster Stelle für viele Jahrhunderte von der lästigen Libido befreit worden. In der Zwischenzeit jedoch hat sich der Herrgott weitgehend aus dem Zeugungsgeschäft und seinen Wonnen zurückgezogen.

Unsere Einsilbigkeit in Bezug auf das heikle Thema Wollust und Sexualität hat andere Motive. Für unsere Vorfahren war

Sexualität der Ausnahmezustand, für uns ist sie zu einem Dauerzustand geworden, der alle gesellschaftlichen Bereiche durchdringt. Wir haben zugelassen, dass sie aus den dunklen, aber heimeligen Höhlen der Intimität ans Licht der Öffentlichkeit gezerrt wurde und dort unter das Joch der protestantischen Ethik mit ihrem Leistungsanspruch geriet. Nun, im Alter, sind die Instrumente der Libido beschädigt, abgenutzt und stumpf, gleichgültig und unansehnlich geworden, und die Einsicht, dass in der Psychopathologie des Menschen »insbesondere die bewusste oder unbewusste Angst vor der Schädigung der Sexualorgane« eine wichtige Rolle spielt, drängt unaufhaltsam an die Oberfläche unseres Bewusstseins. Auf solche Situationen reagiert der Mensch mit dem handlichen und bewährten Einsatz der Verdrängung, was unsere Verschwiegenheit eindrucksvoll dokumentiert. Auch so eine Erbschaft des befreiten Lebens, das eines Tages und unvorhergesehen seinen Tribut fordert.

Ein ergrauter Protagonist der Befreiungsbewegung erklärte kürzlich: »Sex ist doch was für Spießer« und befreite sich damit elegant aus allen späten Verpflichtungen, für die er einst gekämpft hatte. Die christliche Wollust wird durch den stets verachteten Kleinbürger ersetzt, denn wer möchte schon gerne Spießer sein.

Homosexuelle gehen unbefangen mit dem Thema um. Sichtlich stolz berichtete ein schwuler Freund vor nicht allzu langer Zeit in einem Kreis, der sich nach einer Theaterpremiere um einen Stehtisch versammelt hatte, dass er kürzlich einen jüngeren Liebhaber gefunden habe, »und das bei meiner Figur!«. Im Folgenden erzählte er uns Einzelheiten aus seiner neuen Beziehung. Peinliches Schweigen bei den männlichen Zuhörern und deren Frauen und schneller Themenwechsel.

Unser Schweigen verheißt nichts Gutes, denn wenn die Sache auf dem rechten Weg wäre, würde unsere Beredsamkeit weiterhin keine Grenzen kennen. Silvia Bovenschen, die ihre Wurzeln tief in der antiautoritären Bewegung hat, gesteht in ihren Notizen zum

Alter inmitten genauer und melancholischer Betrachtungen unvermittelt ein, sie sei unbedingt für eine rege Alterssexualität, fügt jedoch erbarmungslos hinzu: »Ich möchte nur nicht dabei sein.«

Was für ein erschreckend schicker Satz aus der Feder einer Autorin meiner Generation, die vermutlich für sich in Anspruch nimmt, ihre Gedanken im Dienst der Aufklärung zu entwickeln. Wer hat sie je gebeten, bei nächtlichen Ausschweifungen anderer dabei zu sein? Mit ihrer Äußerung ist ja nicht nur der Ekel vor körperlicher Nähe, sondern auch das Reden, Austauschen und Nachdenken über die Libido gemeint. Aufgewachsen unter dem Diktat des schönen Körpers, unterwirft man sich dessen Ästhetik und wird zum Opfer einer Entwicklung, die man einst als Warenfetischismus bekämpft hatte. Aus der befreiten Libido der Jüngeren wird die verdächtige Wollust des Alters.

Wir sind umzingelt von widerstreitenden Kräften, die drohend, schmeichelnd und fordernd an uns zerren. Zeitgemäßem Ratschlag zufolge sind späte Ausschweifungen die Voraussetzung für ein gelungenes Altern. Die Libido selbst, der Motor der Begierde, verliert jedoch an Kraft und zieht sich allmählich zurück. Die Gesellschaft ihrerseits wird zwar ständig älter, ihre libidinöse Ästhetik jedoch täglich jünger. Deren reale Verkörperung steht uns freilich nicht mehr zur Verfügung. Niemals zuvor in der Geschichte haben so viele Menschen die Bilder so vieler schöner Menschen gesehen. Der junge Leib bleibt jedoch außer Reichweite, denn der alte Leib verliert in einer Kultur gnadenloser Makellosigkeit jegliche Anziehungskraft.

Heillos verstrickt zwischen dem Gebot regelmäßiger Sexualität als bekömmlichem Genussmittel und einer Warenästhetik, die unaufhörlich die Libido mit dem unzugänglichen, jugendlichen Leib als visuellem Auslöser von Begierde verknüpft, haben sich viele von uns ins Schweigen zurückgezogen und betrachten aus sicherer Distanz, was sich vor den Toren ihrer Fluchtburgen abspielt.

Aus diesem ungenießbaren Gebräu führt nur ein Weg ins Freie: gelassen und ruhig die Vergänglichkeit der Libido zu akzeptieren. Dieser Weg aber scheint im Augenblick blockiert zu sein durch die Hoffnung auf die unerhörten Freuden, zu denen die alten Leiber untereinander angeblich fähig sein sollen. Zudem sind wir noch nicht bereit, das Unabänderliche als eine unüberhörbare Begleitmusik unseres Lebens zu akzeptieren. Noch sind wir die Herren über unser Schicksal, ein Anspruch freilich, der ein absehbares Verfallsdatum hat.

Ab siebzehn Uhr trafen sich die Bewohner der Seniorenresidenz südlich von Orlando wie jeden Tag an der kleinen Bar in der großen Eingangshalle. Im Hintergrund spielte die hauseigene Countryband *O lonesome me* von Don Gibson. Am Schlagzeug trommelte der vierundneunzigjährige Jack aus Park Falls, Wisconsin, unbeirrbar einen soliden Viervierteltakt. Bei *El Paso* von Marty Robbins ging er geschmeidig in einen Dreivierteltakt über, der so leicht und unbeschwert daherkam wie die kleinen weißen Wolken am ständig blauen Himmel. Ich habe nie wieder einen derart seligen Ausdruck im Gesicht eines Menschen gesehen. So müssen im Jenseits die Wonnen angesichts des Schöpfers erlebt werden.

An der Bar wurde derweil über das Ergebnis der Heimversammlung, die gerade zu Ende gegangen war, diskutiert und gestritten.

»Wir mussten über die gelblichen Schlieren im Schwimmbecken reden«, klärte mein Nachbar mich über den Grund der heftigen Auseinandersetzungen auf. »Alt werden heißt leider auch verzichten. Wer seine Pisse nicht mehr halten kann, der hat im gemeinsamen Pool nichts verloren. Keine Gummiwindel hält zu hundert Prozent. Er kann ins Meer gehen mit und ohne Windeln, aber nicht in unser Wasser. Bei den Temperaturen hier riecht man schon geringe Spuren von Urin. Aber natürlich«, fügte er verständnisvoll hinzu, »fällt es schwer einzugestehen, dass die

Schließmuskeln ihren Dienst versagen. Es ist ein weiterer Schritt in jene Richtung, in die keiner gerne geht.«

Ich nickte ratlos ob dieser schonungslosen Offenheit. »Merkt man das nicht, wenn die schwimmen gehen?«

»Sie schleichen sich nachts oder frühmorgens ins Wasser. Wenn sie nicht Vernunft annehmen, müssen wir einen Wächter abstellen, was Geld kostet. Auf jeden Fall wird es schwierig werden, Freiwillige zu finden«, seufzte er.

Stan Levy gesellte sich zu uns. Er könne seine Pisse halten, versicherte er ungefragt, und ließ seinen Blick unternehmungslustig durch den Raum schweifen, der sich mittlerweile mit einer großen Schar trinkender und lachender, aber auch müder und schweigsamer alter Menschen gefüllt hatte.

»Das ist mir wichtig«, ergänzte er.

»Warum das?«

Stan blickte mich verschwörerisch an.

»Schau her! Ich bin klein und kahl. Ich komme aus Hagensack, New Jersey, und mehr als ein Briefträger bin ich nie gewesen. Ich hatte wenig Glück bei den Frauen. Die meisten haben mich nicht gesehen, und der Rest hat mich nicht wahrgenommen. Hier aber«, und er blickte tatendurstig auf die große Anzahl älterer Frauen, »hier, ganz am Ende, kann ich sie fast alle haben. Gut«, er zog bedauernd die Schultern hoch, »sie sind nicht mehr ganz frisch. Du musst Kompromisse eingehen, aber das habe ich ohnehin ein Leben lang getan.«

In diesem Moment drängten Marcy und Janine mit leeren Gläsern an die Bar. Sie bestellten im nasalen, trägen Ton der Südstaaten zwei Cocktails. Die beiden waren Mitte siebzig und in ihrer Jugend Southern Belles gewesen, makellose Schönheiten, dazu erzogen, ihren gutbetuchten Ehemännern das Leben in all seiner Vielfalt angenehm zu machen. Mit starken Strichen hatten sie die Konturen ihrer glanzvollen Vergangenheit in die faltigen Gesichter gezogen. Ob sie trotz ihres Alters noch mit der Jugend konkurrieren wollten?

Sie lachten. »O nein, Honey, die Zeiten sind vorbei, und wir wissen das. Jetzt balgen wir uns um Typen wie diesen«, Marcy warf Stan einen kurzen Blick zu, »der bei uns zu Hause nicht einmal die Teller hätte abtragen dürfen, und ich sage abtragen! Aber hier kommen achtzig gut erhaltene Weiber auf zwanzig Männer, von denen die Hälfte nichts mehr hochkriegt. Der da«, sie wies auf die gegenüberliegende Seite der Bar, wo ein Herr mit schmalem Oberlippenbart vorsichtig an einem Cocktail nippte, »das ist mein Milieu! Aber der redet nur noch Unsinn und verbringt seine Tage im Rollstuhl. Was wollen Sie machen. Ich habe keine Lust, unter einer Kniedecke nach einem abgestorbenen Stück Fleisch zu kramen, um dann erfolglos zu versuchen, es in Form zu bringen. Und glauben Sie mir, ich bin nicht ungeschickt. Also kriegen wir uns wegen Typen wie diesem kleinen Strolch mit seinem komischen Namen und seinem stolzen Schwanz in die Wolle. Immerhin ist er unterhaltsam, was man von den Männern meiner Vergangenheit nicht sagen kann. Die kamen als Jäger und Golfspieler direkt aus der Heimat allen Stumpfsinns.« Herablassend strich sie Stan über den kahlen Schädel. »Ich versichere Ihnen – wir haben noch unser Vergnügen!«

Sie wurde sentimental. Ein Träne bahnte sich ihren Weg über die Wange und spülte eine kleine Lawine von Rouge und Puder vor sich her. Es sah nicht schön aus. Die beiden nahmen ihre Cocktails und verschwanden trotz der randvollen Gläser mit dem sicheren Schritt erfahrener Partygäste in der Menge. Stan, der ungerührt zugehört hatte, lächelte still, wie einer, der Niederlagen nicht mehr zu fürchten braucht.

In unserer Jugend wurde seinerzeit die Pille entwickelt, um zu verhindern, dass aus Spaß jemals Ernst würde. Selten hat eine einzelne Erfindung das gesellschaftliche Bewusstsein, und das hat in der Regel einen sturen Charakter, so schnell und tiefgreifend verändert. 1966 waren siebzig Prozent der Studentinnen Jungfrauen und davon überzeugt, vorehelicher Geschlechtsverkehr sei schädlich. Zwei Jahre später bereits, die Pille lag in der Zwischenzeit in jedem Badezimmer, war davon keine Rede mehr. Der Keuschheitsgedanke war über Nacht der »normativen Kraft des Koitus«, der bis dahin eher eine Existenz im Verborgenen geführt hatte, zum Opfer gefallen. Die unvorhergesehenen Folgen können wir zwei Generationen später besichtigen. Aus der vaterlosen ist die kinderlose Gesellschaft geworden.

Fünf Jahrzehnte später kommt, rechtzeitig für unser Alter, Viagra auf den Markt. Das verhilft der Libido zwar nicht auf die Sprünge, aber der Erektion, dem sichtbarsten Ausweis von Zeugungskraft und Virilität. Damit soll die Natur ein weiteres Mal überlistet und unser langer Weg durchs Alter mit Freuden garniert werden, die bislang das Vorrecht der Jüngeren gewesen waren.

Sexualität spielt sich jedoch vor allem im Kopf ab und verlangt nach Vertrautheit, Erfahrung und Fantasie. Erst daraus entsteht jene Intimität, die aus Sexualität einen treuen Gefährten der Zuneigung werden lässt. Viagra ersetzt den Kopf und die Emotionen durch Chemie. Wir sind dabei, im Alter den gefühlsneutralen, auf die Mechanik einer Luftpumpe reduzierten Geschlechtsverkehr zu erfinden.

Ein weiteres Mal versuchen wir, ohne weiter darüber nachzudenken, den Vorgaben der Natur zu entkommen. Die Folgen dieser Neuerung werden wir in zwei Jahrzehnten jenseits aller Verantwortung betrachten können.

Die Aufregung um Viagra und das Ersetzen einer sensiblen Diskussion zwischen den Partnern durch Chemie lässt oft vergessen, dass es selbst im hohen Alter eine Sexualität gibt, die auch ohne Erektion und Pillen sehr vergnüglich ist. Heinz Kleinmann, der im »Rosenpark« ein Nachbar war, gestand mir eines Abends nach einigen Gläsern Wein, dass ihm seine zweite, kaum jüngere Frau Handreichungen und anderes gezeigt habe, »die mich erlöst haben. Seither vergnügen wir uns, wenn immer Lust ist, und ich kann beruhigt ins Bett kommen, auch wenn es, Sie wissen schon, nicht mehr so wie früher ist«, wie er sich etwas gewunden, gleichwohl eindeutig ausdrückte.

Das Spektrum der sexuellen Aktivitäten und die Formen der Befriedigung sind bekanntlich von unglaublicher Vielfalt. Kein menschlicher Trieb ist so plastisch und formbar wie die Libido. In dieser unerschöpflichen Vielfalt werden wir uns aufs Neue zurechtfinden müssen. »Altern selbst führt nicht zu sexuellen Problemen«, heißt es in einem umfangreichen amerikanischen Standardwerk über Geriatrie. Form, Intensität und Häufigkeit unserer Wollust werden sich verändern. Voraussetzung sei aber die Befreiung von gesellschaftlichen Leitbildern zur sexuellen Attraktivität.

Wir werden jedoch die Verknüpfung von jungem Leib und Begierde auf gesellschaftlicher Ebene schwerlich aufheben können. Sie hat über Jahrzehnte eine Beharrlichkeit entwickelt, der gegenüber jeder Einzelne machtlos ist. Zudem ist sie eng mit unserer Form des Wirtschaftens verbunden. Die seltenen Versuche, für eine sinnliche Ästhetik des alten Körpers zu werben, erhalten zwar stets die guten Kritiken des schlechten Gewissens, aber sie bleiben folgenlos. Sie stören, und es ist nicht ausgemacht, ob sie nicht das Gegenteil dessen bewirken, was sie erreichen wollen. Wir werden den Kampf um veränderte Leitbilder in unseren Köpfen zwischen den eigenen vier Wänden ausfechten müssen, jeder für sich. Im Alter wird wieder zur Privatsache, was wir einst gedankenlos der Öffentlichkeit preisgegeben hatten.

Und eine Liebestechnik aus früher Jugendzeit könnte wieder an Bedeutung gewinnen. Damals war die Selbstbefleckung von allerlei dunklen Gerüchten umgeben. Tatsächlich aber sei sie die Liebe mit dem Menschen, den er am meisten schätze, begründet Woody Allen deren Unentbehrlichkeit, und Oscar Wilde fügt feinsinnig hinzu, dabei würde man zudem nur wohlerzogene

Menschen treffen. Betty Dodson, die ich in New York kennenlernen durfte, hat ein Buch zum Thema veröffentlicht und erläutert sachlich und entspannt die Vorteile des Onanierens: »Der Geschlechtsverkehr ist ein komplizierter und zeitraubender sozialer Vorgang. Sie müssen jemanden kennenlernen, einen geeigneten Ort finden, sich aufeinander einstimmen, und selbst unter günstigen Voraussetzungen geht es häufig schief. Bei der Onanie hingegen entfallen alle diese Schwierigkeiten.«

Trotz dieser unbestreitbaren Vorzüge geben weniger als fünfzig Prozent der älteren Menschen an zu onanieren, was im Hinblick auf die grantige, aber für die Alten wertvolle Einsicht von Karl Kraus: »Der Beischlaf hält nicht, was die Onanie verspricht« eine erstaunlich niedrige Zahl zu sein scheint. Vielleicht bringt das Internet mit all seinen verborgenen Nischen meine Generation wieder auf Trab.

Im Alter trennen sich häufig die sexuellen Biografien von Mann und Frau und, wenn es die Platzverhältnisse erlauben, auch die Schlafzimmer. Der Partner sei nachts unruhig, heißt es dann, will sagen, man erträgt den Körper des anderen nicht mehr. Er ist fremd und anstößig geworden und erinnert an die eigene Vergänglichkeit. Die erloschene Begierde ihm gegenüber verursacht Unbehagen. Was einst Sehnsuchtsort gewesen war, ist trostlose Wüste geworden, die man unter allen Umständen meiden möchte.

Es ist der Beginn einer »erbarmungslosen Entsolidarisierung« der Männer von ihren gleichaltrigen Frauen, die freilich in alter Ehe ihre betagten Partner häufig auch nicht mehr begehrenswert finden.

»Es ist der Blick«, versuchte eine alte Freundin, die in langer, oft ruppiger Ehe lebt, mir die Veränderung zu erklären. »Mein Mann nimmt mich zwar als Gegenstand wahr, damit er nicht über mich stolpert wie über einen Putzeimer, aber sein Blick ist erloschen. Er ist nicht ohne Wärme, aber er gleitet an mir ab wie Tropfen an

215

der Fensterscheibe. Das war mal anders. Damals hat er mich angeschaut, und in seinem Kopf übernahm die Fantasie mit aller Konsequenz die Macht. Jetzt bewirke ich nichts mehr in ihm. Ich bin ihm in dieser Hinsicht abhanden gekommen. Wir wissen allerdings, dass wir uns in schweren Zeiten aufeinander verlassen können. Das ist zwar nicht aufregend, aber nützlich und beruhigend. Über die Gründe seiner körperlosen Anhänglichkeit«, fügte sie hinzu, »will ich mir besser keine Gedanken machen.«

Ob ihm jener Blick aus grauen Vorzeiten denn gänzlich abhanden gekommen sei?

»Nein, er hat ihn noch, und zwar bei jüngeren Frauen. Eigentlich tut er mir in diesen Momenten leid, denn die schenken ihm den gleichen Blick wie er mir. Aber das bemerkt er nicht. Männer eben!«

»Es gibt noch einen zweiten«, ergänzte eine Freundin, die schweigend und kopfnickend dabeisaß. »Ich nenne das den Haifischblick, wenn mein Mann plötzlich und ohne Anlass, seelenlos wie ein Hai und unbarmherzig wie ein Krokodil, mein Gesicht oder meinen Hals mustert und dabei neue Falten, geplatzte Äderchen oder die weiten Poren des Alterns entdeckt. Vieles kennt er ja schon, aber es kommt ständig Neues hinzu. Er kommt mit meinen Altersmarkierungen nicht zurecht, sie schrecken ihn spürbar ab. Du siehst ihm an, was in seinem Gehirn vor sich geht. Verschont mich aber mit Einzelheiten.«

Es ist dies vermutlich jener Blick, von dem es bei Theodor Fontane heißt: »O Gott, was doch drei Jahre aus einem Menschen machen können!«, während Jeanne Moreau ein Jahrhundert später und in der unverblümten Sprache ihrer Zeit schonungslos feststellte: »Das Fleisch des anderen beginnt zu stinken.«

Vor Kurzem habe ich ohne Anlass und Absichten nebenbei eine jüngere Frau in der Straßenbahn angelächelt. Sie war zwar nicht zu Tode erschrocken, aber dachte sichtlich erschüttert darüber nach, warum ein Mann in meinem Alter so etwas Ungeheuerliches tun würde. Als sie die Bahn verließ und ihre Fassung zurückgewonnen hatte, streifte sie mich kurz mit einem entgeisterten Blick.

Zwei Wochen später rief mich eine ferne Bekannte an und erbat Rat für ihre heranwachsende Tochter, die sich beim Fernsehen umschauen wollte. Wir verabredeten uns in einem Café, wo sie mir Lisa, so hieß die junge Dame, vorstellen wollte. Die war groß, schmal, bewegte sich mit träger Gelassenheit und – war jenes Opfer meines ungebundenen Lächelns in der Straßenbahn gewesen. Sie konnte sich zwar nicht an mich erinnern, wohl aber an den unerhörten Vorfall, von dem sie sogleich ihren Freundinnen berichtet hatte. Sie wusste noch genau, was ihr damals durch den Kopf gegangen war: »Spinnt der? Was ist in den Alten gefahren? Sehe ich so fertig aus, dass mich Greise für die ihren halten? Will der was von mir? Gott sei Dank ist die Straßenbahn überfüllt! Für was hält der sich? Abgefahren, Chucks trägt er auch noch!«

Wir haben uns dann über die Wahrnehmungskultur zwischen jungen Frauen und alten Männern unterhalten. In ihren Augen war ich ohne jede Einschränkung alt. Jene Jugendlichkeit, die meiner Generation angeblich eigen ist, konnte sie nicht entdecken.

»Stellen Sie sich vor, meine Clique wollte neulich auf eine Ü-30-Party gehen! Krass, oder?«

»Sehr krass!«

Sie war grenzenlos liberal und hatte wirklich nichts gegen alte Leute, was vor allem daran lag, dass sie uns gar nicht wahrnahm. Wir waren ihr wie Laternen, Litfaßsäulen oder Hydranten, Gegenstände, die man bemerkte, um ihnen auszuweichen. Die Stadt mit all ihren Accessoires gehört der Jugend. Wir Alten stehen am Rand und in den Ecken und dürfen dem Treiben zuschauen. Würden wir es wagen, zwei Schritte vorzutreten, wären wir schnell zu Fall gebracht.

Lisas Welt war angefüllt mit Mode, Musik, Freundinnen,

Freunden, Schule und tausend kleinen Sorgen. Sie war einem ständigen Strom lebensnotwendiger Eindrücke und Anforderungen ausgesetzt und gezwungen, ihre Kräfte einzuteilen. Wir Alten schaffen es nur noch bis zu ihrer Netzhaut. Der Raum dahinter, dort, wo das Sehen anfängt, bleibt uns verschlossen. Wir werden unsichtbar, was nicht ohne Vorteil ist, denn wir haben so manches zu verbergen. Dies Leben im Halbschatten wird meiner Generation, die einst das öffentliche Privatleben erfunden und in die Tat umgesetzt hatte, schwerfallen. Im Alter jedoch lebt es sich leichter und ungenierter im Freiraum der Verborgenheit.

Es gibt auch jenen neugierigen Blick, solange das Alter, verdeckt durch Distanz oder Blickwinkel, noch nicht recht erkennbar ist. Doch kaum wird es genauer wahrgenommen, werden die Augen stumpf wie durchgebrannte Glühbirnen, und der Kopf dreht sich kaum merklich in eine andere Richtung. Das sind die wahren Augenblicke im Verhältnis von Jung und Alt: graziös in der Form, wuchtig in der Botschaft.

1932 wurde in Berlin ein neues Stück von Gerhart Hauptmann mit dem Titel *Vor Sonnenuntergang* aufgeführt, worin der Kommerzienrat Clausen, »ein soignierter Herr von siebzig Jahren«, sich in die knapp zwanzigjährige Inken Peters verliebt. Seine Zuneigung wird erwidert, und die beiden beschließen zu heiraten. »Sie leiht mir ihr Auge, ihre Jahre, ihre Frische… Ihre gesunden Atemzüge, die ich gelehrig nachahme, machen mich leicht und frei«, beschreibt der Alte zeitlos den persönlichen Ertrag einer solchen Liaison. Die Sache gerät jedoch außer Kontrolle und nimmt schlechten Verlauf. Seine vielköpfige Kinderschar sieht die Erbschaft bedroht und wehrt sich. »Papa ist wahnsinnig… nicht mehr zurechnungsfähig… beinah möchte man sagen pfui, pfui, pfui«, sind sie sich einig. Sie lassen ihn entmündigen, und er richtet sich selbst.

Beziehungen zwischen älteren Herren und sehr viel jüngeren

Frauen sind trotz dieser tragischen Geschichte seither nicht aus der Mode gekommen. Im Gegenteil, die Lebensentwürfe sind vielfältiger geworden, und eine als Toleranz getarnte Gleichgültigkeit ersetzt die Verbindlichkeit traditioneller Wertvorstellungen und bewährter Einsichten. »Um wieder jung zu sein, muss man nur seine alten Dummheiten wiederholen«, begründete Oscar Wilde lakonisch die tiefen Ursachen der späten Partnersuche.

Diese Entwicklung hat mit einiger Verzögerung und mit Unterstützung einer ganzen Studentenbewegung schließlich Eingang ins Gesetzbuch gefunden. Das alte Scheidungsrecht, die Ehe als christliches Sakrament, das Verbot von Homosexualität und der Kuppeleiparagraf, der die Vermieterin einer Studentenbude mit dem Straftatbestand der Kuppelei bedrohte, wenn sie nächtlichen Besuch zuließ, sind glücklicherweise abgeschafft oder haben sich erledigt. Seither müssen Kinder und Enkel stillschweigen, selbst wenn sie die neuerliche Ehe ihres Vaters oder Großvaters mit einer jüngeren Frau nicht gutheißen.

»Ich ertrage diese Männer mit ihren jungen Dingern nicht«, vertraute mir eine alte Freundin angesichts eines verdienten Politikers mit seiner jungen Gemahlin an, als wir in einem Straßencafé beisammensaßen und mit lockerer Zunge die Menschen betrachteten, die gemächlich an uns vorbeischlenderten. »Ich weiß, das ist nicht in Ordnung, aber auf mich wirken die beiden wie ein Angriff auf mein Geburtsdatum. Es führt mir jedes Mal vor Augen, wie gnadenlos wir abgelegt werden. Dabei hätte ich selbst gerne einen jungen Knaben, aber das wird wohl nichts mehr werden.« Sie seufzte resigniert.

Einst hatte ich in Tübingen an ihrer Seite mit einem Kissen unter meinem Kaschmirpullover mit der Parole »Mein Bauch gehört mir!« gegen den Paragrafen 218 demonstriert. Und doch – trotz aller gesellschaftlichen Fortschritte waren die ehernen Gesetze der Biologie, wie auch die Qualität meiner Pullover, dieselben geblieben.

Was aber fasziniert am jungen Leib? Warum verlassen ältere Männer – in geringerem Maß auch ältere Frauen – über Nacht die bekannten und bewährten Bahnen und stürzen sich in Ungewissheiten, die sie in der Vergangenheit sorgfältig gemieden hatten?

Einige Gründe hat Hauptmanns Kommerzienrat bereits aufgezählt. Es verbirgt sich dahinter kein Geheimnis, sondern der bunte Strauß aus Erfahrungen und Empfindungen, die von jeher zur Lebensfülle gehören: das Neue und die Abwechslung, das Abenteuer und die Überraschung. Sie sind zwar die Triebkräfte des Elan vital, aber waren häufig über lange Jahre stillgelegt. Jetzt soll Versäumtes nachgeholt werden. Tatendrang und Entschlossenheit beherrschen den Tag, der energisch von jeglicher Routine befreit wird. Ein beglückender Hauch von Neuanfang liegt über der Szene, entfernt verwoben mit der Hoffnung auf Wiedergeburt und Unsterblichkeit. Die Libido wird wiederentdeckt. Man gewinnt einen Gesprächspartner, der den alten Geschichten dankbar zuhört und über die abgestandenen Witze noch zu lachen weiß.

Befeuert werden die Lebensgeister durch einen sublimen Vampirismus, der auch dem Kommerzienrat nicht fremd war, als er sich »Jahre, Frische und magnetisches Fluidum« seiner Angebeteten »auslieh«. Die Alten erhoffen sich eine Art Übertragung von Jugendlichkeit, Spannkraft und Leidenschaft auf das eigene verblichene Temperament. Sie fordern magische Kräfte im Tausch gegen Stil und sozialen Status.

Eine der kostbarsten menschlichen Fähigkeiten, die zur Hoffnung, die vielen unmerklich abhandengekommen ist, soll sich erneut mit Leben füllen, eingedenk einer Einsicht von Jean Paul: »Das Alter ist nicht trübe, weil darin unsere Freuden, sondern weil unsere Hoffnungen aufhören.« Hoffnungen sind die ruhigen, beharrlichen Kräfte in ausweglosen Situationen und der Schutzengel, an dessen Hand wir uns selbst durch das Leben führen.

Hoffnungen sind Wegweiser in schwierigem und schlecht beleuchtetem Gelände. Ohne sie kommt das Leben zu jenem Stillstand, den viele alte Menschen beklagen, ohne recht zu wissen, was ihnen fehlt. Zumeist war ihnen die Hoffnung vor so langer Zeit verloren gegangen, dass sie keine Erinnerung mehr an sie haben. Mit der neuen Beziehung stellt sie sich wieder ein, undeutlich zwar, ohne rechtes Ziel und verbindliche Inhalte, aber als starkes Gefühl, das unverzüglich in konkrete Maßnahmen umgesetzt sein will.

Auch wir haben »ein Recht auf Sehnsucht«, begründete ein Freund mit einem unbehaglichen Unterton seine späte Scheidung und überraschende Neuvermählung mit einer jüngeren Frau. Wer möchte das bestreiten und hätte den Mut, nach den Einzelheiten dieser Sehnsucht zu fragen?

»Ich fühle mich wie neugeboren. Unglaublich, was in meinem Leben seither geschieht. Ich bin vierundzwanzig Stunden am Tag nur noch eines: dankbar«, beschreibt ein anderer Betroffener etwas atemlos den Ertrag dieser Form von Vampirismus.

Der neuen Beziehung sind gleichermaßen Zauber und Unerbittlichkeit des Neuanfangs eigen. Sie befreit den Alten zwar aus der Eintönigkeit seiner Vergangenheit, aber zwingt ihn unnachsichtig zu neuen Eindrücken und Erfahrungen, die selten seinem eigenen Interesse als vielmehr der neuen Beziehung geschuldet sind. Seine Tage verlaufen, als ob eine fremde Macht Gewalt über ihn erlangt hätte. Aufbruch liegt in der Luft, ebenso wie eine leichte Melancholie, denn die Jungen leben in der Unendlichkeit, die Alten hingegen in der Endlichkeit. Jeder Blick auf die junge Frau bezeugt dem alten Mann, dass die Beziehung nur auf Zeit geschenkt sein wird.

Ein alter Mann auf Freiersfüßen muss in Vorleistung treten, um erfolgreich auf Brautschau zu gehen, denn die Ehe in großer Altersdifferenz ist nicht für jeden gedacht. Er sollte vermögend sein, in öffentlichem Ansehen stehen, um an begehrte Einladungen zu kommen, und über jene Jugendlichkeit verfügen, der sich die Vertreter meiner Generation erfreuen, vorausgesetzt, sie haben ihren Lebensunterhalt nicht an einer Werkbank verdienen müssen. Die klassischen Merkmale alter Männer wie Weisheit, Lebenserfahrung, souveräne Distanz und sicheres Urteil spielen eine untergeordnete Rolle, wenngleich sie stets genannt werden, wenn junge Ehefrauen nach den Vorzügen ihrer ergrauten Gatten gefragt werden. Für sie kann die Ehe mit dem späten Mann Wohlstand, Prominenz und das Ende aller beruflichen und materiellen Sorgen bedeuten und, wenn er hochbetagt ist, die Aussicht auf Erbschaft in einem Alter, in dem der Reichtum noch ausgelebt werden kann: keine geringe Ausbeute, wenn man es recht bedenkt.

Die Sehnsucht nach dem jungen Leib ist so alt und zäh wie die Libido selbst. Einst war sie dem Adel und Künstlern vorbehalten. Der Herzog von Bouillon war sechsundsechzig Jahre alt, als sein Sohn zur Welt kam. Der Vater von Kardinal Richelieu vermählte sich mit siebzig zum dritten Mal, und der Sohn verführte noch im hohen Alter zahlreiche Frauen. Geschminkt und mit einer prächtigen Perücke auf dem kahlen Haupt wirkte er mit achtundsiebzig Jahren, so wird berichtet, wie eine »Schildkröte, die den Kopf unter ihrem Panzer hervorstreckt«. Trotzdem erfreute er sich bei den Schauspielerinnen der Comédie Française ungebrochener Beliebtheit.

Henry Miller, Charlie Chaplin, Pablo Casals und Picasso setzten diese Tradition in unserer Zeit, unter großer öffentlicher Anteilnahme und ohne moralische Vorhaltungen, fort. Seither hat das gutbetuchte Bürgertum den Adel ersetzt, und unsere Politiker haben sich den Künstlern angeschlossen. Was einst Brauch war in gesellschaftsfernen Kreisen, ist heute in ihrer Mitte angekommen. Mit lässiger Selbstverständlichkeit legen konservative Volksvertreter die Mütter ihrer erwachsenen Kinder beiseite und wenden sich jüngeren Frauen zu. Es ist nicht bekannt geworden, dass

Karrieren deswegen beschädigt wurden. Das alte Eheversprechen »Ich will dich lieben, achten und ehren und dir stets die Treue halten« hat offenkundig auch unter ihnen ausgedient.

Freilich, die neue Beweglichkeit steht auf tönernen Füßen und ist nicht umsonst zu haben, wie schon Chateaubriand ahnungsvoll notierte: »Wenn du mir sagst, dass du mich liebst wie einen Vater, entsetzest du mich; wenn du vorgibst, mich zu lieben wie einen Geliebten, glaub' ich dir nicht. In jedem jungen Mann werde ich den bevorzugten Rivalen erblicken. Deine Achtung wird mich meine Jahre spüren lassen ... Das Alter macht alles hässlich, selbst das Glück.«

Wer sich im Alter jung bindet, findet sich unversehens in fremden Räumen wieder, deren Vorlieben, Moden, Musik, Sprache und Zerstreuungskultur sich unbemerkt hinter seinem Rücken entwickelt haben. Manches wird ihm zwar bekannt vorkommen, aber selbst das hat der alte Freier vor langer Zeit hinter sich gelassen.

Anderes wird ihm neu sein und für immer verschlossen bleiben: die Kommunikationstechnik in dunklen, lauten Räumen, ungewohnte Worte, die bei ihm peinlich wirken, oder leichte Gesprächsthemen, die der Stoff sind für jene unverbindlichen Plaudereien, aus denen unser Leben größtenteils besteht. Ein älterer Herr, der einen neuen Film »geil« findet oder eine Ausstellung »abgefahren«, hat sich im Handumdrehen ins soziale Niemandsland abgesetzt. Von dort gibt es zwar Pfade zurück, aber allzu häufig sollte er diese nicht begehen müssen.

Der Alltag wird zu einer ständigen Gratwanderung zwischen der alten Identität und dem geborgten Lenz. Der Alte wird zu seinem eigenen Doppelgänger. Er ist zugleich Teilhaber in einer Situation und strenger Beobachter seiner selbst, ständig bemüht, Peinlichkeiten zu vermeiden. Die Regeln sind neu, und die alten haben ihre Gültigkeit verloren. Die Balance zwischen der eigenen Vergangenheit und einer undeutlichen Zukunft fordert ständige

Aufmerksamkeit. Man lebt fortwährend in kleiner Furcht vor unmerklichen Fehltritten, die auf jenes Thema hindeuten, das man vermeiden möchte: das des Alters. Die leichte Gezwungenheit alter Gatten junger Frauen, verbunden mit einem vorsichtigen Misstrauen, haben hier ihre Ursachen. Es kann einsam werden für den einen Teil des Doppelgängers in einer Welt, in der er nicht mehr bei sich selbst sein kann. Wenn derart soziales Zwielicht herrscht, geht man gerne aus dem Feld und zieht sich auf sicheres Terrain zwischen den eigenen vier Wänden zurück. »Mein Mann bleibt abends lieber gemütlich zu Hause«, erklärt dann die junge Frau seine seltenen Auftritte in der Öffentlichkeit.

Jeder neuen Bekanntschaft aus der Generation der Gemahlin geht derselbe Gedanke durch den Kopf: »Was will die nur mit dem?« Freilich wird keiner dem Alten gegenüber seine Bedenken äußern, das bleibt der Jungen überlassen, die ständig angesprochen und mit gutem Rat versorgt wird, der nach Verwunderung und artigen Komplimenten stets in der besorgten Warnung endet: »Das kann auf die Dauer nicht gut gehen!«

»Wenn ihr euch anhören müsstet, was wir uns anhören müssen, würdet ihr die Finger von uns lassen«, behauptete leicht verbittert eine Bekannte, als wir hinter dem Rücken ihres älteren Gatten über die Beziehung sprachen. »Wenn man es gut trifft, heißt es: ›Jetzt passen die beiden noch zusammen, aber was soll in fünfzehn Jahren werden?‹«

»Ich war gestern mit meiner Frau in einem angesagten Klub«, berichtete ein ehemaliger Kollege, der in zweiter Ehe eine entzückende Kollegin in alter Manier und klassischem Stil vor den Traualtar geführt hatte. »Du siehst die Hand vor Augen nicht. Es herrscht ein ohrenbetäubender Lärm. Du kannst nicht reden. Das heißt, ich konnte es nicht, die anderen wohl. Getanzt hab ich auch noch. Glaub mir, meine Stärken liegen im gepflegten Gespräch und nicht auf dem Tanzboden, dort hab ich noch keine rumgekriegt. Es war furchtbar. Wir sind dann früh gegangen. Auf dem

Nachhauseweg habe ich geschwätzig den Laden kritisiert, aber meine Frau blieb nachdenklich und verstimmt.«

Ein anderes Mal vertraute er mir an, er habe in lauten Lokalen Schwierigkeiten, den Gesprächen zu folgen. »Ich höre alles, aber mein Kopf vermag nicht mehr die wichtigen von den unwichtigen Geräuschen zu unterscheiden. Es herrscht dann ein großer, undifferenzierter Lärm in mir. Ich sollte ein Hörgerät tragen, aber in meiner jetzigen Lage geht das gar nicht.« Seine Schwerhörigkeit hatte bereits öfter zu diffuser Zustimmung, unverstandenen Fragen und ratlosen Mienen bei seinen jugendlichen Gesprächspartnern geführt.

Betagten Männern, die jung gefreit haben, droht zudem ein Verlust, der ihnen anfänglich wie schöner Zugewinn erscheint, und den sie erst später als schmerzhaft empfinden: die Kontakte zur eigenen Alterskohorte. An der Seite einer jungen Frau lässt man sie gerne schleifen, bis sie sich verflüchtigt haben. Man beginnt, Freunde zu verstecken, die nicht mehr zu den jungen Leuten passen, in deren Kreisen man sich nun bewegt. Die ergrauten Bekannten in ihren verbeulten Hosen, weiten Jacken, dem unordentlichen Haarwuchs und den ordentlichen Zähnen erinnern an das eigene Alter, das man gerne vergessen würde. Die Ansichten, die vor nicht allzu langer Zeit noch die eigenen waren, klingen nun wie das ferne Echo einer untergegangenen Epoche. Plötzlich stören sie. Man geniert sich vor den alten Weggenossen neuer Gewohnheiten in Kleidung, Sprachstil und Gesprächsthemen wegen. Die Geburtstage mit den hohen runden Jahreszahlen werden knapp über E-Mail abgesagt.

In den eigenen Reihen wiederum gilt der Frischvermählte – oder Frischliierte – bald als Verräter, der eines kurzfristigen Vorteils wegen seine Truppe verlassen hat, die mühsam versucht, sich auf unsicherem Terrain zurechtzufinden. Während sie tapfer den Zumutungen des Alters und den oft bestürzenden Entdeckungen ins Auge blickt, die es mit sich bringt, entscheidet er sich für einen Weg, der auf den ersten Blick bequemer und weniger verlustreich erscheint. Später wird er umkehren und wieder Anschluss suchen wollen. Aber seine alten Weggefährten sind weitergezogen und werden ihm fremd geworden sein. Sie haben Erfahrungen gesammelt, Krisen bewältigt und sich der Attacken eines hinfälligen Körpers erwehrt. Sie haben gelernt, sich zurechtzufinden in einem Lebensabschnitt, der zu den anspruchsvollen und verwirrenden Herausforderungen jeder Biografie gehört. Sie wissen inzwischen, wo die kleinen Freuden des Alters verborgen sind. Die aufzuspüren zählt in der Zwischenzeit zu ihren wichtigsten Talenten. Wie stets im Lebenslauf gibt es feste Intervalle, in denen bestimmte Aufgaben bewältigt werden müssen. Wer sie verpasst, hat später kaum die Chance der Nacharbeit. Der Nachzügler hat seine Zeit vergeudet und die Jahre verstreichen lassen, die unentbehrlich sind, um mit dem Alter fertig zu werden.

Der drohende Verlust der Alterskohorte ist keine Nebensächlichkeit, sondern ein tief greifender Vorgang. Mit ihr verflüchtigt sich ein Teil unserer Geschichte. Denn trotz junger Gefährtin und aufregender neuer Erfahrungen bleibt man Produkt seiner Vergangenheit, die wiederum durch die alten Freunde und Bekannten verkörpert wird. Verlieren wir sie, so verlieren wir auch den Bezug zu unserer Biografie und den Zugang zu jener Intimität, die sich erst über lange Jahre aufbaut und im Alter besonders guten Dienst tut: Die Themen werden unschön, wenn der Körper die Beherrschung über sich selbst verliert. Das gibt hässlichen Gesprächsstoff, der schnell die Schamgrenze erreicht. Die Erfahrungen des Alterns und der Hinfälligkeit können nur jene miteinander teilen, die in derselben Situation sind.

Die trüben Gedanken und die gelegentliche Furcht vor der Vergänglichkeit sind den Jüngeren gottlob vorläufig fremd. Sie werden die Alten davon überzeugen wollen, dass ihre Befürchtungen nicht der Rede wert sind, so wie ich das einst bei meiner Mutter getan hatte, um die traurige Wahrheit zu verdrängen. Das tröstet nicht. Alte Menschen benötigen das Verständnis von Mitwissern. Die Jüngeren beklagen die ersten Falten, während den Alten die Knochen kalt und brüchig werden. Sie brauchen ihre Alterskohorte als Fachleute, Vertraute, Trostspender und für den ironischen Umgang mit den Gebrechen, durch den diese erträglicher werden. Denn alte Leute dürfen über sich lachen, junge dürfen das nicht.

In der Zwischenzeit war der verdiente Politiker außer Diensten mit seiner jungen Gefährtin im Fond einer stattlichen dunklen Limousine verschwunden. Meine Bekannte aus Tübinger Tagen schickte ihnen wütend eine Geste nach, die gewöhnlich auf Fußballplätzen beheimatet ist.

»Was treibst du denn da?« Unbemerkt war ein befreundeter Rechtsanwalt an unseren Tisch getreten und setzte sich zu uns. Wir erklärten ihm die Sachlage, die auch ihm nicht fremd war.

Nachdem wir einige Fälle aus dem Bekanntenkreis auf ihre Belastbarkeit hin überprüft hatten, schlug er plötzlich unvermittelt vor: »Lass uns doch überlegen, was alte Kerle in junger Ehe auf keinen Fall machen dürfen, so eine Art No-no-Liste.«

Wir überlegten einen Augenblick:

»Slips und Schlafanzüge aus Seide«, meldete sich meine Tübinger Bekannte als Erste zu Wort.

»Blendend weiße Jacketkronen«, ergänzte der Rechtsanwalt.

Ebenso wichtig sei eine To-do-Liste, warf ich ein und fügte hinzu: »Wöchentliche Haarwuchskontrolle in allen Körperöffnungen.«

»Keine Lebenserfahrungsratschläge.«

»Keine gemeinsamen Einladungen bei deinen alten Bekannten.«

»Erzähle nie von der guten alten Zeit.«

Die Ratschläge kamen in dichter Folge.

»Keine gefärbten Haare!« Meine Tübinger Bekannte war gnadenlos.

»Es sei denn, du rasierst dich sorgfältig«, korrigierte der Rechtsanwalt, der wusste, wovon die Rede war, und schloss: »Ihr seht, das Leben mit einer jungen Frau wird nicht einfacher.«

Unser letztes Gefecht

»Was wir nicht aktiv selber tun,
wird still in fremden Händen ruhn!«

BASISGRUPPE GERMANISTIK, TÜBINGEN 1969

Es gibt vermutlich keine Bevölkerungsgruppe, die untereinander
so viele Gemeinsamkeiten hat wie die alter Menschen.

Mit Ausnahme des Todes bewirkt das Alter, allen politischen
Bemühungen zum Trotz, den wirksamsten Ausgleich sozialer
Unterschiede. Wir Alten teilen Zukunft, Leiden und Verlust und
sind dadurch vom Rest der Gesellschaft wohl unterschieden. Das
sind wesentliche Koordinaten unseres Lebens und darüber hinaus gute Voraussetzungen für die Entstehung einer politischen
Bewegung.

In der Nachkriegszeit, nachdem die Demokratie hierzulande
schließlich eingerichtet worden war, ist verschiedentlich versucht
worden, eine Altenbewegung zu gründen, um den besonderen Interessen alter Menschen Gewicht zu verleihen. Einige Jahre lang
bemühten sich zum Beispiel die Grauen Panther um Wählerstim-
men. Ihre Bemühungen blieben vergeblich. Unsere Eltern und
Großeltern ließen sich, ins Alter gekommen, nicht organisieren.
Die Ursachen für ihre Passivität sind vielschichtig: Erschöpfung,
die weise Einsicht, dass die Zukunft der Jugend gehört, ein spä-
tes Bedürfnis nach Ungebundenheit, die Abneigung gegenüber
allem, was das Alter thematisiert, und schließlich mangelndes
Talent und Unvermögen, eine spontane, politische Bewegung ins
Leben zu rufen und ihr Dauer zu verleihen. Dieser Verzicht bil-

dete, nebenbei gesagt, einen wesentlichen Bestandteil des sozialen Friedens in unserem Land.

Meine Generation geht besser gerüstet voran. Wir gelten hierzulande als die Urheber des Protests und der spontanen politischen Aktionen. Recht besehen hatten wir deren Formen und manchen Inhalt aus den Vereinigen Staaten eingeführt. Nachdem wir jedoch den Import mit sozialistischen Ideen und dem Bedürfnis nach verbindlicher Organisation ergänzt hatten, erhielt die Bewegung ihren deutschen Charakter und kam zügig in Gang. Die neue Aufsässigkeit wirkte umgehend wie der Fuchs im Hühnerstall – was den Protest noch attraktiver machte, denn wer lärmt schon gern im Verborgenen? Zu unserem Vorteil war die deutsche Gesellschaft sozial, kulturell und politisch in argen Rückstand geraten. Wo man hinsah, lag eine dicke Schicht verstaubter Gesetze, Sitten und Vorschriften, die entsorgt sein wollten, jede Einzelne nicht sonderlich gewichtig, aber weit über das Land verstreut und in der Summe äußerst eindrucksvoll. Es gab viel zu tun, was bei denen, die sich gemütlich in der Nachkriegszeit eingerichtet hatten, natürlich auf Widerstand stieß. Aus dem Konflikt zwischen Beharren und Aufbruch entwickelte sich der Mythos der Achtundsechziger, von dem wir heute noch zehren.

Über Nacht sah sich eine verblüffte Öffentlichkeit einer respektlosen, auftrumpfenden, teils verwegenen Jugend gegenüber, die virtuos die Instrumente zu handhaben wusste, die ihr von der schwarzen Bürgerrechtsbewegung in den Vereinigten Staaten freundlicherweise überlassen worden waren. Unsere Eltern nannten uns »respektlos«, »unverschämt« und »undankbar«, wir hingegen bezeichneten uns als »politisch«. Auf der Tagesordnung stand die Befreiung aller von allem mittels Teach-ins, Walk-ins, Vollversammlungen, Flugblättern, spontaner Organisation, Demonstrationen, Besetzungen, Blockaden und vielem mehr.

Bei dem Lärm, den meine Generation damals verursacht hat,

den zahlreichen bizarren Parteigründungen und dem ahnungslosen Gerede über Sozialismus wird gern übersehen, dass die Bewegung im Grunde keine Verstaatlichung wollte, sondern im Gegenteil eine Entstaatlichung verschiedener gesellschaftlicher Teilbereiche. Ihr eigentliches Thema war die Ausweitung des privaten Raums und dessen Befreiung von äußerlichem Einfluss. Wir hatten mit großem Erfolg eine Kulturrevolution ins Leben gerufen, garniert mit politischer Utopie, an die so recht keiner glaubte.

Über Nacht wurde alles von allem befreit: die Sexualität von der Moral, die Verkehrsformen von der Konvention, der Tanz von der Choreografie, die Haare vom Coiffeur, die Filmtheater von Opas Kino, die Ehe von der Verbindlichkeit, der Geschlechtsverkehr vom Kinderkriegen, die Frauen von den Männern, die Schwulen vom Paragrafen 175, der Körper von der Körperpflege, die Kleidung von der Mode, die Zeugnisse von den Noten, und das ist eine sehr unvollständige Liste. Der Versuch, Rauschmittel vom Gesetz zu befreien, misslang zwar, aber in der täglichen Praxis wurden auch hier schöne Erfolge erzielt.

Zugegeben – bei genauer Betrachtung war es eine Minderheit, die damals den Aufruhr organisierte, aber mehr als eine entschlossene und ideenreiche Minderheit braucht es nicht, um eine Mehrheit auf Trab zu bringen. Nachdem der Selbstbestimmung auf fast allen Gebieten zu ihrem Recht verholfen war, packten wir die Instrumente des Protests beiseite und kümmerten uns um Beruf und Karriere. Aber wir haben nichts verlernt und nichts vergessen. Vieles liegt auf Abruf bereit und kann für unsere letzten bedeutsamen Gefechte wieder hervorgeholt werden.

Verschiedentlich lese ich, dass wir das »Alter verändern werden«, an anderer Stelle ist davon die Rede, dass wir es gar »abschaffen« oder einen »Mentalitätswandel« herbeiführen wollen, der die »bestehende Definition vom alten Menschen aufhebt«, nach der bewährten Einsicht: »Alt ist jung, und jung ist alt.« Wem das nicht reicht, der ruft vorsorglich nach einer »Revolution des Alters«.

In diesen weitreichenden Plänen erkennt man unschwer Spuren des alten Traums vom ewigen Leben, der freilich stets in einer Katastrophe endete. In der griechischen Mythologie erbittet Eos, die Göttin der Morgenröte, für ihren sterblichen Liebhaber Tithonos das ewige Leben. Zeus erfüllt ihr die Bitte. Tithonos stirbt fortan zwar nicht, wird aber älter, bis er als hinfälliger, ständig plappernder Greis für Eos jeden Reiz verloren hat. Um den alten Herrn loszuwerden, verwandelt sie ihn schließlich in eine Zikade. In deren Gestalt geht er seither seiner Lieblingsbeschäftigung nach: der Geschwätzigkeit.

Jonathan Swift lässt seinen Helden Gulliver zu einem Volk reisen, unter dem einige Unsterbliche leben. Auch er weiß letztlich nichts Gutes zu berichten, denn die Sonderlinge altern wie die Sterblichen. Die Schilderung ihrer Leiden, die Swift vor knapp drei Jahrhunderten verfasste, klingt wie die moderne Beschreibung einer Demenzerkrankung: »Mit neunzig nehmen sie keinen Geschmacksunterschied mehr wahr, sondern essen ohne Vergnügen und Appetit, was sie bekommen können. Sie vergessen die Namen auch der engsten Angehörigen. Das führt sogar dazu, dass sie keine Freude mehr am Lesen haben, da ihr Gedächtnis nicht ausreicht, um am Ende eines Satzes sich an dessen Beginn zu erinnern.«

Selbst der medizinische Fortschritt hat daran wenig ändern können, außer dass die Zahl der dementen Alten rasch zunimmt, wenn man das als Fortschritt bezeichnen möchte: Der Tod mag für jeden Einzelnen die finale Katastrophe sein, für den Planeten und seine Gesellschaften ist er die wichtigste Überlebensgarantie. Da die Natur, mit Ausnahme eines Pilzgeflechts, das ewige Leben nicht vorsieht, liegt die Frage nahe, ob es eine Altersgrenze nach oben gibt, jenseits derer unser Planet und die Menschheit an die Grenzen ihrer Leistungsfähigkeit gelangen. Wenn der Tod und das Alter keine Laune der Natur sind, sondern wesentlicher Bestandteil des gesamten Systems, wird eine Ausweitung der Lebenszeit nicht ohne Folgen bleiben können, über die nachzudenken sich jedoch vorerst verbietet. Das Alter werden wir weder abschaffen noch in seiner gesellschaftlichen Wertigkeit grundlegend verändern können. Wir sind jedoch dabei, es zu verlängern, wobei die Konsequenzen vorerst unbedacht bleiben. Sie werden sich eines Tages unnachsichtig zu Wort melden.

Der Wunsch und die Hoffnung, man möge nie vergehen und auf die eine oder andere Weise unsterblich bleiben, hat den Menschen von Beginn an beschäftigt. Die ersten Versuche, diesem Ziel näherzukommen, waren aufwendig und auf wenige Auserwählte beschränkt. Zeugen dieser Lösung sind die Pyramiden, die Tonsoldatenarmee in China und jede Dorfkirche in Europa.

Mit dem Aufkommen exakter Wissenschaften stellte man diese umgehend in den Dienst der großen Hoffnung. Nicht ohne Erfolg: Die Lebenserwartung hat sich in den zurückliegenden hundert Jahren verdoppelt. Die Unsterblichkeit liegt jedoch immer noch in weiter Ferne. »Zum gegenwärtigen Zeitpunkt gibt es keine Arznei oder Tablette von irgendeinem Wert, mit der sich das Alter bekämpfen ließe, und es ist unwahrscheinlich, dass es in absehbarer Zeit so etwas geben wird, wenn überhaupt«, erklärt Professor Sherwin B. Nuland von der Yale University.

Seriöse Wissenschaftler gehen heute davon aus, dass die genetische Ausstattung des Menschen ihm eine Lebenszeit von maximal hundertzwanzig Jahren zugesteht. Damit würde die Berufszeit zu einer vergleichsweise kurzen Episode in seiner Biografie werden. Was das sozial, politisch und wirtschaftlich bedeutet, ist noch unbedacht.

Während wir uns hierzulande noch in einer Mischung aus Trotz, abendländischer Melancholie und Resignation mit dem Thema Alter auseinandersetzen, haben die Amerikaner ihm und der begrenzten Lebenszeit längst den Kampf angesagt. Während wir nach den Brosamen kurzer Augenblicke täglichen Glücks Ausschau halten, gehen sie dem Problem an die Wurzel, mit dem Ziel, das Alter gänzlich abzuschaffen. Anti-Aging heißt die neue Disziplin, die Anfang der neunziger Jahre entstand und heute mehr als zwanzigtausend Mitglieder aus allen medizinischen Berufen zählt. Auf dem Anti-Aging-Markt, der jährliche Wachstumsraten von etwa zehn Prozent erzielt, wurden bereits 2005 fünfundfünfzig Milliarden Dollar umgesetzt. Man sei gut beraten, klärt der neue Berufsstand auf, die Chancen dieses »gewaltigen Marktes« wahrzunehmen.

»Altern ist nicht zwangläufig!«, lautet die Parole jetzt. Von einem »Feldzug« ist die Rede, vom »Jungbrunnen«, den jeder in der Hand habe, und vom Bedürfnis, »für immer jung zu bleiben«. »Möchtest du hundert Jahre alt werden?«, heißt es suggestiv, »dann lies weiter!«

Damit sich die Sache auch lohnt, geht man kurzerhand davon aus, der Mensch könne bei heftiger Gegenwehr und entsprechendem Lebenswandel hundertfünfzig Jahre und älter werden. Einige Wissenschaftler visieren bereits die Zweihundert an. Das wäre eine attraktive Beute bei siegreichem Ausgang des Gefechts, dessen Ziel es ist, »die Folgen des Alterns zu verhindern oder gegebenenfalls rückgängig zu machen«. Es herrscht eine Aufbruchstimmung wie zur Renaissance, als der Mensch sich wieder entdeckte und sein Schicksal den himmlischen Kräften entwand, um es selbst in die Hand zu nehmen. Heute soll das Leben der irdischen Vergänglichkeit entwunden werden, ein Projekt, an das sich bislang noch keine Epoche der menschlichen Geschichte herangewagt hat.

Nun macht das lange Leiden von Hochbetagten, die, viele Jahre schwer erkrankt, auf ihr Ende warten, wenig Lust auf weitere hundert Jahre Lebenszeit. Deswegen werden die klassischen Beschwerden robust zur Seite geräumt. »Die Anti-Aging-Medi-

234

zin wird Lösungen finden, um jene Krankheiten zu besiegen oder doch zu lindern, die zu Abhängigkeiten und Behinderungen führen«, wird eindringlich versprochen.

Der erste Teil des Feldzugs gegen die Sterblichkeit mit ihren unerfreulichen Begleiterscheinungen ist eine breite Publikationsoffensive. Die Regale in amerikanischen Buchläden sind gut gefüllt mit Veröffentlichungen zum Thema. Diese führen keine verschämte Existenz im hinteren Winkel einer Bücherei wie hierzulande, sondern gehören selbstverständlich zur Blickfangware im Eingangsbereich eines Ladens.

Die Kampfschriften klagen weder an, noch machen sie moralische Vorhaltungen. Sie sind in der nüchternen, kalten Sprache einer kriegführenden Partei geschrieben. Die erste Lektion, die der Leser lernt, ist die der Verantwortung jedes Einzelnen für seine Gesundheit. Die Forderung nach staatlichen Hilfen und neuen Gesetzen, die sich bei uns großer Beliebtheit erfreut, wird man vergeblich suchen. »Wenn dein Supermarkt die Süßigkeiten auf dem Weg zur Kasse deponiert hat, ist das sein gutes Recht. Wie es ebenso dein Recht ist, daran vorbeizugehen. Ob das deine Pflicht wird, wirst du selbst entscheiden müssen«, heißt es an einer Stelle. Es gibt nur einen Besitzer eines Körpers, und das »bist du selbst, deswegen liegt sein Schicksal ausschließlich in deiner Hand«.

Nüchtern wird der Leser über seinen Körper und die Konsequenzen unterschiedlicher Lebensstile aufgeklärt, denn solide Kenntnisse über Organe, Knochen, Muskeln, Nerven und Sehnen sind Voraussetzung, um sich erfolgreich gegen das Altern zu wehren.

Als Nächstes wird die Hoffnung zerstört, eine Handvoll Tabletten könnte die Probleme des Alterns lösen. Stattdessen fordern die Autoren Ausdauer und harte Arbeit bis zur Selbstverleugnung ein.

Schließlich wird das weitverbreitete Vorurteil entsorgt, Alter und Verfall seien die Kehrseiten derselben Medaille. Wer so denkt, gibt sich bereits verloren. Die Vorstellung, alte Menschen würden automatisch hinfällig, sei »ein Mythos«, schlicht falsch und sollte uns nicht weiter beschäftigen. Die Natur hat sich nicht vorgenommen, uns alt werden zu lassen, sondern verliert ihr Interesse an uns, nachdem wir das Geschäft der Fortpflanzung erledigt haben oder zu alt geworden sind, ihm weiter nachzugehen. Es hält uns indes niemand davon ab, die Natur zu ersetzen, nachdem sie sich von uns abgewandt hat. Wissenschaft, Erfahrung und technische Entwicklung geben uns dazu in der Zwischenzeit zahlreiche Instrumente an die Hand.

Etliche meiner Generation, mich eingeschlossen, sind Vielgiftler: Wir trinken, rauchen, essen gern und ziehen häufig die Ruhe der Bewegung vor. Das vergiftete Leben ist zwar ein gefährliches, aber auch ein genussvolles. Die Liste ist endlos, und jeder einzelne Punkt war eine Insel des Wohlbehagens. Wir werden jedoch auf die weinseligen Abende vor dem Fernseher, Zigaretten zu jeder Gelegenheit, auf ausgedehnte Mahlzeiten und die späten Soireen vor dem Eisschrank bei Wurst und Käse verzichten müssen. Es ist nicht die Vertreibung aus dem Paradies, aber der ersatzlose Verlust paradiesischer Winkel.

Oft erkennt man Bekannte kaum wieder, nachdem sie sich für einige Zeit den strengen Regeln der Gesundheitsvernunft unterworfen hatten. Aus strammen Backen und verstecktem Blick hinter vertrauenswürdigen Wülsten sind schmale, faltige Gesichter geworden, aus denen große Augen mit einer Spur von Angst und Hoffnungslosigkeit blicken. Denn wer entschlossen gegen das Alter ankämpft, erfährt nebenbei ausführlich, welche Gefahren ihm drohen. Ganz zu schweigen von den Jeans, die wie leere Kornsäcke von den schmalen Hüften hängen.

Ihre Träger verkörpern das letzte große Projekt der Moderne: die Überwindung der Vergänglichkeit. »Im Vergleich mit den durchschnittlichen Lebenserwartungen der Vergangenheit nähern wir uns in großen Schritten der Unsterblichkeit der menschlichen Rasse«, versprechen die Vertreter der Anti-Aging-Revolution.

Dieses Projekt geht jedoch weit über die Forderung nach einem verantwortungsvollen Umgang mit dem eigenen Körper zur zukünftigen Entlastung der Sozialkassen hinaus. So nützlich und bedenkenswert die einzelnen Vorschläge sind, um das Alter erträglicher zu machen – in dieser Form entsteht ein neuer, grenzenloser Wirtschaftszweig, der allerdings keine Wertschöpfung im klassischen Sinn zum Ziel hat, sondern alte Leute produziert. Da ein langes und beschwerdefreies Leben zu den Grundrechten in den industrialisierten Ländern gehört, verbietet sich jedes Nachdenken über die Motive des neuen Industriezweigs und die Konsequenzen dieser Entwicklung.

Wir sind dabei, die ergebene, wenn auch wehmütige Ehrfurcht vor der Vergänglichkeit zu verspielen und sie den Zumutungen des Marktes, der mit dem geduldig Leidenden wenig anzufangen weiß, auszuliefern.

Unsterblichkeit mag ein Fernziel der Menschen sein. Die Wünsche meiner Generation sind vorerst noch bescheidener. Die beiden letzten bedeutsamen Themen, die auf unserer Tagesordnung stehen, sind: die Abschaffung der Einzelhaft als Folge der Pflegeversicherung und der Freitod als Menschenrecht.

Vor allem Letzteres wird schweres Tagewerk. Dem stehen zweitausend Jahre Christentum und die damit verbundenen Machtverhältnisse und geistigen Traditionen entgegen. Es wird außerdem nicht leicht sein, das Thema, mit dem keine Wahlen zu gewinnen sind, im publizistischen und politischen Raum zu verankern.

Man wird zudem sehr behutsam mit der oft naheliegenden Vorstellung umgehen müssen, unter bestimmten Umständen lohne sich ein Leben nicht mehr. Meine Mutter hatte oft angekündigt, früh und im Vollbesitz ihrer Kräfte gehen zu wollen. Schließlich starb sie nach jahrelangem Siechtum mit vierundneunzig Jahren. Sie hat mich gelehrt, vorsichtig zu sein mit jener weitverbreiteten Meinung, der Tod sei unter den Umständen langen Leidens eine Erlösung. Aus der Distanz von Jugend zu späterem Leid mag diese Vermutung naheliegen. Dem bettlägerigen Alten ist der augenblickliche Zustand jedoch sein ganzes Leben, selbst wenn er keine Aussichten hat, je wieder ins Kino zu gehen, zu wandern oder in einem See zu baden. Mehr hat er nicht, und es erscheint ihm ausreichend. Er allein entscheidet über dessen Fortgang. Guter Rat von Jüngeren nützt ihm nichts, denn diese gleichen ihre eigene Situation mit der des leidenden Alten ab und kommen zwangsläufig zur Einsicht, die Existenz in der schmerzgepeinigten Hülle sei kaum mehr lohnenswert.

In den Körpern alter und kranker Menschen entwickelt sich jedoch oft ein zäher Überlebenswille. Verbunden mit der menschlichen Tugend, unbequeme Entscheidungen zu verschieben, ergibt dies eine robuste Basis, um trotz Schmerzen und dem Versagen der Sinne weiterzuleben. Der Körper selbst, der ohnehin begonnen hat, ein Eigenleben zu entwickeln, und nur noch selten den Befehlen seines Besitzers folgt, sträubt sich gegen den letzten Akt der Selbstbestimmung, bis hin zu jenem Punkt, an dem er nicht mehr handeln kann und der Mensch der Natur zur Gänze ausgeliefert ist.

»Ich habe oft daran gedacht, Schluss zu machen«, vertraute mir eine Schwerkranke im »Rosenpark« an, während ich ihre federleichte Hand hielt, die nur noch aus Knochen, Adern, trockener Haut und großen Fingernägeln bestand, »es hat sich ja nicht mehr gelohnt. Aber jedes Mal habe ich mir gesagt: Heute noch nicht, besser ist morgen. So ging das lange Zeit, und eines Tages konnte ich nicht mehr. Jetzt liege ich hier und warte wie alle anderen auch.«

Während abendlicher Zusammenkünfte bei Nudeln und rotem

Wein in großzügigen Wohnküchen von Freunden und Bekannten hat sich der Freitod als Gegenstand bedächtiger Überlegungen allmählich in unserem Themenrepertoire eingenistet.

»Es muss doch mir überlassen bleiben, wann und wie ich sterben will. Ein Ende mit irgendwelchen Spritzen ist auf jeden Fall besser als ein qualvoller Tod. Denn eines haben wir nicht gelernt«, meinte einer selbstkritisch, »zu leiden.«

»Außer dem christlichen Verbot habe ich noch kein überzeugendes Argument gegen den Freitod gehört. Aber das betrifft mich ja nicht. Es ist nicht einzusehen, dass in einer Welt ohne Natur einzig das Sterben ihr überlassen bleiben soll«, begründete ein anderer seine Zustimmung zum Projekt Freitod.

Ein weiterer Bekannter, der gern in großen Zusammenhängen denkt, erklärte geradeheraus: »Wir werden es uns nicht leisten können, Millionen Dementer oder von Apparaten abhängiger Schwerkranker über Jahrzehnte menschenwürdig zu versorgen. Wer frühzeitig gehen will, dem sollten wir keine Hindernisse in den Weg legen. Kannst du natürlich nicht laut sagen«, schloss er seinen Exkurs in die Altenökonomie der Zukunft.

»Das Thema stand damals nicht auf der Tagesordnung, schließlich waren wir eine Studentenbewegung. Aber noch ist Zeit, die Sache in die Hand zu nehmen.«

Mit unterschiedlichen Argumenten zwar, aber in eindeutiger Tendenz beginnen die »Vierziger«, das Thema Suizid vorsichtig in der Öffentlichkeit zu platzieren. Noch ist es keine Bewegung oder ein ausformuliertes Projekt, aber wir befinden uns in der Phase, in der das Terrain bereitet wird. Erste Fortschritte sind bereits erkennbar. Wer sich bei vollem Bewusstsein das Leben nimmt, muss nicht länger befürchten, nachträglich der ewigen Verdammnis anheimzufallen. Im Gegenteil: Wir akzeptieren und bewundern stillschweigend die Kraft zu dieser letzten, großen Entscheidung, die ein Mensch treffen kann.

Es liegt bereits einige Jahre zurück, als ich eines Tages im Städtchen Eugene, hoch oben im Nordwesten der Vereinigten Staaten, landete. Dort stand damals die Abstimmung über den Verfassungszusatz 107 auf der politischen Tagesordnung, der im Bundesstaat Oregon todkranken Patienten das Recht auf selbstbestimmtes und ärztlich unterstütztes Sterben zugestanden hätte. Die Befürworter des »Rechts zu sterben« wollten damit eine erste Bresche in die Gesetzgebung der Vereinigten Staaten schlagen, um nach erfolgreichem Votum Kalifornien in Angriff zu nehmen. Sie hatten sich bewusst den Bundesstaat Oregon ausgesucht, dessen Bewohner als überzeugte Individualisten gelten, die staatlicher Bevormundung von jeher kritisch gegenüberstehen. Zwei Drittel von ihnen gab an, keiner der traditionellen religiösen Gruppen anzugehören. Ein Viertel bezeichnete sich als Agnostiker oder Atheisten. Das ist der höchste Wert aller Bundesstaaten. Auf ihre Stimmen hofften die Befürworter des Verfassungszusatzes.

Ich war im Auftrag der *Weltspiegel*-Redaktion quer über den Kontinent geflogen, um über Hintergründe und Ausgang des Vorhabens zu berichten. Es war Herbst. Der Himmel hing tief über der Stadt. Wind und Regen hatten den handgemalten Plakaten der Befürworter und den professionellen der Gegner gleichermaßen zugesetzt. Der Streit war lang und heftig gewesen. Es gab Gerüchte über eingeschlagene Fensterscheiben, handfeste Auseinandersetzungen und beschädigte Autos. »Hier wirkt noch die Tradition des alten Westens nach«, wurden mir die rauen Sitten verständlich erläutert.

Am Wochenende würde die Abstimmung stattfinden.

Einen Abend zuvor wurden mein Team und ich von einem unserer Interviewpartner überraschend zu einer Party mitgenommen.

Pauline Holman, die Gastgeberin, war Ende dreißig und arbeitete für eine Maklerfirma. Die Natur hatte sie prächtig mit einem wilden Schopf roter Haare und hellen, blauen Augen inmitten ungezählter Sommersprossen ausgestattet. Sie war sportlich, lebenslustig und schien unbegrenzt kontaktfähig. Einen Ehemann hatte sie noch nicht gefunden und vermutlich auch nie vermisst, dafür aber einen großen Kreis guter Freunde, die sich zahlreich an diesem Abend in Paulines Loft eingefunden hatten. Es gab vorzüglichen kalifornischen Wein und Platten mit süßem Naschwerk, der einzigen Schwäche von Pauline, soweit wir informiert waren. Aus dem Hintergrund kam weiche, nasale Countrymusik.

Trotzdem war die Stimmung gedrückt. Die Gäste unterhielten sich zurückhaltend und in ruhigem Tonfall. Einige schauten still vor sich hin. Andere schüttelten ohne erkennbaren Anlass hin und wieder den Kopf.

Wir wurden Pauline vorgestellt. »Ich habe von euch gehört und meinen Freund gebeten, euch mitzubringen. Ihr wisst, was geschehen wird?« Wir nickten. Sie war wirklich eine bemerkenswert attraktive Frau. »Ihr könnt filmen, mit mir reden, meine Freunde interviewen, alles, was ihr braucht, um euren Leuten in Deutschland zu erzählen, was hier stattgefunden hat.« Sie griff zu den Süßigkeiten. »Jetzt kommt es wirklich nicht mehr darauf an.«

Zwischen all den niedergeschlagenen Mienen war ihre die fröhlichste. Sie plauderte lebhaft, umgeben von den Gästen, die verlegen in ihre Gläser starrten. Bis auf eine mächtige rote Perücke hatte der Krebs noch keine sichtbaren Spuren bei ihr hinterlassen. »Ich möchte gehen, solange ich das Heft in der Hand habe, und selbst bestimmen, wie die Leute mich in Erinnerung behalten werden. So nämlich, wie ich vor euch stehe, und nicht als entstelltes Opfer einer Krankheit, gegen die ich chancenlos bin, wie mir die Ärzte glaubhaft versichert haben.«

Gegen Mitternacht bat sie um Ruhe und verabschiedete sich von jedem ihrer Freunde. Während diese hilflos vor ihr standen, fand Pauline die tröstenden Worte, bevor sie sich ein letztes Mal umarmten. Anschließend zog sie sich mit einer Freundin in den Nebenraum zurück.

Wir fassten uns bei den Händen oder legten die Arme über die

Schultern unserer Nachbarn und sangen *We shall overcome*, das alte Lied der streikenden Tabakarbeiterinnen, während wir unseren Tränen freien Lauf ließen.

Einige Minuten später kam die Freundin allein zurück. »Es ist geschafft«, informierte sie uns knapp, »ihre letzten Worte waren: Sag ihnen, sie sollen nach Hause gehen.«

Die Abstimmung über den Verfassungszusatz gewannen am nächsten Tag seine Gegner. 1998 jedoch stand das Thema wieder auf der Tagesordnung einer Volksabstimmung. Diesmal waren die Befürworter erfolgreich, denn das Versprechen der Gegner und Kirchen, sich in Zukunft mehr um die Alten und Siechen zu kümmern, war nach der ersten Abstimmung bald wieder in Vergessenheit geraten.

Die moderne Medizin hat im Zug erfolgreicher Forschung nebenbei das endlose Sterben eingeführt. Sie hat Situationen geschaffen, die vorher nicht vorstellbar gewesen sind – Menschen, die bewusstlos durch künstliche Ernährung jahrelang am Leben gehalten werden. Als Folge müssen in naher Zukunft die Regeln zum Verhältnis von Sterben und Selbstbestimmung neu bedacht und verabschiedet werden.

Tiefgreifende gesellschaftliche Entwicklungen und Veränderungen beginnen in der Regel unauffällig, wie kleine Rinnsale, die erst nach langem Lauf und dem Zusammenfluss mit anderen zu einem unaufhaltsamen Strom werden. Die Debatte um den Freitod hat auf vielen Ebenen begonnen, vorsichtig und häufig in fremdem Gewand.

Patientenverfügungen, das Verfassungsgerichtsurteil zur Sterbehilfe vom Sommer 2010, die Hospizbewegung und Entwicklungen im Ausland verschieben die Grenzen nach und nach hin zur aktiven Sterbehilfe. Die Aufregung um Ärzte und Verwandte, die beim Sterben nachgeholfen haben, hält sich mittlerweile in verdächtig engen Grenzen. Jüngst sind Filme gedreht worden, in denen die Protagonisten aktiver Sterbehilfe ungeschoren davongekommen sind.

Sterben und Tod, die bisher für jedermann nach demselben Gebot, nämlich Leiden bis zum Ende, abliefen, werden durch die Möglichkeit des assistierten Suizids privatisiert und individualisiert und folgen damit dem großen Thema meiner Generation, dem der Befreiung. Es geht, neben der Flucht vor Pein, auch um das Recht, im Vollbesitz unserer Kräfte Abschied zu nehmen, den Zeitpunkt unseres Todes selbst zu bestimmen und die Hoheit über die Erinnerung an uns zu behalten.

Eine kraftvolle Mischung aus Unlust am Leid, medizintechnischem Fortschritt, ökonomischem Druck und Gegnerschaft zu staatlicher Bevormundung hat nach und nach eine Dynamik in Gang gesetzt, hinter der sich das Organisationspotenzial meiner Generation unter Umständen nur noch symbolisch zeigen muss, um unser letztes Gefecht zu unseren Gunsten zu entscheiden.

Im neuen Leben – eine vorläufige Bilanz

»Wer spricht von Siegen? Übersteh'n ist alles.«
RAINER MARIA RILKE

Vier Jahre ist es nun her, seit ich zum letzten Mal über den ausgetretenen blauen Teppich des ARD-Hauptstadtstudios den Weg zum Ausgang genommen habe. Ich bin nie wieder zurückgekehrt. Man hat mich indes auch nicht vermisst, entnehme ich beiläufigen Bemerkungen bei den seltenen, meist zufälligen Kontakten mit Kollegen, die noch vor Ort sind.

Als ich am ersten Morgen in meinem neuen Leben aufwachte und neugierig und erwartungsvoll um mich blickte, schien erst einmal alles beim Alten zu sein, mit Ausnahme des Berufs, der mir über Nacht abhandengekommen war. Damit aber hatte ich gerechnet. Ich war dann lange liegen geblieben und überlegte, warum ich aufstehen sollte. Mein Leben erschien mir plötzlich wie ein Haufen bunter Herbstblätter, in die der Wind gefahren war, und ich sah vorerst tatenlos zu, wie sie die Straße hinabwirbelten.

Im Lauf der nächsten Tage und Wochen begriff ich, dass ich mein Dasein aus vielen Einzelteilen neu zusammensetzen musste. Ich würde für längere Zeit zu einer Baustelle von stattlichem Ausmaß und unterschiedlichsten Herausforderungen werden. Von Beginn an stand, trotz einiger Sehnsuchtsschübe, fest, dass ich kein Leben in der Fremde oder in neuer Berufung suchen würde. Dazu fehlten mir Perspektive, Kraft und verlässliches Fernweh. Also begab ich mich auf die Suche nach anderen Lebensformen, wobei es vor allem um Orientierung im Nahbereich ging.

Als Erstes überlegte ich, wer ich in Zukunft sein wollte, wenn mich jemand danach fragen würde. Das hat bislang keiner getan, darum sei es hier verraten: Ich wollte als schonungsloser Realist nach innen und zurückhaltender Müßiggänger nach außen meine Tage glücklich vergeuden und mich in skeptischer Gleichgültigkeit treiben lassen. Mein Vorbild waren die Stoiker, die hoffnungslos, aber ohne zu verzweifeln, ihr Leben zu Ende lebten. Wobei ich in weiter Ferne bereits die Umrisse jenes Heroismus der Illusionslosigkeit wahrnahm, den ich später im »Rosenpark« kennenlernen sollte. Rückblickend bin ich ganz froh, dass mich keiner gefragt hat, denn es wäre mir sicherlich nicht leichtgefallen, dieses Gedankenungetüm schlüssig zu erklären.

Als Nächstes befreite ich mich von den Äußerlichkeiten meiner beruflichen Vergangenheit. Der Bequemlichkeit fiel die Krawatte zum Opfer, wirtschaftlichen Überlegungen die Bügelfalte und zunehmender Unbeweglichkeit der Schnürschuh. Meine neue Garderobe wählte ich in bewusstem Gegensatz zu Eltern und Großeltern, die einen heiteren Formen- und Farbenreichtum gepflegt hatten. Für sie gab es keine Regeln. Alles ging. Das macht das Leben frei, unkompliziert und preiswert. Der wilden Vielfalt war stets ein Element von Widerborstigkeit eigen. Man konnte den Eindruck gewinnen, unsere Eltern holten in der Mode die antiautoritäre Bewegung nach, die sie einst versäumt hatten.

Wir »Vierziger« indes tragen von oben nach unten: Poloshirts, Bundfaltenhosen aus Baumwolle, Slipper oder – in der sportlichen Spielart – Chucks. Wir verzichten auf Rot und Blau, Gelb und Grün und begnügen uns stattdessen mit Schwarz, Grau und Beige. Wer den Eindruck vermeiden möchte, auf Kindergeburtstagen als Clown ein Zubrot zu verdienen, sollte sich fügsam an diese Palette halten. Abstufungen sind erlaubt, Grenzüberschreitungen verboten.

Im Gegensatz zu unseren Eltern beschränken wir uns streng auf wenige Elemente. Das ist zugegebenermaßen einfallslos und eintönig und widerspricht unserem Kollektivwunsch nach Individualität. Dahinter verbirgt sich jedoch eine gewisse Unsicherheit. Wir halten uns guten Geschmack zugute, was unseren Eltern selten in den Sinn gekommen wäre, und wer Farben scheut, braucht sich um deren Gleichklang keine Sorgen zu machen. Da Mode stets um Aufmerksamkeit bemüht ist, entspricht die unauffällige Bequemlichkeit zudem unserem sozialen Schicksal der zunehmenden Unsichtbarkeit. So ist die Altersuniform meiner Generation recht besehen eine kluge Mischung aus Geschmack, Wirtschaftlichkeit und der Unumgänglichkeit des ästhetischen Rückzugs aus dem öffentlichen Raum.

Auch das Beinkleid meiner Generation muss entsorgt werden, denn für Jeans braucht es Steißfett in guter Form, und das vergeht mit der Zeit. Jeans ohne Hintern sind jedoch ein trostloser Anblick und unerbittliches Symbol der Vergänglichkeit – also weg damit!

Und schließlich kam ich einem Geheimnis Berliner Gastfreundschaft auf die Spur. Bis zum letzten Tag meines Berufslebens hatte ich stets zahlreiche Einladungen von Landesvertretungen, Parteien, Redaktionen und Verbänden erhalten. Mit dem ersten Tag meiner neuen Existenz blieb mein Briefkasten jedoch bis auf Reklame, Werbebroschüren von Weinhändlern und die kostspielige Aufforderung, den Bundespresseball zu besuchen, leer. Es muss, folgerte ich, einen zentralen Computer geben, der mich pünktlich mit Rentenantritt aus dem bedeutsamen politischen Leben der Hauptstadt ausgeschlossen hat. Es war eine bittere Erfahrung, über Nacht zur sozialen Unperson zu werden, und ein empirischer Beweis für die bereits erwähnte Einsicht meiner Mutter: »Kehre nie zurück, du störst«, denn offensichtlich war mit dem Verlust des Berufs das Interesse an meiner Person allseitig erloschen.

Bekannte, die keine in diesen Dingen erfahrene Mutter hatten und weiterhin Einlass begehrten, berichteten von nachhaltigen Enttäuschungen und peinlichen Absagen. »Stell dir vor, ich rufe den Studioleiter an, den ich seit Langem kenne, bitte um eine Einladung zum Sommerfest, und der sagt Nein! Mir ist fast der Hörer aus der Hand gefallen. Ich habe das zuerst für einen Scherz gehalten und insistiert, aber ohne jeden Erfolg.«

»Und jetzt?«

»Bleib ich zu Hause.«

Zudem muss ich dringend Frieden mit meinesgleichen schließen. Ohne diesen Schulterschluss, von dem bereits die Rede war, wird mir das Alter nicht gelingen können. Ich habe zwar keine Probleme im Umgang mit Freunden und Bekannten meines Jahrgangs, aber ich fühle mich meiner Alterskohorte noch nicht zugehörig. Wenn deren Vertreter aus den Bussen klettern, um sich Berlin anzuschauen, sind sie mir fremd wie ein fernes Volk. Äußeres, Kleidung und Gesten sind von meinen nicht unterschieden, wie ein kurzer Blick in die nächste Schaufensterscheibe bezeugt. Wir sehen alle aus wie Reinhard May oder Eric Clapton. Trotzdem halte ich mit abschätzigem Blick Abstand. Es geht dabei nicht um »besser« oder »schlechter«, »höher« oder »tiefer«. Nein – ich sperre mich instinktiv und ohne Anlass gegen den Gedanken, dass wir außer dem Geburtsdatum etwas gemeinsam haben könnten.

Unlängst saß ich mit einem Bekannten in einer Gastwirtschaft, als das Gespräch auf den kleinen, unscheinbaren Rentnerpass kam, den wir erhalten hatten. Er verhilft uns bei Ausstellungen und anderen öffentlichen Veranstaltungen zu günstigeren Eintrittspreisen. Schnell stellte sich heraus, dass wir ihn nur selten in Anspruch nehmen.

»Ich will mich nicht ständig als Rentner ausweisen. Da zahl ich lieber die paar Euro mehr.«

»Ich habe ihn vor Kurzem in der Alten Nationalgalerie vorgezeigt, da wollte die Kassiererin meinen Personalausweis sehen, weil sie nicht glauben konnte, dass ich bereits über fünfundsechzig bin.«

248

»Gutes Gefühl.«

»Sehr gutes Gefühl.«

Er deutete unversehens auf eine Gruppe Gleichaltriger, die im Hintergrund saßen. »Findest du, dass ich bereits zu denen gehöre?«

Ich sah mir die kleine Gesellschaft an und konnte keinen Unterschied zwischen ihnen und meinem Bekannten entdecken – und mir ebenfalls nicht, was das betrifft. »Da werden noch einige Jahre ins Land gehen müssen, bevor es soweit ist«, schenkte ich ihm die Antwort, die er gern hören wollte.

Wir Alten haben ein unfehlbares Gespür für das Geburtsdatum der anderen und lassen uns nur selten von gut erhaltener Hülle täuschen. Man fühlt sich dem Alten am Nachbartisch stets überlegen, dessen Falten, schleppender Gang und unreinlicher Verzehr eines Stücks Marmorkuchen genau registriert werden. Diese Distanz zum alten anderen ist jedoch Verrat an der eigenen Kohorte. Dahinter verbirgt sich der größte Fehler, den man im Alter machen kann: der, weiterhin die Elle der Jugendlichkeit anzulegen. Ich weiß das in der Zwischenzeit und bin bereit, mich fügsam in das graue Heer einzureihen.

Bislang hatte ich stets angehäuft: Bücher, Bekanntschaften, Eindrücke und Erfahrungen. In Zukunft werde ich Abschied und Trennung lernen müssen. Einige Weggefährten werden mich verlassen, manche Anstrengungen werden mir zu viel, und etliche Erfahrungen werden mir nicht mehr zugänglich sein. Ich werde mein Leben vereinfachen, solange ich noch dessen Herr bin.

Das Zurücklassen verändert seinen Charakter im Fluss der Zeit. Bislang war jede Hinterlassenschaft eine Stufe zu einem höheren Ziel. Man ließ die Schule hinter sich, um zu studieren, nahm von der Universität Abschied, um Karriere zu machen, und verließ ein Landesstudio, um sich in der Hauptstadt durchzusetzen. Jede Hinterlassenschaft war Markstein für zukünftigen Gewinn. Nun kehren sich die Verhältnisse um, und jede Hinterlassenschaft markiert Verlust.

Dem Abschied gesellen sich Trauer und Resignation hinzu. Letztere wird im Alter, als Einsicht in unvermeidlichen Verzicht, zur Tugend. Die Trauer um den Verlust eines nahen Menschen war einst seltene Ausnahme, im Alter wird sie zum Dauerzustand. Man wird zu einem Überlebenden in Permanenz und wird lernen müssen, Trauer leichter zu leben und zu nehmen, damit die Verluste, die ohnehin nicht zu vermeiden sind, erträglich bleiben.

Ich werde Abschied von Illusionen nehmen müssen, jener beglückenden Differenz zwischen Hoffnung und Wirklichkeit. Unsere Nachkommen ergreifen jetzt Besitz von ihnen. Im Alter gehen uns die Hoffnungen und damit auch die Illusionen aus. Sie aber sind der Stoff, aus dem Tagträume gewebt waren. Auch die werden mir abhanden kommen. Das ist ein herber Verlust, denn Tagträume sind mir ein Leben lang liebe und wichtige Begleiter gewesen.

Ich werde schleunigst meine Bezugsgruppe wechseln müssen. Das sind jene Menschen, an denen man sich misst und Erfolg und Scheitern bewertet. Sie müssen in einem bekömmlichen Verhältnis zu den eigenen Fähigkeiten stehen. Bislang waren das Kollegen, die Freunde vom Fußball im Park und die Gäste beim deutschen Fernsehpreis. In Zukunft werden es Mitglieder der Anfängergruppe Golf in Wilkendorf sein.

Bei meinen Bemühungen, mein Leben neu zu ordnen, Überflüssiges zu entsorgen und bislang unbekannte Elemente einzuarbeiten, riet mir eine alte Freundin, eine Liste derjenigen Momente, Empfindungen und Erfahrungen anzulegen, die mich in der Vergangenheit froh gestimmt hatten. Sie sprach indes von »Glück«, einem Anspruch, von dem ich im Alter, Schopenhauer folgend, Abstand halte: »Es gibt nur einen angeborenen Irrtum, und das ist der, dass wir da sind, um glücklich zu sein.«

»Du wirst sehen, da kommt einiges zusammen. Und anschließend schaust du, was dir heute noch taugt.«

»*Fünfzig Pfennig finden, Kettenkarussell fliegen, Anfahrt auf New York, Nordseestrand, falscher Hund, Kind of Blue, Sonnenaufgänge, Balkontomaten, Enid Blyton, Karl May, Thomas Mann, Philip Roth, Ostereier, Kinosäle, der Aufzug im Sunset Marquis, Laublatschen, Opern laut hören, sehr laut! Wein am Abend, Frühlingsgrün, Erbsen pulen, Kaffee am Morgen, Einlochen aus zwölf Metern, einsame Badestellen, Austern, Warming Up a Riff, Lennie Tristano, das Gartenhaus, die Eierschale, Frau Belmont, Klassenmannschaft.*« Die Arbeit an der Liste hat erst begonnen. Sie wird lang werden.

Bei meiner Suche waren mir auch Lebensgefährten behilflich: »Du hast doch immer gerne Antiquariate besucht, geflippert und Seinfeld gesehen.«

»Ach ja, stimmt. Hatte ich ganz vergessen.«

Manches ist unwiederbringlich verloren, anderes lässt mich heute kalt, vieles aber kann wieder von Nutzen sein. So eine Liste ist ein taugliches Werkzeug zur Anfertigung eines aphoristischen Lebensstils, mit dem ich jetzt beschäftigt bin. Überdies hält es mich davon ab, an dem alten Knochen der Sinnfrage zu nagen.

Ich war bereits einige Zeit damit beschäftigt gewesen, mich zurechtzufinden, als ich jäh unterbrochen wurde. Durch eine Verkettung unwahrscheinlicher Zufälle, der stummen Gebieter über unser Leben, wurde ich gebeten, an der Produktion von drei Fernsehdokumentationen teilzunehmen, in denen ich in der Rolle eines Suchenden zu sehen bin. Alter, Ehrenamt und Glaube waren die Bezugspunkte meiner Bemühungen.

So war auf Zeit, und ganz entgegen meiner Überzeugung, das Alter gehöre dem Müßiggang, eine kleine, späte Karriere entstanden, die mit meinem Vorleben außer dem Medium wenig gemeinsam hatte. Meine Suche, die in der Zwischenzeit an ihr Ende gekommen ist, beanspruchte zwar einen geringen Teil des Jahres, aber in dem kleinen Zeitbecken sammelten sich gewichtige Lebenszutaten wie Sinn, Anerkennung, Gesellschaft, Bestätigung, die man auch im Alter noch gut gebrauchen kann, wenngleich sie schwerer zu erwischen sind. Die Sucherei war nebenbei ein prächtiges Experimentierfeld für jene Gedanken und Befürchtungen, die das Alter unweigerlich begleiten.

Gelegentlich habe ich in Gesellschaft, während pausenlos geplaudert wird, das bestürzende Gefühl, es sei schon alles gesagt und es lohne nicht mehr zu reden, hingegen zu schweigen. In solchen Augenblicken wird es einsam. Ich ziehe mich zurück und bin still, während sich die Stimmen ringsum zu einem unentwirrbaren Geräusch verdichten. Das einzige thematische Neuland, das ich in seiner unermesslichen Weite und Vielfalt in letzter Zeit betreten habe, ist das Alter. Bevor ich mich ihm zugesellt hatte, war ich fest entschlossen gewesen, nie ein Wort darüber zu verlieren. Das Sujet ist nicht besonders reizvoll, und die Rede vom Alter macht alt. Das Thema wirkte wie eine unpassende Bemerkung bei Tisch, und die sind mir in früher Jugend ausgetrieben worden.

In der Zwischenzeit bin ich anderer Meinung: Wir müssen reden, wann immer uns danach ist. Stiller Kummer und diszipliniertes Leid sind nutzlose Gefährten im Alter, denn der eigene Körper wird zur steten Ursache verstörender Erfahrungen. Jahrzehntelang war er, von Ausnahmen abgesehen, ein treuer Begleiter, der uns zuverlässig und unauffällig durch das Leben führte. Er war die Quelle von Lust und deren Erfüllung. Er war der Motor unserer Mobilität und das Werkzeug, mit dem wir uns die Umwelt nach unseren Vorstellungen eingerichtet hatten. Gelegentliche Störungen wurden repariert und waren schnell wieder vergessen. Niemand dachte ständig über Herz, Kreislauf und Gefäße nach. Sie waren die treuen Diener des Lebens, das im Kopf geplant wurde und sich des Körpers als seines Werkzeugs, meist unbewusst, bediente. Wer zu viel über ihn nachdachte, ging zum Psychologen.

Im Alter wird aus dem getreuen Kameraden häufig ein gefährlicher, unberechenbarer Weggefährte. Der Körper wird zum erbittertsten Feind seiner selbst. Man kann das Alter auch als allmählichen Prozess der Trennung von Geist und Leib begreifen, in dem Letzterer nach und nach die Oberhand gewinnt, bis er schließlich alles in den Abgrund reißt. Der körperliche Verfall ist jedoch nicht nur ein biologisches Phänomen, sondern berührt zutiefst das eigene Selbstverständnis. Es trennt sich, was ein Leben lang zusammengehört hatte und gut Freund gewesen war. Ein Mensch mit Körperfreund ist ein anderer als jener, dem der Körper zum Feind geworden ist. Es ist schmerzlicher Verlust im weitesten Sinn, wenn der alte Weggefährte sich auf die Seite des Verfalls schlägt, während der Geist noch im Vollbesitz seiner Kräfte ist.

Das bewährte Mittel der Verdrängung hilft nicht mehr, denn der Leib ist von früh bis spät mit Schmerz, Leid und Verlust gegenwärtig. Im Unterschied zum klassischen Feind wird man ihm weder entkommen noch ihn erfolgreich um Gnade bitten können. Man wird zu zweit, auch wenn man äußerlich zusammenbleibt. Und darüber sollte nicht geredet werden? Darüber muss ständig geredet werden! Nur im Gespräch untereinander können wir Alten die schockierende Erfahrung der Feindschaft zwischen Leib und Bewusstsein verarbeiten und lernen, mit ihr umzugehen.

Wer seinen Körper verliert, muss verzichten lernen und sich neu erfinden. Das ursprünglich raumgreifende Leben beschränkt sich, bis es eines Tages nur noch in den eigenen vier Wänden stattfindet. Der Theaterfreund wird sein Abonnement abgeben, der Fußballbegeisterte seine Dauerkarte vererben und der Naturfreund seine Wanderschuhe an den Nagel hängen. Das einst üppige Leben wird zur bloßen Existenz. Wer stolz und unabhängig und selbstständig war, wird bescheiden die Rolle des Hilfsbedürftigen und Unselbstständigen annehmen müssen.

Im »Rosenpark« waren die Zumutungen des eigenen Körpers ständiger Gesprächsgegenstand. Ich habe allerdings nie jemanden klagen oder das oft unbarmherzige Schicksal verfluchen gehört. Von den Beschwerden, die unfassbar vielfältig sein können, wurde in einer Mischung aus Bestürzung, Respekt und Hilflosigkeit berichtet. Man suchte Anschluss und Ratschlag im Leiden. Wenn es anderen ähnlich ergeht, »bin ich nicht alleine«, hörte ich mehrfach. Das war kein Tratsch unter alten Menschen, denen die Themen abhandengekommen waren, sondern die Suche nach Trost unter Gezeichneten. Nie gab es mehr Gesprächsstoff. Der Leib und seine Machtergreifung sind die großen Themen aller alten Leute. Darüber können sie indes nur mit ihresgleichen reden, sich trösten und beistehen. Jedes Gespräch mit Unbeteiligten endet entweder in Mitleid oder gutem medizinischem Rat. Beides nett gemeint, aber unbrauchbar, denn es geht um Abschied und Verzicht, Selbstverständnis und Stolz.

Zusätzlich zu der späten Karriere als Suchender habe ich dieses Buch geschrieben. Und damit wird es Zeit, ein Geständnis abzulegen: »Steps to Heaven« südlich von Orlando gibt es in dieser Form nicht. Es ist ein Kunstprodukt, entstanden aus den Erfahrungen in einigen amerikanischen Altenheimen. Ich habe, um die Darstellung zu vereinfachen und Sie nicht kreuz und quer durch die Vereinigten Staaten zu lotsen, verschiedene Elemente, die ich während Dreharbeiten in den USA beobachtet habe, in einem fiktiven Heim zusammengeführt.

Viele meiner Generation, die ohne Nachkommen geblieben sind, werden ihren Lebensabend in den unterschiedlichen Formen betreuten Wohnens verbringen. Alternativen wie Kommunen, altersübergreifende Wohnprojekte oder Genossenschaften werden seltene Ausnahme bleiben. Die Beispiele aus den Vereinigten Staaten zeigen, was noch alles getan werden muss, um betreutes Wohnen attraktiv und lebenswert zu machen.

Sind mir die Reise ins Alter und der ungeplante Vorgriff auf meine Zukunft durch dieses Buch gut bekommen? Ich denke nicht. Während meine gleichaltrigen Bekannten sich gemütlich im Jetzt niedergelassen haben und an die ferne, oft leidgetränkte Zukunft vorläufig keine Gedanken verschwenden, habe ich mich notgedrungen detailliert mit ihr beschäftigt. Selbsterkenntnis im Alter besteht jedoch häufig aus schlechten Nachrichten. Ich weiß jetzt im Detail um die vielfältigen Formen des Verfalls und die damit verbundenen Leiden. Mir ist eindringlich die Endlichkeit meines Daseins vor Augen geführt worden. Ich bin mir bewusst, dass der Wunsch von Michel de Montaigne nur in seltenen Ausnahmefällen in Erfüllung geht: »Ich will, dass der Tod mich beim Kohlpflanzen antreffe – aber derart, dass ich mich weder über ihn noch über meinen unfertigen Garten gräme.« Ich mache mir keine Illusionen, die Sache könne einen glücklichen Ausgang nehmen, denn die Regel ist das lange Leid, und nichts spricht dafür, dass ich die Ausnahme sein werde.

Ich wäre vorläufig auch mit einem Bruchteil der Einsichten ausgekommen. Nun ist es nicht mehr zu ändern. Das ganze Ausmaß denkbaren Elends hat sich in der Gegenwart meiner Gedanken eingenistet, während meine Alterskohorte mit gutem Erfolg vorläufig damit beschäftigt ist, nicht alt zu sein. Sie entwickelt zu diesem Zweck unauffällige kognitive Strategien, um die untrüglichen Anzeichen des Alterns beiseitezuräumen.

»Ich hatte schon immer ein schlechtes Namengedächtnis.«

»Ich musste schon immer alles kontrollieren, deswegen schau ich heute wie damals dreimal nach, ob der Herd aus ist, bevor ich das Haus verlasse.«

»Schon meine Mutter hat sich beschwert, dass ich immer zu langsam unterwegs bin.«

Solche praktischen Handreichungen zur täglichen Bewältigung unvermeidbarer Erfahrungen sind mir nicht mehr zu Diensten. Außerdem kommt mir die unbarmherzige Gegnerin aller Verdrängungen häufig in die Quere: die Realität.

Neulich habe ich meine Tochter durch Berlin chauffiert. Während ich ihr dies und jenes von dem, was draußen an uns vorbei-zog, kundig erklärte, unterbrach sie mich plötzlich: »Wollen wir hier übernachten?«

»Bitte was?«

»Lass mich ans Steuer, sonst wachsen wir hier fest!«

»Ich habe einen bekannt zügigen Fahrstil«, verteidigte ich mich.

»Nein, du wirst alt«, erwiderte sie knapp.

Sie übernahm das Steuer und blieb wenige Meter weiter, auf Höhe einer der zahlreichen Berliner Parkanlagen, wegen einer Baustelle in einem Stau stecken.

»Sollen wir hier übernachten?«, wollte ich mich revanchie-ren, ließ es dann aber bleiben und blickte in den Park. Die Luft war klar, Bäume und Büsche waren grün und die Blumen bunt. In einem trockenen Springbrunnen feierte eine Handvoll ausge-lassener Kinder mit Luftballons und Mohrenköpfen Geburtstag. Ein einsamer Inline-Skater versuchte mit unsicheren Bewegungen rückwärts zu fahren. Auf einer Bank saß ein betagtes Paar in jenes geruhsame Schweigen vertieft, das ein langes gemeinsames Leben zur Voraussetzung hat.

Ich entschied mich, den Rest der Strecke zu Fuß zu gehen, stieg aus, ließ meine Tochter im Stau zurück und machte mich gemächlich auf den Weg, entschlossen, in Zukunft jeden Augen-blick zu meinem eigenen zu machen. Und da müssten doch noch einige zu haben sein.